Con todo mi amor a mi madre
–Mª Guadalupe Elias Mayorga–,
quien está tan cerca de mí
a pesar de estar tan lejos.

¿QUÉ ONDA?

-ESPAÑOL INTEGRAL-

Tomo II

종합 스페인어 제2권 (중급)

¿QUÉ ONDA? Tomo II
종합 스페인어 제2권 (중급)

발　행	2020년 12월 20일
저　자	Carlos Alfonso Macías Valadez Elias
발행인	이재명
발행처	삼지사
디자인	배이직
출판사 등록일	1968년 11월 18일
등록번호	제 406-2011-000021호
주소	경기도 파주시 산남로 47-10
Tel.	031) 948-4502
Fax.	031) 948-4508
ISBN	978-89-7358-507-6 18770
	978-89-7358-492-5 (세트)

정가는 표지 뒷면에 있습니다.

¿QUÉ ONDA?

-ESPAÑOL INTEGRAL-

Tomo II

종합 스페인어 제2권 (중급)

Dr. Carlos Alfonso Macías Valadez Elias

SAMJI BOOKS

Método didáctico para aprender español

√ Actividades para hablar, escuchar, escribir y leer el idioma español
√ Diálogos pragmáticos e integradores para practicar y afianzar el conocimiento
√ Gramática sistematizada para garantizar el aprendizaje gradual
√ Explicación clara en coreano y en español de la gramática tratada
√ Ejercicios de práctica oral para mejorar el habla y reforzar la gramática
√ Vocabularios organizados para facilitar su memorización
√ Cuestionarios para desarrollar la habilidad comunicacional
√ Listas para memorización de los vocabularios al final de cada capítulo
√ Traducción al coreano de diálogos y vocabularios para su fácil comprensión
√ Lecturas adecuadas al nivel del estudiante para ampliar y consolidar lo aprendido
√ Traducción al coreano de las lecturas para facilitar su entendimiento
√ Recomendaciones para aprender español de manera práctica y natural
√ Explicación en coreano y en español de las actividades propuestas
√ Información cultural del mundo hispano incorporada
√ Un CD con la grabación de las lecturas y de los diálogos incluidos en el libro
√ Actividades de esparcimiento divertidas para aprender jugando
√ Actualización con las nuevas normas de la RAE (Real Academia Española)

책에서 제공하는 스페인어 학습 교육 방법

∨ 스페인어 말하기, 듣기, 쓰기, 읽기 활동
∨ 배운 것을 연습하고 확실히 하기 위한 실용적이고 통합적인 대화문
∨ 단계적 학습을 보장하는 체계화된 문법
∨ 다루어진 문법에 대한 스페인어와 한국어로 된 명확한 설명
∨ 문법 보강과 언어구사능력의 향상을 위한 말하기 연습문제
∨ 보다 쉬운 암기를 위해 정리된 어휘들
∨ 의사소통능력 향상을 위한 질문들
∨ 암기를 돕기 위해 매 과의 끝마다 배치된 어휘 목록
∨ 보다 쉬운 이해를 위해 한국어로 번역된 단어와 대화문
∨ 배운 것을 확대, 보강하기 위해 학생의 눈높이에 맞춘 읽기 지문들
∨ 이해를 돕기 위해 한국어로 번역된 읽기 지문들
∨ 실용적이고 자연스러운 방법의 스페인어학습을 돕는 조언들
∨ 제안된 활동들에 대한 스페인어와 한국어로 된 설명
∨ 스페인어 문화권 국가들에 대한 문화적 정보
∨ 책에 포함된 대화문과 읽기 지문들이 녹음된 CD
∨ 놀며 배울 수 있는 재미있는 오락 활동들
∨ 왕립 스페인어 학술원의 개정된 맞춤법 적용

Acerca del autor
저자 소개

Dr. Carlos Alfonso Macías Valadez Elias

- Profesor Asistente de la Universidad Hankuk de Estudios Extranjeros
- Doctorado en Estudios Internacionales en la Universidad Sogang
- Profesor de español a nivel profesional desde el año 2003
- Locutor, traductor, guionista y corrector para el Servicio de Español de KBS World Radio
- Graduado con honores desde estudios de educación básica hasta doctorado
- Reconocimiento por Excelencia en Enseñanza por la Universidad Hankuk de Estudios Extranjeros (2010 y 2015)
- Realizador, editor y corrector de exámenes oficiales de Español (FLEX)
- Coautor de libros para el aprendizaje del Español para HUFS y KICE (Korea Institute for Curriculum and Evaluation)
- Doblaje y corrección de guiones en español para Arirang TV
- Grabación de voz y corrección de libros de texto para SAMJI
- Colaboración especial en programas educativos y de entretenimiento de EBS (Korea Educational Broadcasting System)
- Examinador oficial autorizado para la aplicación del DELE certificado por el Instituto Cervantes
- Instructor de ejecutivos, representantes empresariales y especialistas regionales en países hispanos (Samsung, KEPCO, Hyundai-Kia)

· 한국외국어대학교 조교수
· 서강대학교 경제학 박사 (국제지역연구 국제통상 전공)
· 2003년부터 스페인어 전문강사로 활동
· KBS 월드 라디오 스페인어 방송의 사회자, 번역가, 시나리오 작가, 교정원으로 활동
· 기본교육과정부터 박사학위까지 우수한 성적으로 졸업
· 한국외국어대학교 최우수 강의상 수상(2010년, 2015년)
· 스페인어 공인 시험 FLEX 교정원, 편집자, 감독으로 활동
· 한국외국어대학교와 한국교육과정평가원(KICE)의 스페인어 학습 교재의 공동저자
· 아리랑TV의 스페인어 시나리오 교정 및 더빙
· 삼지사 교과서 지문 녹음 및 교정
· 한국교육방송공사(EBS) 엔터테인먼트 및 교육 프로그램 특별 협력활동
· 세르반테스 협회(Instituto Cervantes) 주관 스페인어능력시험(DELE) 공식 시험관
· 다양한 기업(삼성, 한국전력공사, 현대-기아 등)의 간부, 대표, 스페인어 문화권 지역전문가를 대상으로 스페인어 교육

DATOS DEL ESTUDIANTE
학생 개인정보

Nombre en coreano: ______________________
한국이름

Nombre en español: ______________________
스페인어 이름

Número de teléfono: ______________________
전화번호

Escuela/Universidad/Instituto: ______________________
학교/대학/학원

Nombre del profesor/de la profesora: ______________________
교수님 성함

Fecha de inicio: ______________________
시작일

Prometo estudiar español con mucho ahínco, con mucha alegría y con mucho entusiasmo para poder hablarlo bien pronto.
저는 스페인어를 금방 잘 말할 수 있도록 매우 열심히, 기쁜 마음으로, 열의를 다해 공부할 것을 약속합니다.

____
Firma
서명

¡Ánimo y mucha suerte!
힘내세요! 행운을 빕니다!

Carta a estudiantes y profesores
학생들과 교수님들께 드리는 편지

Yongin, Corea del Sur
a 1º de junio de 2015
용인, 대한민국
2015년 6월 1일

Queridos amigos:
친애하는 친구들,

Les agradezco, infinitamente, que me sigan dando la oportunidad de acompañarlos y de apoyarlos en el aprendizaje del español con este segundo volumen. Este humilde libro, al igual que el primer tomo, es producto de 10 años de experiencia y esfuerzo en la enseñanza de este precioso idioma en este hermoso país. He puesto en él mucho esmero y todo el cariño que tengo por Corea, esperando poder retribuir, de alguna manera, todo lo que este hermoso país me ha dado. De todo corazón, espero que sea de mucha utilidad para todos ustedes.

이 두 번째 책을 통해서 여러분의 공부를 돕고 함께할 수 있는 기회를 주신 것에 대해 한없이 감사 드립니다. 이 책은 초라하지만, 첫 번째 책과 마찬가지로, 아름다운 나라 대한민국에서 제가 10년 동안 이 중요한 언어 교육에 들인 노력과 경험의 열매입니다. 저는 이 아름다운 나라가 제게 준 모든 것에 어떤 식으로든 보답할 수 있기를 바라며 대한민국을 향한 저의 모든 애정을 담아 정성을 다해 이 책을 만들었습니다. 진심으로 이 책이 여러분 모두에게 유용하게 쓰이기를 바랍니다.

Como verán a través de sus páginas, el texto que tienen en sus manos está, intencionalmente, diseñado para ir sentando sólidas bases para el uso profesional del castellano. Sé muy bien que el proceso de aprendizaje de una lengua es largo y requiere de mucho esfuerzo y dedicación. Sin embargo, les garantizo que su sacrificio valdrá la pena y podrán ver resultados al finalizar este libro.

여러분이 책장을 넘기며 보시게 될 것처럼 이 책의 텍스트들은 계획적으로 스페인어의 전문적인 사용을 목표로 조금씩 견고한 기초를 닦아 갈 수 있도록 구성되어 있습니다. 언어를 배우는 것은 하나의 매우 긴 과정이고 또한 이는 많은 헌신과 노력을 필요로 한다는 것을 저는 매우 잘 압니다. 하지만 이 책을 끝낼 때에는 여러분의 희생이 가치가 있으리라는 것과 좋은 결과를 볼 수 있으리라는 것을 보장합니다.

Siempre he creído que aprender un idioma nuevo es como comenzar una nueva vida. He podido ver que los estudiantes, al empezar a hablar español, empiezan a disfrutar de una vida paralela a la que tienen; una vida en la cual descubren un nuevo mundo y pueden disfrutarlo porque lo entienden. Espero que ese nuevo mundo del español, el cual incluye naciones, literatura, historia, gastronomía, gente hermosa, paisajes increíbles, culturas fascinantes, ciudades místicas, leyendas mágicas, etc., llene de felicidad sus corazones.

새로운 언어를 하나 배우는 것은 새로운 인생을 하나 시작하는 것과 같다고 항상 생각해왔습니다. 저는 학생들이 스페인어를 말하기 시작하면서 자신의 인생과 나란히 또 하나의 인생을 향유하는 것을 볼 수 있었습니다. 그 안에서 그들은 새로운 세계를 발견하고 그것을 즐길 수 있습니다. 그 세계를 이해할 수 있게 되었기 때문이죠. 국가들, 문학, 역사, 식문화, 아름다운 사람들, 황홀한 풍경, 매력적인 문화, 신비로운 도시들, 마법같은 전설 등을 가지고 있는 스페인어의 새로운 세계가 여러분의 가슴을 행복으로 채우기를 바랍니다.

Recuerden que solo dos cosas buenas pueden crecer dentro de los seres humanos: amor y conocimiento. Espero que estas crezcan dentro de Uds. y que este libro sirva de medio para ese fin. Asimismo, les pediría que no perdieran nunca la alegría por aprender. Vamos a estudiar por el simple gusto de hacerlo y no por una obligación, y les aseguro que los frutos de este libro serán mucho mayores, dado que fue hecho con mucho amor y alegría.

인간의 내면에서는 사랑과 지식이라는 단 두 가지의 좋은 일만이 자랄 수 있다는 것을 기억하세요. 그 두 가지가 여러분 안에서 자라나기를, 그리고 이 책이 그 것을 이루는 데에 도움이 되기를 빕니다. 또한 배우는 기쁨을 절대 잃지 말라고 부탁하고 싶습니다. 의무 때문이 아닌 단순한 배움의 기쁨을 위해서 공부합시다. 그러면 이 책의 열매는 훨씬 더 커질 것입니다. 여러분들의 사랑과 기쁨으로 만들어 진 것일 테니까요.

Espero que disfruten mucho de esta obra, tanto como yo disfruté al hacerla. Recuerden que no estarán solos, puesto que ahora tienen a un nuevo amigo que les ayudará siempre en esta nueva aventura. Si en algo les puedo servir, por favor no duden en contactarme en cualquier momento. Ánimo y espero que podamos terminar pronto este segundo tomo con mucho éxito. Les deseo la mejor de las suertes y que Dios los bendiga abundantemente hoy y siempre.

제가 이 책을 만들면서 그랬던 것만큼 여러분도 이 책을 즐기시기를 바랍니다. 여러분은 혼자가 아니라는 것을 기억하세요. 이제 이 새로운 모험에서 언제나 여러분을 도와 줄 새로운 친구를 만났으니까요. 만약 제가 여러분을 도울 일이 있다면 언제든 주저 없이 연락하세요. 기운 내세요. 우리가 곧 이 책의 제2권을 성공적으로 끝낼 수 있기를 바랍니다. 여러분에게 최고의 행운을 빌며 하느님께서 여러분을 언제나 축복하시기를 빕니다.

Con todo el cariño del mundo
이 세상의 모든 애정을 담아서

Su amigo 여러분의 친구

CARLOS ALFONSO

Dr. Carlos Alfonso Macías Valadez Elias
Profesor Asistente
Departamento de Interpretación y Traducción de Español
Universidad Hankuk de Estudios Extranjeros
alfonsomacias@yahoo.com

ÍNDICE
목차

LECCIÓN 1

¿Recuerdas lo que has aprendido?

Práctica oral de estructuras gramaticales

〉〉〉〉문법 구조 말로 연습하기〈〈〈〈

El alfabeto = El abecedario 알파벳

• Vocabulario 1.1 Los sustantivos para deletrear 철자를 쪼개어 읽어 볼 명사들

1. A de (el) arroz 쌀
2. B de (el) burro 당나귀
3. C de (la) casa 집
4. D de (el) dedo 손가락
5. E de (el) elefante 코끼리
6. F de (la) foca 물개
7. G de (el) gato 고양이
8. H de (el) huevo 달걀
9. I de (la) iglesia 교회
10. J de (la) jirafa 기린
11. K de (el) kilo 킬로
12. L de (el) limón 레몬
13. M de (la) manzana 사과
14. N de (la) naranja 오렌지
15. Ñ de (el) ñoño 얼간이
16. O de (el) oso 곰
17. P de (el) perro 개
18. Q de (el) queso 치즈
19. R de (el) ratón 쥐
20. S de (la) sandía 수박
21. T de (la) taza 머그컵
22. U de (la) uva 포도
23. V de (la) vaca 암소
24. W de (el) whisky 위스키
25. X de (el) xilófono 실로폰
26. Y de (el) yate 요트
27. Z de (el) zapato 신발

◘ ¡Vamos a practicar!

☼ Modelo

El melocotón 복숭아

Pregunta: *¿Cómo se escribe "melocotón"?*

Respuesta: *Melocotón: "m" de manzana, "e" de elefante, "l" de limón, "o" de oso, "c" de casa, "o" de oso, "t" de taza, "o" de oso, "n" de naranja. Con tilde en la última "o".*

• Vocabulario 1.2 Las frutas 과일

1. La fresa 딸기
2. La cereza 체리
3. El melón 멜론
4. La piña 파인애플
5. La pera 배
6. La mandarina 귤
7. El durazno 복숭아
8. El plátano 바나나
9. El mango 망고
10. El kiwi 키위

Descripción de sustantivos 명사의 묘사

• Vocabulario 1.3 Los adjetivos I 형용사 I

1. Agradable ≠ Desagradable 즐거운 ≠ 불쾌한
2. Alto ≠ Bajo 높은 ≠ 낮은
3. Amable ≠ Grosero 친절한 ≠ 무례한
4. Antiguo ≠ Moderno 오래된 ≠ 현대의
5. Bonito ≠ Feo 예쁜 ≠ 못난
6. Bueno ≠ Malo 좋은 ≠ 나쁜
7. Caliente ≠ Frío 뜨거운 ≠ 차가운
8. Caro ≠ Barato 값비싼 ≠ 값싼
9. Cómodo ≠ Incómodo 편안한 ≠ 불편한
10. Fuerte ≠ Débil 강한 ≠ 약한
11. Generoso ≠ Tacaño 인자한 ≠ 인색한
12. Gordo ≠ Delgado 뚱뚱한 ≠ 마른, 날씬한
13. Grande ≠ Pequeño 큰 ≠ 작은
14. Guapo ≠ Feo 잘생긴 ≠ 못생긴
15. Húmedo ≠ Seco 습한 ≠ 건조한
16. Inteligente ≠ Tonto 똑똑한 ≠ 멍청한
17. Joven ≠ Viejo 젊은 ≠ 나이든
18. Largo ≠ Corto 긴 ≠ 짧은
19. Limpio ≠ Sucio 깨끗한 ≠ 더러운
20. Nuevo ≠ Viejo 새로운 ≠ 오래된
21. Resistente ≠ Frágil 내구성 있는 ≠ 깨지기 쉬운
22. Rico ≠ Pobre 부유한 ≠ 가난한
23. Ruidoso ≠ Silencioso 시끄러운 ≠ 조용한
24. Simpático ≠ Antipático 상냥한 ≠ 무뚝뚝한
25. Soltero ≠ Casado 독신의 ≠ 기혼의

¡Vamos a practicar!

☼ **Modelo**

Las – coreano / delgado
Pregunta: *¿Cómo son las coreanas?*
Respuesta: *Las coreanas son delgadas.*

• Vocabulario 1.4 Los gentilicios 지명형용사

1. Los – argentino / limpio (아르헨티나인)
2. Las – colombiano / bonito (콜롬비아인)
3. Los – chino / un poco ruidoso (중국인)
4. Las – mexicano / muy simpático (멕시코인)
5. Los – latino / agradable (라틴계 사람)
6. Las – europeo / guapo (유럽인)
7. Los – estadounidense / rico (미국인)
8. Las – canadiense / alto (캐나다인)
9. Los – inglés / silencioso (영국인)
10. Las – japonés / un poco bajo (일본인)
11. Los – francés / amable (프랑스인)
12. Las – peruano / limpio (페루인)
13. Los – portugués / generoso (포르투갈인)
14. Las – alemán / muy alto (독일인)
15. Los – español / agradable (스페인인)
16. Las – americano / simpático (아메리카인)
17. Los – asiático / delgado (아시아인)
18. Las – africano / muy fuerte (아프리카인)
19. Los – occidental / inteligente (서양인)
20. Las – oriental / muy bonito (동양인)

Adjetivos posesivos 소유형용사

Singular masculino	Singular femenino	Plural masculino	Plural femenino
mi 나의	mi	mis	mis
tu 너의	tu	tus	tus
su 그의/ 그녀의/ 당신의	su	sus	sus
nuestro 우리의	nuestr**a**	nuestro**s**	nuestr**as**
vuestro 너희의	vuestr**a**	vuestro**s**	vuestr**as**
su 그들의/ 그녀들의/ 당신들의	su	sus	sus

Pronombres posesivos 소유대명사

Singular masculino	Singular femenino	Plural masculino	Plural femenino
mío 나의 것	mí**a**	mí**os**	mí**as**
tuyo 너의 것	tuy**a**	tuy**os**	tuy**as**
suyo 그의/ 그녀의/ 당신의 것	suy**a**	suy**os**	suy**as**
nuestro 우리의 것	nuestr**a**	nuestr**os**	nuestr**as**
vuestro 너희의 것	vuestr**a**	vuestr**os**	vuestr**as**
suyo 그들의/ 그녀들의/ 당신들의 것	suy**a**	suy**os**	suy**as**

- Vocabulario 1.5 Los adjetivos II 형용사 II

1. Ancho ≠ Estrecho 넓은 ≠ 좁은
2. Artístico ≠ Deportista 예술적인 ≠ 운동을 좋아하는
3. Atrevido ≠ Prudente 대담한 ≠ 신중한
4. Cobarde ≠ Valiente 소심한 ≠ 용감한
5. Cortés = Educado ≠ Descortés = Maleducado 예의 바른 ≠ 무례한
6. Derecho ≠ Chueco 곧은 ≠ 굽은
7. Divertido ≠ Aburrido 재미있는 ≠ 지루한
8. Fácil ≠ Difícil 쉬운 ≠ 어려운
9. Gracioso ≠ Serio 익살스러운 ≠ 진지한
10. Grueso ≠ Delgado 살찐, 두꺼운 ≠ 마른, 얇은
11. Hermoso ≠ Horrible 아름다운 ≠ 끔찍한
12. Honesto ≠ Mentiroso 정직한 ≠ 거짓말을 잘 하는
13. Humilde ≠ Arrogante 겸손한 ≠ 거만한
14. Ligero ≠ Pesado 가벼운 ≠ 무거운
15. Natural ≠ Artificial 자연의 ≠ 인공의
16. Optimista ≠ Pesimista 낙관적인 ≠ 비관적인
17. Ordenado ≠ Desordenado 정리된 ≠ 무질서한
18. Organizado ≠ Desorganizado 체계적인 ≠ 체계적이지 못한
19. Paciente ≠ Impaciente 참을성 있는 ≠ 참을성 없는
20. Primero ≠ Último 첫째의 ≠ 마지막의
21. Rápido ≠ Lento 빠른 ≠ 느린
22. Raro ≠ Normal 드문, 희한한 ≠ 보통의
23. Sociable ≠ Callado 사교적인 ≠ 말이 없는
24. Suave ≠ Duro 부드러운 ≠ 딱딱한
25. Trabajador ≠ Perezoso 근면한 ≠ 게으른

■ **¡Vamos a practicar!**

☼ **Modelo**

Casa – Grande ≠ Pequeño
Pregunta: *Mi casa es grande, ¿y la tuya?* 나의 집은 커, 그런데 너의 것은?
Respuesta: *La mía es pequeña* 나의 집은 작아.

1. Celular –	Antiguo ≠ Moderno 오래된 ≠ 현대의
2. Plumas –	Caro ≠ Barato 값비싼 ≠ 값싼
3. Cama –	Cómodo ≠ Incómodo 편안한 ≠ 불편한
4. Habitación –	Húmedo ≠ Seco 습한 ≠ 건조한
5. Pelo –	Largo ≠ Corto 긴 ≠ 짧은
6. Taza –	Resistente ≠ Frágil 내구성 있는 ≠ 깨지기 쉬운
7. Amigos –	Ruidoso ≠ Silencioso 시끄러운 ≠ 조용한
8. Hermanas –	Soltero ≠ Casado 독신의 ≠ 기혼의
9. Ventana –	Ancho ≠ Estrecho 넓은 ≠ 좁은
10. Compañeras de clase –	Artístico ≠ Deportista 예술적인 ≠ 운동을 좋아하는
11. Madre –	Atrevido ≠ Prudente 대담한 ≠ 신중한
12. Hermano menor –	Cobarde ≠ Valiente 소심한 ≠ 용감한
13. Profesoras –	Divertido ≠ Aburrido 재미있는 ≠ 지루한
14. Jardín –	Limpio ≠ Sucio 깨끗한 ≠ 더러운
15. Hermanos mayores –	Humilde ≠ Arrogante 겸손한 ≠ 거만한
16. Silla –	Ligero ≠ Pesado 가벼운 ≠ 무거운
17. Escritorio –	Ordenado ≠ Desordenado 정리된 ≠ 무질서한
18. Compañeras de trabajo –	Organizado ≠ Desorganizado 체계적인 ≠ 체계적이지 못한
19. Computadora portátil –	Rápido ≠ Lento 빠른 ≠ 느린
20. Familiares –	Sociable ≠ Callado 사교적인 ≠ 말이 없는

Las posiciones 위치

• Vocabulario 1.6 Las posiciones 위치

1. A la derecha de …의 오른쪽에
2. A la izquierda de …의 왼쪽에
3. Al lado de …의 옆에
4. *Junto a …와 함께
5. Delante de = Enfrente de …의 앞에
6. Detrás de = Atrás de …의 뒤에
7. Arriba de = Encima de= *Sobre …의 위에
8. Abajo de = Debajo de= *Bajo …의 아래에
9. *Entre ... y ... …와 …의 사이에
10. Cerca de …에 가까이
11. Lejos de …에 멀리
12. Adentro de = Dentro de …의 안에
13. Afuera de = Fuera de …의 밖에

◘ ¡Vamos a practicar!

☼ Modelo

Corea / entre / China y Japón

Pregunta: *¿Sabes (tú) dónde está Corea?*

Respuesta: *Sí, lo sé. Corea está entre China y Japón.*

1. El banco / a la derecha de / el correo
2. Pedro / a la izquierda de / Ana
3. El baño de hombres / al lado de / el baño de mujeres
4. La panadería / junto a / la óptica (안경점)
5. Los estudiantes / delante de / el salón de clase
6. El niño / detrás de / su madre
7. Las llaves / sobre / la mesa
8. Las pantuflas (실내화) / abajo de / la cama
9. Los gatos / adentro de / el apartamento
10. Los perros / afuera de / la casa

Los números cardinales 기수

• Vocabulario 1.7 Los números 숫자

0	Cero
1	Uno
2	Dos
3	Tres
4	Cuatro
5	Cinco
6	Seis
7	Siete
8	Ocho
9	Nueve
10	Diez
11	Once
12	Doce
13	Trece
14	Catorce
15	Quince
16	Dieciséis
17	Diecisiete
18	Dieciocho
19	Diecinueve
20	Veinte
30	Treinta
40	Cuarenta
50	Cincuenta
60	Sesenta
70	Setenta
80	Ochenta
90	Noventa
100	Cien
101	Ciento uno
200	Doscientos
300	Trescientos
400	Cuatrocientos
500	Quinientos
600	Seiscientos
700	Setecientos
800	Ochocientos
900	Novecientos
1.000	Mil
10.000	Diez mil
100.000	Cien mil
1.000.000	Un millón
10.000.000	Diez millones
100.000.000	Cien millones
1.000.000.000	Mil millones
10.000.000.000	Diez mil millones
100.000.000.000	Cien mil millones
1.000.000.000.000	Un billón

◘ ¡Vamos a practicar!

Trata de leer los siguientes números en español viendo solo los números y tapando las palabras de los números con tu mano derecha. Al leer cada número, puedes descubrir las palabras correspondientes para rectificar si lo estás leyendo bien.
오른손으로 단어를 가리고 오직 숫자만 보면서 스페인어로 읽어봅시다. 각 숫자를 읽을 때마다 자신이 잘 읽고 있는지 확인하기 위해 상응하는 단어를 열어볼 수 있습니다.

1. 1.999 Mil, novecientos noventa y nueve
2. 10.715 Diez mil, setecientos quince
3. 1.313.212 Un millón, trescientos trece mil, doscientos doce
4. 11.414.940 Once millones, cuatrocientos catorce mil, novecientos cuarenta
5. 21.676.767 Veintiún millones, seiscientos setenta y seis mil, setecientos sesenta y siete
6. 35.819.418 Treinta y cinco millones, ochocientos diecinueve mil, cuatrocientos dieciocho
7. 100.585.858 Cien millones, quinientos ochenta y cinco mil, ochocientos cincuenta y ocho
8. 101.100.101 Ciento un millones, cien mil, ciento uno
9. 574.981.715 Quinientos setenta y cuatro millones, novecientos ochenta y un mil, setecientos quince
10. 12.000.050.003 Doce mil millones, cincuenta mil, tres

Verbos reflexivos 재귀동사

Vocabulario 1.8 Verbos reflexivos más importantes 가장 중요한 재귀동사들

1. Lavarse la cara 세수하다
2. Lavarse los dientes 양치하다
3. Cepillarse los dientes 양치하다
4. Cepillarse el pelo 머리를 빗다
5. Peinarse el pelo 머리를 빗다
6. Ducharse 샤워하다
7. Bañarse 목욕하다
8. Encontrarse* (ue) con mis amigos 나의 친구들을 만나다
9. Levantarse 일어나다
10. Acostarse* (ue) 잠자리에 들다

11. Sentarse* (ie) 앉다
12. Afeitarse 면도하다
13. Ponerse* (pongo) los zapatos 신발을 신다
14. Quitarse la ropa 옷을 벗다
15. Maquillarse 화장 하다
16. Pintarse 화장 하다
17. Pintarse las uñas 손톱을 칠하다
18. Cortarse las uñas 손톱을 깎다
19. Dormirse* (ue) 잠들다
20. Despertarse* (ie) 깨어나다
21. Casarse 결혼하다
22. Mudarse 이사하다
23. Vestirse* (i) 옷을 입다
24. Desvestirse* (i) 옷을 벗다

☼ Para “cepillarse el pelo”, se usa “el cepillo”. → 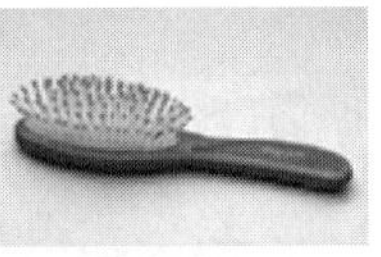

☼ Para “peinarse el pelo”, se usa “el peine”. → 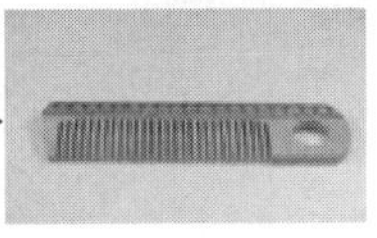

Los verbos afectivos 기호동사

• Vocabulario 1.9 Los verbos afectivos más importantes 가장 중요한 기호동사들

1. Gustar 좋아하다
2. Encantar 무척 좋아하다
3. Fascinar 무척 좋아하다
4. Parecer (…하게) 보이다
5. Interesar 흥미를 끌다
6. Importar 중요하다
7. Dar miedo 무서움을 주다
8. Dar risa 웃음을 주다
9. Quedar 어울리다, 맞다

◘ ¡Vamos a practicar!

☼ Modelo

Gustar comer / Comer helados
Pregunta informal: *¿Qué te gusta comer?*
Pregunta formal: *¿Qué le gusta comer?*
Respuesta: *Me gusta comer helados.*

1. Encantar beber / Beber té verde
2. Gustar hacer los sábados / Navegar en Internet y dormir
3. Deportes fascinar / El fútbol y el béisbol
4. Comida extranjera encantar / La pasta
5. Parecer este libro / Muy divertido este libro
6. Interesar leer en el periódico (신문) / Leer las noticias (뉴스)
7. Importar en la vida (인생) / Ser feliz
8. Dar miedo / Las cucarachas (바퀴벌레)
9. Dar risa / Los comediantes (코미디언)
10. Color quedar bien / El azul oscuro (짙은 파란색)

El presente continuo 현재진행

Hablar		**Aprender**		**Escribir**	
estoy	hablando	estoy	aprendiendo	estoy	escribiendo
estás	hablando	estás	aprendiendo	estás	escribiendo
está	hablando	está	aprendiendo	está	escribiendo
estamos	hablando	estamos	aprendiendo	estamos	escribiendo
estáis	hablando	estáis	aprendiendo	estáis	escribiendo
están	hablando	están	aprendiendo	están	escribiendo

Bañarse			**Bañarse**	
me	estoy	bañando	estoy	bañ***á***ndo**me**
te	estás	bañando	estás	bañ***á***ndo**te**
se	está	bañando	está	bañ***á***ndo**se**
nos	estamos	bañando	estamos	bañ***á***ndo**nos**
os	estáis	bañando	estáis	bañ***á***ndo**os**
se	están	bañando	están	bañ***á***ndo**se**

• Vocabulario 1.10 Verbos con terminación "ir" irregulares en gerundio y verbo "poder" en gerundio 현재분사형이 불규칙한 'ir'로 끝나는 동사들과 'poder'동사의 현재분사형

1. Ir (yendo) 가다 (가는 중인)
2. Competir (compitiendo) 경쟁하다 (경쟁하는 중인)
3. Decir (diciendo) 말하다 (말하는 중인)
4. Medir (midiendo) 재다 (재는 중인)
5. Mentir (mintiendo) 거짓말하다 (거짓말 하는 중인)
6. Pedir (pidiendo) 요청하다 (요청하는 중인)
7. Perseguir (persiguiendo) 추적하다 (추적하는 중인)
8. Preferir (prefiriendo) 선호하다 (선호하는 중인)
9. Reír (riendo) 웃다 (웃는 중인)
10. Repetir (repitiendo) 반복하다 (반복하는 중인)
11. Seguir (siguiendo) 따르다 (따르는 중인)
12. Sentir (sintiendo) 느끼다 (느끼는 중인)
13. Servir (sirviendo) 시중을 들다 (시중드는 중인)
14. Venir (viniendo) 오다 (오는 중인)
15. Dormir (durmiendo) 자다 (자는 중인)
16. Morir (muriendo) 죽다 (죽는 중인)
17. *Poder (pudiendo) 할 수 있다 (할 수 있는 중인)

◘ ¡Vamos a practicar!

☼ Modelo

Regresar a mi casa 집에 돌아가다

Pregunta en presente:	*¿Qué haces (tú) ahora?*
Respuesta en presente:	*(Yo) Regreso a mi casa.*
Pregunta en presente continuo:	*¿Qué estás haciendo (tú) ahora?*
Respuesta en presente continuo:	*(Yo) Estoy regresando a mi casa.*

1. Desayunar en el comedor del dormitorio 기숙사 식당에서 아침 먹다
2. Almorzar* (ue) en la cafetería de la universidad 대학교 식당에서 점심 먹다
3. Cenar en el comedor de mi compañía 회사 식당에서 저녁 먹다
4. Cocinar la sopa de kimchi 김치찌개를 요리하다
5. Jugar* (ue) fútbol en la cancha de fútbol 축구장에서 축구하다
6. Pensar* (ie) en mi futuro 미래를 생각하다

7. Conversar con mis compañeros de clase 반 친구들과 대화하다
8. Observar el cielo 하늘을 바라보다
9. Tocar la puerta 문을 두드리다
10. Arreglar mi habitación 방을 정리하다
11. Planchar mi ropa 옷을 다림질하다
12. Repasar mis lecciones de gramática 문법 수업들을 복습하다
13. Aprender a jugar tenis 테니스 치는 법을 배우다
14. Andar por la calle 거리를 걷다
15. Traducir* (zco) una oración de coreano a español 한국어 문장 하나를 스페인어로 번역하다
16. Ir* (voy, yendo) a mi casa 집에 가다
17. Salir* (salgo) de la clase 수업에서 나오다
18. Servir* (sirvo, sirviendo) la comida 음식을 내오다
19. Construir* (construyo, construyendo) un edificio 건물을 짓다
20. Encender* (ie) mi computadora 컴퓨터를 켜다

Las emociones y los sentimientos 감정과 느낌

◘ ¡Vamos a practicar!

☼ **Modelo**

Estar contento 만족하다, 기뻐하다

Ellos están contentos.

Ellas están contentas.

• Vocabulario 1.11 Las emociones 감정

1. Estar contento 만족하다, 기뻐하다
2. Estar feliz 행복해하다
3. Estar alegre 기뻐하다
4. Estar enojado 화가 나다
5. Estar enfadado 화가 나다
6. Estar triste 슬퍼하다
7. Estar deprimido 풀이 죽다
8. Estar enfermo 아프다
9. Estar sano 건강하다
10. Estar aburrido 지루하다

11. Estar cansado 피곤하다
12. Estar exhausto 기진맥진하다
13. Estar libre 한가하다
14. Estar ocupado 바쁘다
15. Estar asustado 놀라다 (나쁜 의미로)
16. Estar sorprendido 놀라다 (좋은 의미로)
17. Estar nervioso 긴장하다
18. Estar tranquilo 침착하다
19. Estar borracho 술에 취하다
20. Estar crudo 숙취가 있다 (멕시코에서 사용)
21. Estar confundido 혼동되다
22. Estar preocupado 걱정되다
23. Estar distraído 산만하다
24. Estar concentrado 집중하다

◘ ¡Vamos a practicar!

☼ Modelo

Tener (el) calor 더워하다

Yo tengo calor.

• Vocabulario 1.12 Los sentimientos 느낌

1. Tener (el) calor 더워하다
2. Tener (el) frío 추워하다
3. Tener (el) hambre* 배가 고프다 (hambre는 여성명사)
4. Tener (la) sed 목이 마르다
5. Tener (el) sueño 졸리다
6. Tener (el) miedo 겁나다
7. Tener (la) comezón 근질거리다
8. Tener (las) cosquillas 간지럼을 타다
9. Tener (el) dolor de cabeza 두통이 있다
10. Tener (la) fiebre 열이 있다
11. Tener (la) diarrea 설사를 하다
12. Tener (la) resaca 숙취가 있다 (스페인에서 사용)

La descripción del tiempo 날씨 묘사

• Vocabulario 1.13 El clima 기후

1. Hace buen tiempo 날씨가 좋다
2. Hace mal tiempo 날씨가 나쁘다
3. Hace calor 날씨가 덥다
4. Hace sol 해가 나다
5. Hace frío 날씨가 춥다
6. Hace fresco 날씨가 시원하다
7. Hace viento 바람이 분다
8. Está nublado 구름이 끼어있다
9. Llueve (llover) 비가 오다
10. Nieva (nevar) 눈이 오다
11. El clima es húmedo 기후가 습하다
12. El clima es seco 기후가 건조하다

¤ ¡Vamos a practicar!

☼ **Modelo**

Hoy / mucho calor y mucho sol

Pregunta: *¿Qué tiempo hace hoy?* 오늘 날씨가 어때요?

Respuesta: *Hoy hace mucho calor y hace mucho sol.* 오늘 날씨가 많이 덥고 햇빛이 강해요.

1. En primavera / buen tiempo: sol y fresco
2. En verano / mal tiempo: mucho calor, mucho sol, llover y húmedo
3. En otoño / buen tiempo: sol, fresco y viento
4. En invierno / mal tiempo: mucho frío, nublado, nevar y seco

La información personal 개인 정보

¤ ¡Vamos a practicar!

☼ **Modelo**

Cuánto - pesar / 74,5 kg

Pregunta informal: *¿Cuánto pesas?* 너는 몸무게가 얼마나 나가니?

Respuesta: *Peso setenta y cuatro kilos y medio.* 74.5kg입니다.

Cuántos - años tener / 21 años según mi edad oriental
Pregunta informal: *¿Cuántos años tienes?* 너는 몇 살이니?
Respuesta: *Tengo 21 (veintiún) años según mi edad oriental.* 동양식 나이로 스물한 살입니다.

Cuál - (el) tipo de sangre / O
Pregunta informal: *¿Cuál es tu tipo de sangre?* 네 혈액형이 뭐니?
Respuesta: *Mi tipo de sangre es O.* 제 혈액형은 O형입니다.

Cuándo - (el) cumpleaños / el 8 de enero según el calendario lunar
Pregunta informal: *¿Cuándo es tu cumpleaños?* 네 생일이 언제니?
Respuesta: *Mi cumpleaños es el 8 de enero según el calendario lunar.* 제 생일은 음력으로 1월 8일입니다.

1. Cuánto - medir* (i) / 1,72 m
2. Cuál - (la) estatura / 1,63 m
3. Cuánto - pesar / 58,5 kg
4. Cuál - (el) peso / 49,5 kg
5. Cuál - (el) tipo de sangre / AB
6. Cuál - (la) nacionalidad / surcoreana*

   ☼ No olvides que nacionalidad es un sustantivo femenino. Entonces, aunque tú seas hombre, tienes que decir "mi nacionalidad es surcoreana". 국적(nacionalidad)이 여성명사라는 것을 잊지 말자. 그러므로 당신이 남성일지라도 국적을 말 할 때는 형용사의 성을 여성에 일치시켜서 말해야 한다.

7. Cuál - (la) fecha de nacimiento / el 14 de noviembre de 1996
8. Cuándo - (el) cumpleaños / el 17 de abril
9. Cuál - (la) edad / 20 años
10. Cuántos - años tener / 18 años según mi edad occidental
11. Cuántos - años tener / 19 años según mi edad oriental
12. Cuál - (la) ocupación / estudiante
13. Cuál - (la) dirección de correo electrónico / princesita_hermosa@gmail.net
    ☼ ("_" guion bajo, "@" arroba, "." punto)
14. Cuál - (el) número de teléfono móvil / 010-97531-86420
15. Cuál - (la) tierra natal / Gwangju

La comparación 비교

◘ ¡Vamos a practicar!

☼ **Modelo**

Los gatos – ¿? rápido – los ratones

→ *Los gatos son más rápidos que los ratones.*

Las mujeres – ¿? alto – los hombres

→ *Las mujeres son menos altas que los hombres.*

Los niños coreanos – estudiar ¿? – los niños latinos

→ *Los niños coreanos estudian más que los niños latinos.*

Las chicas – comer ¿? – los chicos

→ *Las chicas comen menos que los chicos.*

1. Las señoritas – ¿? simpático – las señoras
2. El inglés – ¿? difícil – el español
3. Las chicas – hablar ¿? – los chicos
4. Los adultos – jugar ¿? – los niños
5. Las mujeres – dormir ¿? – los hombres
6. En Guatemala – hacer ¿? calor – en Canadá
7. Bill Gates – tener ¿? dinero – yo, pero yo – ser ¿? feliz – Bill Gates ☺
8. Mi abuelo – ¿? viejo* – yo y yo – ¿? joven* – mi papá
9. Generalmente, los productos baratos son – ¿? malo* – que los productos caros
10. Generalmente, los vinos caros son – ¿? bueno* – que los vinos baratos

El tiempo 시간

• Vocabulario 1.14 El tiempo 시간

1. El segundo 초
2. El minuto 분
3. La hora 시간
4. El día 일
5. La semana 주
6. El mes 월
7. El año 년
8. La década 10년
9. El siglo 세기
10. El milenio 1000년

◘ ¡Vamos a practicar!

☼ **Modelo**

Hacer/Llevar tú aprender español – tres meses

Pregunta a)	*¿Cuánto tiempo hace que aprendes español tú?* 스페인어를 배운 지 얼마나 되었니?
Pregunta b)	*¿Cuánto tiempo llevas aprendiendo español tú?* 스페인어를 배운 지 얼마나 되었니?
Respuesta a)	*Hace tres meses que yo aprendo español.* 스페인어를 배운 지 세 달 됐어.
Respuesta b)	*Yo aprendo español desde hace tres meses.* 나는 세 달 전부터 스페인어를 배우고 있어.
Respuesta c)	*Yo llevo aprendiendo español tres meses.* 스페인어를 세 달 째 배우고 있어.

Tú tardar en cenar – 30 minutos

Pregunta:	*¿Cuánto tiempo tardas en cenar tú?* 저녁식사 하는 데에 시간이 얼마나 걸리니?
Respuesta:	*Yo tardo en cenar 30 minutos.* 저녁식사 하는 데에 30분 걸립니다.

La clase de historia durar – dos horas

Pregunta:	*¿Cuánto tiempo dura la clase de historia?* 역사 수업은 얼마 동안 하니?
Respuesta:	*La clase de historia dura dos horas.* 역사 수업은 두 시간 동안 해.

1. Hacer/Llevar tu profesor de español vivir en Corea – 10 años
2. Hacer/Llevar Ud. estudiar en esta universidad – seis meses
3. Ud. tardar en ducharse – siete minutos
4. Tú tardar (en ir) desde aquí hasta tu casa – una hora
5. La batería del celular durar – medio día
6. La película durar – dos horas y media

El futuro 미래

Futuro sencillo		Futuro compuesto
estudiar**é**		**voy a** estudiar
estudiar**ás**		**vas a** estudiar
estudiar**á**		**va a** estudiar
estudiar**emos**		**vamos a** estudiar
estudiar**éis**		**vais a** estudiar
estudiar**án**		**van a** estudiar

Futuro sencillo		Futuro compuesto		Futuro compuesto
me afeitaré		**me** voy a afeitar		voy a afeitar**me**
te afeitarás		**te** vas a afeitar		vas a afeitar**te**
se afeitará		**se** va a afeitar		va a afeitar**se**
nos afeitaremos		**nos** vamos a afeitar		vamos a afeitar**nos**
os afeitaréis		**os** vais a afeitar		vais a afeitar**os**
se afeitarán		**se** van a afeitar		van a afeitar**se**

• Vocabulario 1.15 Verbos irregulares en futuro 미래형이 불규칙한 동사들

1. Tener (tendré) 가지다 (가질 것이다)
2. Poner (pondré) 놓다 (놓을 것이다)
3. Valer (valdré) 보호하다, 값이 나가다 (보호 할 것이다, 값이 나갈 것이다)
4. Venir (vendré) 오다 (올 것이다)
5. Salir (saldré) 나가다 (나갈 것이다)
6. Poder (podré) 할 수 있다 (할 수 있을 것이다)
7. Haber (habré) 있다 (있을 것이다)
8. Caber (cabré) 수용하다 (수용할 것이다)
9. Saber (sabré) 알다 (알 것이다)
10. Querer (querré) 원하다 (원할 것이다)
11. Hacer (haré) 하다 (할 것이다)
12. Decir (diré) 말하다 (말할 것이다)

◘ ¡Vamos a practicar!

☼ **Modelo**

Cenar hoy – 6:30 p. m.
Pregunta informal: *¿A qué hora cenarás hoy?* 오늘 몇 시에 저녁식사 할 거니?
Pregunta formal: *¿A qué hora cenará hoy?* 오늘 몇 시에 저녁식사 하실 것입니까?
Respuesta: *Cenaré a las 6:30 p. m.* 오후 6시 반에 저녁식사 할 것입니다.

1. Acostarse esta noche – 11:30 p. m.
2. Dormirse esta noche – 12:00 a. m.
3. Despertarse mañana – 6:00 a. m.
4. Levantarse mañana – 6:30 a. m.
5. Desayunar mañana – 7:00 a. m.
6. Partir a casa hoy – 5:30 p. m.
7. Llegar a casa hoy – 7:00 p. m.
8. Hacer* (haré) la tarea hoy – después de llegar a casa
9. Ducharse hoy – antes de acostarse
10. Salir* (saldré) de casa mañana – después de desayunar

El presente perfecto 현재완료

Bajar			Correr			Subir	
he	bajado		he	corrido		he	subido
has	bajado		has	corrido		has	subido
ha	bajado		ha	corrido		ha	subido
hemos	bajado		hemos	corrido		hemos	subido
habéis	bajado		habéis	corrido		habéis	subido
han	bajado		han	corrido		han	subido

• Vocabulario 1.16 Verbos irregulares en participio más comunes 과거분사형이 불규칙한 가장 흔한 동사들

1. Ver (visto) 보다 (본)
2. Volver (vuelto) 돌아오다 (돌아온)
3. Devolver (devuelto) 돌려주다 (반환한)
4. Disolver (disuelto) 녹이다 (녹인)
5. Envolver (envuelto) 포장하다 (포장한)
6. Resolver (resuelto) 해결하다 (해결한)
7. Revolver (revuelto) 뒤적이다 (뒤적인)
8. Romper (roto) 부수다 (부순)
9. Poner (puesto) 놓다 (놓은)
10. Descomponer (descompuesto) 고장내다 (고장낸)
11. Suponer (supuesto) 추측하다 (가정한)
12. Abrir (abierto) 열다 (열은)
13. Cubrir (cubierto) 덮다 (덮은)
14. Descubrir (descubierto) 발견하다 (발견한)
15. Escribir (escrito) 쓰다 (쓴)
16. Freír (frito) 튀기다 (튀긴)
17. Morir (muerto) 죽다 (죽은)
18. Imprimir (impreso) 인쇄하다 (인쇄한)
19. Hacer (hecho) 하다 (한, 만든)
20. Satisfacer (satisfecho) 만족시키다 (만족시킨)
21. Decir (dicho) 말하다 (말한)
22. *Pudrir (podrido) 썩히다 (썩힌)

◘ ¡Vamos a practicar!

☼ Modelo

Acabar la tarea

Pregunta informal:	*¿Ya has acabado la tarea?* 숙제 벌써 끝냈니?
Pregunta formal:	*¿Ya ha acabado la tarea?* 숙제 벌써 끝냈어요?
Respuesta afirmativa:	*Sí, ya la he acabado.* 네, 벌써 끝냈어요.
Respuesta negativa:	*No, todavía no la he acabado.* 아니요, 아직 못 끝냈어요.

1. Comprar los boletos (표) para el concierto
2. Preparar la comida
3. Terminar las clases de hoy
4. Memorizar el vocabulario
5. Repasar la lección
6. Leer mi correo electrónico
7. Hacer* (hecho) la reservación
8. Ver* (visto) mi mensaje de texto
9. Devolver* (devuelto) los libros a la biblioteca
10. Poner* (puesto) la comida en el refrigerador (음식을 냉장고에 넣다)

Diálogos

Expresiones y vocabulario a tener en cuenta en los diálogos 대화문에 나오는 유의해야 할 표현과 어휘들

El cumplido 칭찬

El estudiante de intercambio 교환학생

El mediodía 정오

La medianoche 자정

La presentación 발표

Corazón 심장, 사랑하는 사람

Mi amor 내 사랑

Adoptar 채택하다, 입양하다

Disfrutar 즐기다

Encender ≠ Apagar 켜다 ≠ 끄다

Llevar ≠ Traer 가져가다, 데려가다 ≠ 가져오다, 데려오다

Presentarse 소개하다

Voy a presentarme a Uds. 여러분께 제 소개를 하겠습니다.

Pronunciar 발음하다

Ser fácil de + infinitivo ≠ Ser difícil de + infinitivo …하기 쉽다 ≠ …하기 어렵다

La sopa de kimchi es fácil de preparar. 김치찌개는 만들기 쉽다.

El chino es difícil de escribir. 중국어는 쓰기 어렵다.

Creo que = Pienso que …라고 생각하다

Invitar 초대하다, 한 턱 내다

Te invito a comer. 내가 밥 살게

Te invito un café. 내가 커피 살게.

¡Yo invito! 내가 한 턱 낼게.

Acerca de = De = Sobre …에 대해

Casi 거의

Claro = Claro que sí = Por supuesto 물론

Con ahínco 열심히

Es que (사실은) …때문이다

Lo siento mucho. 정말 죄송합니다.

Muchas gracias por + infinitivo / sustantivo …에 대해 감사합니다

Muchas gracias por venir. 와주셔서 감사합니다.

Muchas gracias por esperar. 기다려주셔서 감사합니다.

Muchas gracias por su enseñanza. 가르쳐주셔서 감사합니다.

Muchas gracias por tu ayuda. 도와줘서 고마워.

Muchas gracias por el cumplido. 칭찬해줘서 고마워.

Nada en especial 특별한 것/일 없어

Por eso 그래서

Tod@ + sustantivo en singular (일정한 기간) 내내

Todo el día 하루 종일

Toda la semana 일주일 내내

Un@s 몇몇의

Unos chicos 몇몇의 소년들

Unas chicas 몇몇의 소녀들

¡Bienvenid@(s)! 어서 오세요!, 환영합니다!

¡Excelente! = ¡Genial! 훌륭해!

¡Hasta pronto! = ¡Hasta luego! = ¡Hasta la vista! 곧 만나요! / 다음에 만나요! / 또 만나요!

¡Pobrecit@(s)! 불쌍해라!

¡Qué milagro! = ¡Cuánto tiempo! = ¡Tanto tiempo! 정말 오랜만이야!

Fluentemente 유창하게

Naturalmente = Obviamente 당연히, 의심할 여지 없이

Últimamente 최근에

Diálogo #1 (En una clase en una universidad en México 멕시코의 한 대학교 수업에서)

Profesora:	¡Hola! ¡Bienvenido! ¿Eres nuevo en esta universidad?
Estudiante:	Sí, soy estudiante de intercambio. Yo vengo de Corea del Sur.
Profesora:	¿Puedes presentarte a todos los estudiantes, por favor?
Estudiante:	Por supuesto. Mucho gusto. Voy a presentarme a Uds. Mi nombre es Taeyang y mi apellido es Park. Yo sé que mi nombre en coreano es un poco difícil de pronunciar para los mexicanos. Por eso he adoptado un nombre en español: Pablo.
Profesora:	¿Cómo es tu familia?
Estudiante:	Naturalmente, soy soltero. Hay cuatro miembros en mi familia: mi padre, mi madre, mi hermana mayor y yo. Todos viven en Corea ahora; pero mi hermana mayor vendrá a México en las vacaciones para viajar conmigo por este país.
Profesora:	Tú hablas muy bien español.
Estudiante:	Muchas gracias por el cumplido.
Profesora:	¿Cuánto tiempo hace que estudias español?
Estudiante:	Hace un año que estudio español. Pero todavía no hablo fluentemente. Quiero hablar como un nativo en el futuro, por eso voy a estudiar con ahínco y voy a practicar el español todos los días.

1. ¿Por qué ha adoptado un nombre en español el estudiante?

___

2. ¿Con quién va a viajar por México en las vacaciones Taeyang?

___

3. ¿Qué va a hacer Taeyang para hablar como un nativo?

___

Profesora:	안녕! 어서 와! 이 대학교에 처음 왔니?
Estudiante:	네. 교환학생이에요. 저는 한국에서 왔어요.
Profesora:	모든 학생들에게 자기소개를 해 줄 수 있어?
Estudiante:	물론이죠. 반갑습니다. 여러분께 제 소개를 할게요. 제 이름은 태양이고 성은 박씨입니다. 제 한국이름이 멕시코사람들이 발음하기에 조금 어렵다는 걸 알아요. 그래서 스페인식 이름도 하나 골랐는데, 파블로에요.
Profesora:	너는 가족이 어떻게 되니?
Estudiante:	의심할 여지 없이 저는 미혼이고요. 제 가족은 아버지, 어머니, 누나 한 명과 저, 이렇게 네명입니다. 현재 가족들 모두 한국에 살고 있지만 누나가 방학 때 저와 함께 이 나라를 여행하러 올 예정이에요.
Profesora:	너 스페인어를 정말 잘하는구나.
Estudiante:	칭찬 감사합니다.
Profesora:	스페인어를 공부한 지 얼마나 됐니?
Estudiante:	일 년째 스페인어를 공부하고 있어요. 하지만 아직 유창하게 말하지는 못해요. 미래에는 스페인어를 원어민처럼 구사하고 싶어요. 그래서 저는 열심히 공부하고 매일매일 스페인어를 연습할 거에요.

🎧 Diálogo #2 (En la universidad 대학교에서)

Hana:	¡Hola, Francisco! ¡Tanto tiempo!
Francisco:	¡Hola, Hana! ¡Qué milagro! ¿Cómo has estado?
Hana:	Muy bien, ¿y tú?
Francisco:	Más o menos. He tenido muchas tareas y muchos exámenes últimamente. Por eso he estado en la biblioteca en las últimas semanas.
Hana:	Por eso nadie te ha visto últimamente. Yo te he llamado muchas veces, pero tu celular siempre está apagado.
Francisco:	Lo siento mucho. No lo enciendo porque estoy en la biblioteca casi todo el día.
Hana:	¿Qué harás este fin de semana?
Francisco:	Nada en especial. Estaré en casa todo el fin de semana.
Hana:	¿Qué te parece si vamos al cine?
Francisco:	Me parece bien. ¿Qué día?
Hana:	El sábado. Nos vemos enfrente del cine a las 5:00 de la tarde, ¿vale?
Francisco:	¡Vale! Después de ver la película, vamos a cenar. ¡Yo invito!
Hana:	¡Genial! ¡Hasta la vista, Francisco!
Francisco:	¡Hasta luego, Hana!

1. ¿Por qué ha estado en la biblioteca en las últimas semanas Francisco?

____

2. ¿Qué día irán al cine Hana y Francisco?

____

3. ¿Qué harán después de ver la película Hana y Francisco?

____

Hana:	안녕, 프란시스코! 진짜 오랜만이야!
Francisco:	안녕, 하나야! 정말 오랜만이다! 어떻게 지냈어?
Hana:	잘 지냈어, 넌?
Francisco:	그냥 그랬어. 최근에 숙제랑 시험이 엄청 많았어. 그래서 요 몇 주 도서관에 있었어.
Hana:	그래서 요새 아무도 너를 못 봤구나. 나 너한테 전화 많이 했었는데 네 전화기가 늘 꺼져있어.
Francisco:	정말 미안해. 거의 하루 종일 도서관에 있으니까 핸드폰을 켜지 않아.
Hana:	이번 주말에 뭐 할거야?
Francisco:	특별한 일 없어. 주말 내내 집에 있을 거야.
Hana:	영화관에 가는 거 어때?
Francisco:	아주 좋아. 무슨 요일?
Hana:	토요일. 영화관 앞에서 오후 다섯 시에 보자, 알았지?
Francisco:	그래! 영화 보고 나서 저녁 먹자, 내가 쏜다!
Hana:	좋아! 나중에 보자, 프란시스코!
Francisco:	또 만나, 하나야!

Diálogo #3 (Conversación telefónica 전화 통화)

Novio:	¡Hola, corazón! ¿Dónde estás?
Novia:	¡Hola, mi amor! Estoy en mi dormitorio, ¿y tú?
Novio:	Estoy en la biblioteca.
Novia:	¿Con quién estás?
Novio:	Estoy con unos compañeros de clase.
Novia:	¿Qué están haciendo?
Novio:	Estamos preparando una presentación. La tendremos mañana y no hemos hecho nada. Entonces, creo que estaremos aquí hasta la medianoche.
Novia:	¿Ya has cenado?
Novio:	No, todavía no he cenado. Es que no he tenido tiempo.
Novia:	¡Pobrecito! Entonces, te prepararé un sándwich y te lo llevaré. No tardaré mucho. Estaré ahí en 30 minutos.
Novio:	Gracias, mi amor. ¡Te amo!
Novia:	Yo también te amo.
Novio:	Pero yo te amo más.
Novia:	No, yo te amo más... ♥♥♥

1. ¿Qué están haciendo el chico y sus compañeros de clase?

____

2. ¿Por qué la chica le llevará un sándwich a su novio?

____

3. ¿Por qué todavía no ha cenado el novio?

____

Novio:	안녕, 자기! 어디 있어?
Novia:	안녕, 내 사랑! 나 기숙사에 있지, 너는?
Novio:	나 도서관에 있어.
Novia:	누구랑 있는데?
Novio:	수업 같이 듣는 친구 몇 명이랑 같이 있어.
Novia:	다들 뭐하고 있어?
Novio:	우리 발표를 하나 준비하는 중이야. 내일 해야 하는데 아무것도 안 했어. 그래서 여기에 자정까지 있어야 할 것 같아.
Novia:	벌써 저녁 먹었어?
Novio:	아니, 아직 안 먹었어. 시간이 없어서.
Novia:	불쌍해라! 그럼 내가 샌드위치 만들어서 너한테 가져다 줄게. 얼마 안 걸릴 거야. 거기에 삼십 분 안에 도착할 거야.
Novio:	고마워, 내 사랑. 사랑해!
Novia:	나도 사랑해.
Novio:	그렇지만 내가 더 사랑해.
Novia:	아니야, 내가 더 사랑해... ♥♥♥

Preguntas para repasar 복습을 위한 질문들

1. ¿Cómo se escribe "compañía"?
2. ¿Puedes deletrear tu nombre completo por favor?
3. ¿Cómo eres tú?
4. ¿Cómo son tus compañeras de clase?
5. ¿Cómo son tus profesores de español?
6. ¿Dónde está tu celular?
7. ¿Cuántos estudiantes hay en tu clase de conversación?
8. ¿Cómo se dice en español este número? → 971.515.784
9. ¿Cuánto valen tus zapatos?
10. ¿Cuánto cuesta un apartamento en Gangnam aproximadamente?
11. ¿Qué ropa llevas ahora?
12. ¿Usas gafas?
13. ¿Qué te da miedo?
14. ¿Qué te encanta hacer en tu tiempo libre?
15. ¿Qué color te queda bien?
16. ¿Qué tipo de música te gusta escuchar?
17. ¿Qué están haciendo tus padres ahora?
18. ¿Estás cansad@ ahora?
19. ¿Qué haces cuando tienes dolor de cabeza?
20. ¿Cuáles son las cuatro estaciones?

21. ¿Qué tiempo hace hoy?

22. ¿Cuánto mides?

23. ¿Cuál es el tipo de sangre de tu padre?

24. ¿Cuándo es el cumpleaños de tu madre?

25. ¿Cuántos años tiene tu profesor/profesora de español aproximadamente?

26. ¿Cuál es tu tierra natal? ¿Cómo es tu tierra natal?

27. ¿Qué hora es? ¿Qué día es hoy? ¿Qué fecha es hoy?

28. ¿Puedes mencionar dos diferencias entre las japonesas y las chinas?

29. ¿Cuánto tiempo tardas en ir desde tu escuela hasta tu casa?

30. ¿Cuántas semanas dura un semestre en la universidad?

31. ¿Cuánto tiempo hace que aprendes inglés?

32. ¿Qué harás el próximo fin de semana?

33. ¿A qué hora te vas a acostar hoy?

34. ¿Has estado en algún país hispano alguna vez?

35. ¿Ya has cenado hoy?

Lectura #1

¡Hola! Mi nombre en coreano es Sanghun y mi nombre en español es Roberto. Soy universitario. Estudio en la Universidad Hankuk de Estudios Extranjeros. Mi especialidad es Interpretación y Traducción de Español. Ahora estoy en el segundo semestre de mi carrera. Durante el primer semestre, he estudiado con ahínco y he aprendido mucho. Pero he olvidado algunas cosas porque, durante las vacaciones pasadas, no he estudiado mucho. En mis vacaciones pasadas, he viajado con mis amigos al Mar del Este. Nosotros hemos estado ahí durante una semana. También he trabajado durante un mes en un restaurante. He pasado mucho tiempo en casa. Ahí he comido mucho, he dormido mucho, he conversado con mis padres y he jugado con mis hermanos. En verdad, he disfrutado mucho mis vacaciones pasadas. Pero ahora tengo que repasar todo lo que mis profesores me han enseñado durante el primer semestre.

안녕! 내 이름은 상훈이고 내 스페인식 이름은 로베르토야. 나는 대학생이야. 나는 한국외대에서 공부해. 내 전공은 스페인어 통번역이야. 나는 지금 전공을 2학기 째 공부하고 있어. 첫 학기 동안 나는 열심히 공부했고 많은 것을 배웠어. 하지만 몇 가지 잊어버린 것들이 있는데 그건 내가 지난 방학 동안 공부를 많이 하지 않았기 때문이야. 지난 방학 때 나는 친구들과 동해로 여행을 갔어. 거기서 일주일을 머물렀지. 그리고 한 달 동안은 레스토랑에서 일했어. 집에서 많은 시간을 보냈어. 집에서 많이 먹고, 많이 자고, 부모님과 얘기도 많이 하고 형제들이랑 놀기도 했어. 정말로 저번 방학을 많이 즐겼어. 하지만 이제 첫 학기 동안 교수님들께서 가르쳐 주신 모든 것들을 복습해야만 해.

Actividad de la lectura

Escribe, como Sanghun, una breve presentación personal y una breve narración de lo que has hecho en tus vacaciones pasadas.
상훈이처럼 간략한 자기소개와 지난 방학에 자신이 한 일들에 대한 간략한 이야기를 써 봅시다.

Información de interés

¿Es septiembre el séptimo mes?

구월(septiembre)이 일곱 번째(séptimo) 달인가요?

Seguramente, tú recuerdas los números ordinales y los meses en español, ¿verdad? Vamos a repasarlos a continuación.
물론 당신은 스페인어의 서수와 달들을 기억하고 있습니다. 그렇죠? 이어서 그것들을 복습해 봅시다.

Los números ordinales	
1º	Primero
2º	Segundo
3º	Tercero
4º	Cuarto
5º	Quinto
6º	Sexto
7º	Séptimo
8º	Octavo
9º	Noveno
10º	Décimo

Los meses	
1	Enero
2	Febrero
3	Marzo
4	Abril
5	Mayo
6	Junio
7	Julio
8	Agosto
9	Septiembre
10	Octubre
11	Noviembre
12	Diciembre

¿Puedes encontrar algunas similitudes entre los números ordinales y los meses en español? Séptimo, octavo, noveno y décimo suenan muy similares a septiembre, octubre, noviembre y diciembre respectivamente, ¿verdad? Entonces, ¿por qué septiembre no es el séptimo mes del año?
스페인어의 서수와 달들 사이의 유사점을 발견할 수 있나요? 일곱 번째(séptimo), 여덟 번째(octavo), 아홉 번째(noveno), 열 번째(décimo)는 구월(septiembre), 시월(octubre), 십일월(noviembre), 십이월(diciembre)와 매우 비슷하게 들립니다. 그렇죠? 그렇다면, 왜 구월은 한 해의 일곱 번째 달이 아닐까요?

La razón es simple. Los nombres de esos meses provienen del calendario romano que fue creado durante el reinado de Rómulo, quien fue fundador de Roma. Ese calendario tenía solo 10 meses y estaba basado en el movimiento de la luna y en el ciclo agrícola. El calendario empezaba en marzo y terminaba en diciembre. Comenzaba en ese mes porque las actividades agrícolas empezaban en marzo, aproximadamente, con la llegada de la primavera.
이유는 간단합니다. 그 달들의 이름은 로마의 건국자인 로물로의 통치동안 만들어진 로마력에서 기원합니다. 로마력은 열 달로만 이루어져 있었고 달의 움직임과 농사주기에 기초해 있었습니다. 그 달력은 삼월에 시작해 십이월에 끝났습니다. 달력이 삼월에 시작한 이유는 농업활동이 거의 봄이 오는 삼월에 시작되었기 때문입니다.

De esta manera, en el calendario romano, septiembre era el séptimo mes del año, octubre el octavo, noviembre el noveno y diciembre el décimo. De hecho, los nombres de esos meses provienen del latín y significarían "séptimo mes", "octavo mes", "noveno mes" y "décimo mes" respectivamente.
이렇게, 로마력으로 구월(septiembre)은 일년의 일곱 번째 달, 시월(octubre)은 여덟 번째(octavo) 달, 십일월(noviembre)은 아홉 번째(noveno) 달, 십이월(diciembre)은 열 번째(décimo) 달이었습니다. 사실 그 달들의 이름은 라틴어에서 기원하고 각각 일곱 번째 달, 여덟 번째 달, 아홉 번째 날, 열 번째 달을 의미하는 것이었습니다.

Estos cuatro meses son los únicos que en su nombre mantienen, actualmente, el orden que ocupaban en el calendario romano. Sin embargo, posteriormente, ese calendario fue modificado hasta llegar al que hoy en día usamos oficialmente y que tiene 12 meses en total. Este calendario es conocido como "calendario gregoriano". Su nombre proviene del papa Gregorio XIII, quien promovió su uso en el siglo XVI.
이 네 달들은 현재 로마력에서 사용되던 순서를 이름에 유지하고 있는 유일한 달들입니다. 하지만 후에 그 달력은 현재에 우리가 공식적으로 사용하는 총 열두 달로 이루어 진 달력이 나올 때까지 수정되었습니다. 이 달력은 '그레고리력' 이라고 알려져 있습니다. 그 이름은 16세기에 이 달력의 사용을 장려한 교황 그레고리우스 13세에서 유래합니다.

¡Actividad especial!

Vamos a ver lo que Mike ha aprendido

마이크가 배운 것을 봅시다

Mike es un chico estadounidense muy inteligente y talentoso. Él ha estudiado español durante un semestre como tú. Él ha compuesto una canción para repasar todo lo que ha aprendido. Busca en Youtube el video titulado "One Semester of Spanish - Love Song". Puedes verlo directamente en el siguiente enlace:

마이크는 굉장히 똑똑하고 재능있는 미국인 소년입니다. 그는 당신처럼 한 학기 동안 스페인어를 공부했습니다. 그는 그가 배운 모든 것을 복습하기 위해서 노래를 하나 작곡했는데요. 유튜브에서 'One Semester of Spanish - Love Song'이라는 제목의 비디오를 찾아 보세요. 다음의 링크에서 바로 비디오를 볼 수 있습니다.

https://www.youtube.com/watch?v=ngRq82c8Baw&list=RDngRq82c8Baw

Escucha con atención la canción de Mike y completa correctamente los espacios de la letra de la canción.

마이크의 노래를 주의 깊게 듣고 노래 가사의 빈칸들을 맞게 채워봅시다.

One Semester of Spanish - Love Song

Autor: Mike

¡Hola, ____________! ¿Cómo te ____________?
Me llamo Mike. Me ____________ Mike.
¿Dónde está el ____________? ¡Feliz ____________!
¿Qué ____________ es? ¿Qué ____________ es? ♫La ra ra ra ra♬
Me ____________ la ____________. Vivo en la casa ____________.
Yo ____________ dos ____________. Muchas ____________ y de ____________.
¿Cuántos ____________ tienes? Un ____________, por ____________.
It's the one semester of Spanish Spanish love song.
Mi mamá es ____________. Mi ____________ es muy ____________.
¡Perdóneme! ¡Perdóneme! ♫La ra ra ra ra♬
Uno, ____________, tres y ____________. Cinco, seis, ____________, ocho.
Nueve, ____________... *No remember how to say eleven.*
Antonio Banderas. ____________ grandes y *cinnamon twists.*
It's the one semester of Spanish Spanish love song. Au revoir.

Listas de vocabularios para memorizar

• Vocabulario 1.1 Los sustantivos para deletrear 철자를 쪼개어 읽어 볼 명사들	
A de (el) arroz	쌀
B de (el) burro	당나귀
C de (la) casa	집
D de (el) dedo	손가락
E de (el) elefante	코끼리
F de (la) foca	물개
G de (el) gato	고양이
H de (el) huevo	달걀
I de (la) iglesia	교회
J de (la) jirafa	기린
K de (el) kilo	킬로
L de (el) limón	레몬
M de (la) manzana	사과
N de (la) naranja	렌지
Ñ de (el) ñoño	얼간이
O de (el) oso	곰
P de (el) perro	개
Q de (el) queso	치즈
R de (el) ratón	쥐
S de (la) sandía	수박
T de (la) taza	머그컵
U de (la) uva	포도
V de (la) vaca	암소
W de (el) whisky	위스키
X de (el) xilófono	실로폰
Y de (el) yate	요트
Z de (el) zapato	신발

• Vocabulario 1.2 Las frutas 과일	
La fresa	딸기
La cereza	체리
El melón	멜론
La piña	파인애플
La pera	배
La mandarina	귤
El durazno	복숭아
El plátano	바나나
El mango	망고
El kiwi	키위

• Vocabulario 1.3 Los adjetivos I 형용사 I	
Agradable ≠ Desagradable	즐거운 ≠ 불쾌한
Alto ≠ Bajo	높은 ≠ 낮은
Amable ≠ Grosero	친절한 ≠ 무례한
Antiguo ≠ Moderno	오래된 ≠ 현대의
Bonito ≠ Feo	예쁜 ≠ 못난
Bueno ≠ Malo	좋은 ≠ 나쁜
Caliente ≠ Frío	뜨거운 ≠ 차가운
Caro ≠ Barato	값비싼 ≠ 값싼
Cómodo ≠ Incómodo	편안한 ≠ 불편한
Fuerte ≠ Débil	강한 ≠ 약한
Generoso ≠ Tacaño	인자한 ≠ 인색한
Gordo ≠ Delgado	뚱뚱한 ≠ 마른, 날씬한
Grande ≠ Pequeño	큰 ≠ 작은
Guapo ≠ Feo	잘생긴 ≠ 못생긴
Húmedo ≠ Seco	습한 ≠ 건조한
Inteligente ≠ Tonto	똑똑한 ≠ 멍청한
Joven ≠ Viejo	젊은 ≠ 나이든
Largo ≠ Corto	긴 ≠ 짧은
Limpio ≠ Sucio	깨끗한 ≠ 더러운
Nuevo ≠ Viejo	새로운 ≠ 오래된
Resistente ≠ Frágil	내구성 있는 ≠ 깨지기 쉬운
Rico ≠ Pobre	부유한 ≠ 가난한
Ruidoso ≠ Silencioso	시끄러운 ≠ 조용한
Simpático ≠ Antipático	상냥한 ≠ 무뚝뚝한
Soltero ≠ Casado	독신의 ≠ 기혼의

• Vocabulario 1.4 Los gentilicios 지명형용사	
Argentino	아르헨티나인
Colombiano	콜롬비아인
Chino	중국인
Mexicano	멕시코인
Latino	라틴계 사람
Europeo	유럽인
Estadounidense	미국인
Canadiense	캐나다인
Inglés	영국인
Japonés	일본인
Francés	프랑스인
Peruano	페루인
Portugués	포르투갈인
Alemán	독일인
Español	스페인인
Americano	아메리카인
Asiático	아시아인
Africano	아프리카인
Occidental	서양인
Oriental	동양인

• Vocabulario 1.5 Los adjetivos II 형용사 II	
Ancho ≠ Estrecho	넓은 ≠ 좁은
Artístico ≠ Deportista	예술적인 ≠ 운동을 좋아하는
Atrevido ≠ Prudente	대담한 ≠ 신중한
Cobarde ≠ Valiente	소심한 ≠ 용감한
Cortés = Educado ≠ Descortés = Maleducado	예의 바른 ≠ 무례한
Derecho ≠ Chueco	곧은 ≠ 굽은
Divertido ≠ Aburrido	재미있는 ≠ 지루한
Fácil ≠ Difícil	쉬운 ≠ 어려운
Gracioso ≠ Serio	익살스러운 ≠ 진지한
Grueso ≠ Delgado	살찐, 두꺼운 ≠ 마른, 얇은
Hermoso ≠ Horrible	아름다운 ≠ 끔찍한
Honesto ≠ Mentiroso	정직한 ≠ 거짓말을 잘 하는
Humilde ≠ Arrogante	겸손한 ≠ 거만한
Ligero ≠ Pesado	가벼운 ≠ 무거운
Natural ≠ Artificial	자연의 ≠ 인공의
Optimista ≠ Pesimista	낙관적인 ≠ 비관적인
Ordenado ≠ Desordenado	정리된 ≠ 무질서한
Organizado ≠ Desorganizado	체계적인 ≠ 체계적이지 못한
Paciente ≠ Impaciente	참을성 있는 ≠ 참을성 없는
Primero ≠ Último	첫째의 ≠ 마지막의
Rápido ≠ Lento	빠른 ≠ 느린
Raro ≠ Normal	드문 ≠ 보통의
Sociable ≠ Callado	사교적인 ≠ 말이 없는
Suave ≠ Duro	부드러운 ≠ 딱딱한
Trabajador ≠ Perezoso	근면한 ≠ 게으른

• Vocabulario 1.6 Las posiciones 위치	
A la derecha de	…의 오른쪽에
A la izquierda de	…의 왼쪽에
Al lado de	…의 옆에
*Junto a	…와 함께
Delante de = Enfrente de	…의 앞에
Detrás de = Atrás de	…의 뒤에
Arriba de = Encima de= *Sobre	…의 위에
Abajo de = Debajo de= *Bajo	…의 아래에
*Entre ... y ...	…와 …의 사이에
Cerca de	…에 가까이
Lejos de	…에 멀리
Adentro de = Dentro de	…의 안에
Afuera de = Fuera de	…의 밖에

• Vocabulario 1.7 Los números 숫자	
Cero	0
Uno	1
Dos	2
Tres	3
Cuatro	4
Cinco	5
Seis	6
Siete	7
Ocho	8
Nueve	9
Diez	10
Once	11
Doce	12
Trece	13
Catorce	14
Quince	15
Dieciséis	16
Diecisiete	17
Dieciocho	18
Diecinueve	19
Veinte	20
Treinta	30
Cuarenta	40
Cincuenta	50
Sesenta	60
Setenta	70
Ochenta	80
Noventa	90
Cien	100
Ciento uno	101
Doscientos	200
Trescientos	300
Cuatrocientos	400
Quinientos	500
Seiscientos	600
Setecientos	700
Ochocientos	800
Novecientos	900
Mil	1.000
Diez mil	10.000
Cien mil	100.000
Un millón	1.000.000
Diez millones	10.000.000
Cien millones	100.000.000
Mil millones	1.000.000.000
Diez mil millones	10.000.000.000
Cien mil millones	100.000.000.000
Un billón	1.000.000.000.000

• Vocabulario 1.8 Verbos reflexivos más importantes 가장 중요한 재귀동사들	
Lavarse la cara	세수하다
Lavarse los dientes	양치하다
Cepillarse los dientes	양치하다
Cepillarse el pelo	머리를 빗다
Peinarse el pelo	머리를 빗다
Ducharse	샤워하다
Bañarse	목욕하다
Encontrarse* (ue) con mis amigos	나의 친구들을 만나다
Levantarse	일어나다
Acostarse* (ue)	잠자리에 들다
Sentarse* (ie)	앉다
Afeitarse	면도하다
Ponerse* (pongo) los zapatos	신발을 신다
Quitarse la ropa	옷을 벗다
Maquillarse	화장 하다
Pintarse	화장 하다
Pintarse las uñas	손톱을 칠하다
Cortarse las uñas	손톱을 깎다
Dormirse* (ue)	잠들다
Despertarse* (ie)	깨어나다
Casarse	결혼하다
Mudarse	이사하다
Vestirse* (i)	옷을 입다
Desvestirse* (i)	옷을 벗다

• Vocabulario 1.9 Los verbos afectivos más importantes 가장 중요한 기호동사들	
Gustar	좋아하다
Encantar	무척 좋아하다
Fascinar	무척 좋아하다
Parecer	(…하게) 보이다
Interesar	흥미를 끌다
Importar	중요하다
Dar miedo	무서움을 주다
Dar risa	웃음을 주다
Quedar	어울리다, 맞다

• Vocabulario 1.10 Verbos con terminación "ir" irregulares en gerundio y verbo "poder" en gerundio 현재분사형이 불규칙한 'ir'로 끝나는 동사들과 'poder'동사의 현재분사형	
Ir (yendo)	가다 (가는 중인)
Competir (compitiendo)	경쟁하다 (경쟁하는 중인)
Decir (diciendo)	말하다 (말하는 중인)
Medir (midiendo)	측량하다 (측량하는 중인)
Mentir (mintiendo)	거짓말하다 (거짓말 하는 중인)
Pedir (pidiendo)	요청하다 (요청하는 중인)
Perseguir (persiguiendo)	추적하다 (추적하는 중인)
Preferir (prefiriendo)	선호하다 (선호하는 중인)
Reír (riendo)	웃다 (웃는 중인)
Repetir (repitiendo)	반복하다 (반복하는 중인)
Seguir (siguiendo)	따르다 (따르는 중인)
Sentir (sintiendo)	느끼다 (느끼는 중인)
Servir (sirviendo)	시중을 들다 (시중드는 중인)
Venir (viniendo)	오다 (오는 중인)
Dormir (durmiendo)	자다 (자는 중인)
Morir (muriendo)	죽다 (죽는 중인)
*Poder (pudiendo)	할 수 있다 (할 수 있는 중인)

• Vocabulario 1.11 Las emociones 감정	
Estar contento	만족하다, 기뻐하다
Estar feliz	행복해하다
Estar alegre	기뻐하다
Estar enojado	화가 나다
Estar enfadado	화가 나다
Estar triste	슬퍼하다
Estar deprimido	풀이 죽다
Estar enfermo	아프다
Estar sano	건강하다
Estar aburrido	지루하다
Estar cansado	피곤하다
Estar exhausto	기진맥진하다
Estar libre	한가하다
Estar ocupado	바쁘다
Estar asustado	놀라다 (나쁜 의미로)
Estar sorprendido	놀라다 (좋은 의미로)
Estar nervioso	긴장하다
Estar tranquilo	침착하다
Estar borracho	술에 취하다
Estar crudo	숙취가 있다 (멕시코에서 사용)
Estar confundido	혼동되다
Estar preocupado	걱정되다
Estar distraído	산만하다
Estar concentrado	집중하다

• Vocabulario 1.12 Los sentimientos 느낌	
Tener (el) calor	더워하다
Tener (el) frío	추워하다
Tener (el) hambre*	배가 고프다 (hambre는 여성명사)
Tener (la) sed	목이 마르다
Tener (el) sueño	졸리다
Tener (el) miedo	겁나다
Tener (la) comezón	근질거리다
Tener (las) cosquillas	간지럼을 타다
Tener (el) dolor de cabeza	두통이 있다
Tener (la) fiebre	열이 있다
Tener (la) diarrea	설사를 하다
Tener (la) resaca	숙취가 있다 (스페인에서 사용)

• Vocabulario 1.13 El clima 기후	
Hace buen tiempo	날씨가 좋다
Hace mal tiempo	날씨가 나쁘다
Hace calor	날씨가 덥다
Hace sol	해가 나다
Hace frío	날씨가 춥다
Hace fresco	날씨가 시원하다
Hace viento	바람이 분다
Está nublado	구름이 끼어있다
Llueve (llover)	비가 오다
Nieva (nevar)	눈이 오다
El clima es húmedo	기후가 습하다
El clima es seco	기후가 건조하다

• Vocabulario 1.14 El tiempo 시간	
El segundo	초
El minuto	분
La hora	시간
El día	일
La semana	주
El mes	월
El año	년
La década	10년
El siglo	세기
El milenio	1000년

• Vocabulario 1.15 Verbos irregulares en futuro 미래형이 불규칙한 동사들	
Tener (tendré)	가지다 (가질 것이다)
Poner (pondré)	놓다 (놓을 것이다)
Valer (valdré)	보호하다, 값이 나가다 (보호 할 것이다, 값이 나갈 것이다)
Venir (vendré)	오다 (올 것이다)
Salir (saldré)	나가다 (나갈 것이다)
Poder (podré)	할 수 있다 (할 수 있을 것이다)
Haber (habré)	있다 (있을 것이다)
Caber (cabré)	수용하다 (수용할 것이다)
Saber (sabré)	알다 (알 것이다)
Querer (querré)	원하다 (원할 것이다)
Hacer (haré)	하다 (할 것이다)
Decir (diré)	말하다 (말할 것이다)

• Vocabulario 1.16 Verbos irregulares en participio más comunes 과거분사형이 불규칙한 가장 흔한 동사들	
Ver (visto)	보다 (본)
Volver (vuelto)	돌아오다 (돌아온)
Devolver (devuelto)	돌려주다 (반환한)
Disolver (disuelto)	녹이다 (녹인)
Envolver (envuelto)	포장하다 (포장한)
Resolver (resuelto)	해결하다 (해결한)
Revolver (revuelto)	뒤적이다 (뒤적인)
Romper (roto)	부수다 (부순)
Poner (puesto)	놓다 (놓은)
Descomponer (descompuesto)	고장 내다 (고장낸)
Suponer (supuesto)	추측하다 (가정한)
Abrir (abierto)	열다 (열은)
Cubrir (cubierto)	덮다 (덮은)
Descubrir (descubierto)	발견하다 (발견한)
Escribir (escrito)	쓰다 (쓴)
Freír (frito)	튀기다 (튀긴)
Morir (muerto)	죽다 (죽은)
Imprimir (impreso)	인쇄하다 (인쇄한)
Hacer (hecho)	하다 (한, 만든)
Satisfacer (satisfecho)	만족시키다 (만족시킨)
Decir (dicho)	말하다 (말한)
*Pudrir (podrido)	썩히다 (썩힌)

• Expresiones y vocabulario a tener en cuenta en los diálogos 대화문에 나오는 유의해야 할 표현과 어휘들	
El cumplido	칭찬
El estudiante de intercambio	교환학생
El mediodía	정오
La medianoche	자정
La presentación	발표
Corazón	심장, 사랑하는 사람
Mi amor	내 사랑
Adoptar	채택하다, 입양하다
Disfrutar	즐기다
Encender ≠ Apagar	켜다 ≠ 끄다
Llevar ≠ Traer	가져가다, 데려가다 ≠ 가져오다, 데려오다
Presentarse	소개하다
Pronunciar	발음하다
Ser fácil de + infinitivo ≠ Ser difícil de + infinitivo	...하기 쉽다 ≠ ...하기 어렵다
Creo que = Pienso que	...라고 생각하다
Invitar	초대하다, 한 턱 내다
Acerca de = De = Sobre	...에 대해
Casi	거의
Claro = Claro que sí = Por supuesto	물론

Con ahínco	열심히
Es que	(사실은) …때문이다
Lo siento mucho.	정말 죄송합니다.
Muchas gracias por + infinitivo / sustantivo	…에 대해 감사합니다
Nada en especial	특별한 것/일 없어
Por eso	그래서
Tod@ + sustantivo en singular	(일정한 기간) 내내
Un@s	몇몇의
¡Bienvenid@(s)!	어서 오세요!, 환영합니다!
¡Excelente! = ¡Genial!	훌륭해!
¡Hasta pronto! = ¡Hasta luego! = ¡Hasta la vista!	곧 만나요! / 다음에 만나요! / 또 만나요!
¡Pobrecit@(s)!	불쌍해라!
¡Qué milagro! = ¡Cuánto tiempo! = ¡Tanto tiempo!	정말 오랜만이야!
Fluentemente	유창하게
Naturalmente = Obviamente	당연히, 의심할 여지 없이
Últimamente	최근에

Notas

LECCIÓN 2

¿Qué te duele?

Práctica oral de estructuras gramaticales

〉〉〉〉문법 구조 말로 연습하기〈〈〈〈

• Vocabulario 2.1 Las partes del cuerpo 신체부위

1. La cabeza 머리
2. La cara 얼굴
3. El pelo 털, 머리카락
4. La frente 이마
5. La oreja 귀 (외이)
6. El oído 귀 (내이, 청각기관)
7. Los ojos 눈
8. Las cejas 눈썹
9. Las pestañas 속눈썹
10. El párpado 눈꺼풀
11. La mejilla 볼
12. La nariz 코
13. La boca 입
14. Los labios 입술
15. Los dientes 이
16. La encía 잇몸
17. Las muelas 어금니
18. La muela del juicio 사랑니
19. El paladar 입천장
20. La lengua 혀
21. La campanilla 목젖
22. El bigote 콧수염
23. La barba 턱수염
24. La barbilla 턱 끝
25. La mandíbula 턱
26. La garganta 목구멍
27. El cuello 목
28. El hombro 어깨
29. El brazo 팔
30. El codo 팔꿈치
31. El antebrazo 팔의 앞쪽
32. La muñeca 손목
33. La mano 손
34. Los dedos 손가락
35. El pulgar 엄지
36. El índice 검지
37. El corazón 중지, 심장
38. El anular 약지
39. El meñique 소지(새끼손가락)
40. La uña 손톱, 발톱
41. La palma 손바닥
42. El pecho 가슴
43. El estómago 배
44. El ombligo 배꼽
45. La panza 뱃살
46. La cintura 허리
47. La cadera 골반
48. La espalda 등
49. El trasero = El culo 엉덩이
50. La pierna 다리
51. El muslo 허벅지
52. La rodilla 무릎
53. La espinilla 정강이
54. La pantorrilla 종아리
55. El tobillo 발목
56. El pie 발
57. El talón 발뒤꿈치
58. Los dedos del pie 발가락

• Vocabulario 2.2 Los componentes del cuerpo 우리 몸의 구성요소

1. El cerebro 뇌
2. El hueso 뼈
3. El músculo 근육
4. El órgano 장기
5. La piel 피부
6. La sangre 피
7. La vena 혈관

El verbo "encontrarse" 동사 'encontrarse (…에 있다, 상태가 …하다)'

¤ El verbo "encontrarse" es sinónimo del verbo "estar". Ejemplos:
동사 'encontrarse'는 동사 'estar'와 동의어이다. 예:

Yo estoy en el salón de clase. = Yo me encuentro en el salón de clase.
나는 교실에 있다. = 나는 교실에 있다.
Mis padres no están en casa. = Mis padres no se encuentran en casa.
나의 부모님께서는 집에 안 계신다. = 나의 부모님께서는 집에 안 계신다.

¤ Sin embargo, particularmente, los nativos usan el verbo "encontrarse" con el sentido de señalar la condición física o el estado de salud de alguna persona. Ejemplos:
그러나 이와는 별개로 원어민들은 이 동사를 누군가의 신체적 컨디션이나 건강상태를 가리키기 위해 사용하기도 한다. 예:

¿Cómo te encuentras hoy? 오늘 컨디션이 어때?
Me encuentro bien. 컨디션 좋아.
Mi abuela se encuentra mejor. 나의 할머니께서는 몸이 좀 괜찮아지셨어.

El verbo "tener dolor de" y el verbo "doler" para expresar dolor 통증을 표현하기 위한 동사들

¤ Hay dos verbos para expresar los dolores del cuerpo: "tener dolor de" y "doler".
신체의 고통을 표현하기 위해서는 'tener dolor de(…에 통증이 있다)'와 'doler(아프다)', 두 가지의 동사가 있다.

¤ Aunque su significado es el mismo, la manera de usarlos es un poco diferente porque "tener dolor de" es un verbo normal y "doler" es un verbo afectivo.
두 동사가 의미하는 바가 같음에도 불구하고 이 동사들을 사용하는 방법은 각각 다른데 이는 'tener dolor de'는 일반동사이고 'doler'는 기호동사에 속하기 때문이다. (기호동사에서는 의미상의 주어가 목적어가 되고 의미상의 목적어는 주어가 됨)

¤ Con el verbo "tener dolor de", no se escribe el artículo de la parte del cuerpo. Ejemplo:

'tener dolor de' 동사를 쓸 때에는 신체부위에 관사를 붙여 쓰지 않는다. 예:

Correcto: *Tengo dolor de cabeza.* 나는 두통이 있다.
Incorrecto: *Tengo dolor de la cabeza.*

¡Vamos a practicar!

☼ **Modelo**

Tú – el estómago
Pregunta: *¿Cómo te encuentras tú?* 몸이 좀 어떠니?
Respuesta: *Yo me encuentro mal. Tengo dolor de estómago.* 몸이 안 좋아. 복통이 있어.

1. Tu mamá – los pies
2. Tú – las rodillas
3. Uds. – la cabeza
4. Ana – la garganta
5. Juan – las muelas
6. Tú – los dientes
7. Vosotros – los ojos
8. Ud. – los oídos
9. El profesor – los hombros
10. Tus abuelos – la espalda

¤ El verbo "doler" es un verbo irregular (*duelo, dueles,* ***duele****, dolemos, doléis,* ***duelen***).

'doler'동사는 불규칙동사이다.

¤ El verbo "doler" es un verbo afectivo como el verbo "gustar" (me, te, se, nos, os, se). Por eso se usa "duele" para el singular y "duelen" para el plural.

'doler'동사는 'gustar' 동사와 같은 기호동사이다. 그러므로 단수에는 'duele'가, 복수에는 'duelen'이 쓰인다.

¤ Con el verbo "doler", se necesita escribir el artículo de la parte del cuerpo siempre. Ejemplo:

'doler'동사를 쓸 때에는 언제나 신체부위에 관사를 붙여야 한다. 예:

Correcto: *(A mí) Me duele* ***la*** *cabeza.* 머리가 나를 아프게 한다 = 나는 머리가 아프다.
Incorrecto: *(A mí) Me duele cabeza.*

¡Vamos a practicar!

☼ Modelo

Tú – el estómago
Pregunta: *¿Qué te duele a ti?* 어디가 아프니?
Respuesta: *A mí me duele el estómago.* 배가 아파요.

1. Tu mamá – las piernas
2. Ud. – los dientes
3. La profesora – la cabeza
4. Juan – los oídos
5. Tú – las muelas
6. Ud. – la muela del juicio
7. Vosotros – la espalda
8. Tú – los pies
9. Ud. – el pie derecho
10. Tú – el ojo izquierdo
11. Ud. – los ojos
12. Tus papás – el estómago
13. Uds. – la cabeza
14. Tu papá – los brazos
15. Uds. – las rodillas
16. Isabel – la rodilla izquierda
17. Tú – los dedos
18. Ud. – los hombros
19. Tú – el hombro derecho
20. Ud. – la garganta

¡Vamos a practicar!

☼ Modelo

Tú – la cabeza
Pregunta: *¿Qué te duele a ti?* 어디가 아프니?
Respuesta a) *A mí me duele la cabeza.* 머리가 아파요.
Respuesta b) *Yo tengo dolor de cabeza.* 두통이 있어요.

1. Ud. – el estómago
2. Tus padres – la espalda
3. Vosotros – los oídos
4. Uds. – las piernas
5. La niña – los dientes
6. Tú – el pie izquierdo
7. El niño – el ojo derecho
8. Ud. – la mano derecha
9. Tu mamá – las rodillas
10. Vosotros – la garganta

Las enfermedades 질병

¤ Se usa el verbo "tener" con las enfermedades y, en este caso, no se usa el artículo de la enfermedad. Ejemplo:

질병에 걸렸음을 나타낼 때에는 'tener'동사를 쓴다. 이 경우에는 질병에 관사를 쓰지 않는다. 예:

Correcto: *Tengo resfriado.* 나 감기 걸렸어.
Incorrecto: *Tengo el resfriado.*

◘ **¡Vamos a practicar!**

☼ **Modelo**

El resfriado

Tengo resfriado
Tienes resfriado
Tiene resfriado
Tenemos resfriado
Tenéis resfriado
Tienen resfriado

• Vocabulario 2.3 Las enfermedades comunes 흔한 질병들

1. El resfriado 감기
2. La fiebre 열
3. La gripe = La gripa = La influenza 독감 = 유행성 감기
4. La tos 기침
5. La diarrea 설사

¤ Los nativos usan el verbo "pescar" no solo con el sentido de sacar peces del agua, sino también con el sentido de adquirir una enfermedad, particularmente "el resfriado". Ejemplos:

원어민들은 'pescar'동사를 낚시한다는 의미로만 쓰는 것이 아니라 또한 질병을 얻는다는 의미로도 쓰는데 특히 감기의 경우에 많이 쓴다. 예:

Ayer he ido al río para pescar peces, pero no he pescado nada.
어제 낚시를 하러 강에 갔는데 아무것도 못 낚았어.

Si duermes con la ventana abierta, puedes pescar un resfriado.
창문을 열어 둔 채로 자면 감기에 걸릴 수 있어.

Estos días hace mucho frío. Por eso he pescado un resfriado.
요새 날씨가 많이 추워서 감기에 걸렸어요.

Los sentidos de los seres humanos 인간의 감각

- Vocabulario 2.4 Los sentidos 감각

1. El gusto 미각
2. El oído 청각
3. El olfato 후각
4. El tacto 촉각
5. La vista 시각

¡Vamos a conjugar los siguientes verbos en presente!

- Vocabulario 2.5 Los verbos para los sentidos 감각에 관한 동사들

1. Probar* (pruebo) 먹어보다
2. Saber* (sé) 알다, 맛이 나다
3. Escuchar 주의 깊게 듣다
4. Oír* (oigo) 듣다
5. Oler* (huelo) 냄새를 맡다, 냄새가 나다
6. Tocar 만지다
7. Sentir* (siento) 느끼다
8. Ver* (veo) 보다
9. Mirar 바라보다
10. Observar 관찰하다

¤ El verbo "oír" en inglés sería "*to hear*" y el verbo "escuchar" "*to listen*".
'oír'동사는 영어로 'hear'이고 'escuchar'동사는 'listen'이다.

¤ Los verbos "ver", "mirar" y "observar" no son sinónimos perfectos, puesto que cada uno implica un grado diferente de atención ("ver" poca atención, "mirar" regular atención", "observar" mucha atención).
이 세 동사들은 각각 주의를 기울이는 정도의 차이가 있기 때문에 완벽한 동의어가 아니다.
(주의의 정도: ver < mirar < observar)

¤ Con el verbo "saber", se usa la preposición "a". Ejemplos:
'saber'동사는 전치사 'a'와 함께 쓰인다. 예:
Esta bebida sabe ***a*** *limón.* 이 음료는 레몬맛이 난다.
Este sándwich sabe ***a*** *jamón.* 이 샌드위치는 햄 맛이 난다.

¤ El verbo "oler" es un verbo irregular (*huelo, hueles, huele, olemos, oléis, huelen*). Asimismo, se usa la preposición "a" con este verbo. Ejemplos:
'oler'동사는 불규칙동사이다. 또한 전치사 'a'와 함께 쓰인다. 예:
El profesor fuma mucho, por eso él huele ***a*** *cigarro.* 교수님께서는 담배를 많이 피우신다. 그래서 그는 담배냄새가 난다.
María y Ana huelen ***a*** *perfume.* 마리아와 아나는 향수냄새가 난다.

¤ Si alguien huele algo del ambiente, no se usa la preposición "a". Ejemplos:
만약 누군가 공기 중에 있는 냄새를 맡는 것이라면 전치사 'a'는 사용되지 않는다. 예:

En el almacén yo huelo los perfumes. 나는 백화점에서 향수냄새를 맡는다.
Las niñas huelen las flores en el jardín. 그 여자아이들은 정원에서 꽃 향기를 맡는다.
Yo huelo cigarro porque un hombre está fumando cerca de mí. 한 남자가 내 가까이에서 담배를 피우기 때문에 나는 담배냄새를 맡는다.

¤ Para expresar buenos o malos olores y buenos o malos sabores, se usan las siguientes expresiones:
좋거나 나쁜 냄새나 맛을 표현하기 위해서는 다음의 표현을 사용한다.

Huele bien 냄새가 좋다
Huele mal 냄새가 나쁘다
¡Qué bien huele! 냄새가 정말 좋구나!
¡Qué mal huele! 냄새가 정말 지독하군!

Sabe bien 맛이 있다
Sabe mal 맛이 없다
¡Qué bien sabe! 정말 맛있군!
¡Qué mal sabe! 정말 맛이 없군!

• Vocabulario 2.6 Los sustantivos relacionados a los sentidos 감각과 관련된 명사들

1. El sabor 맛
2. El sonido 소리
3. El silencio 침묵
4. El ruido 소음
5. El olor 냄새
6. El aroma 향기
7. La textura 재질, 결
8. La imagen 심상, 이미지
9. La vista 시야
10. El paisaje 전망

¤ ¡Vamos a practicar!

Completa, correctamente, las siguientes oraciones con el vocabulario propuesto y después léelas en voz alta.
다음의 문장들을 제시된 단어를 이용하여 맞게 채워 넣은 후 큰 소리로 읽어봅시다.

1. Corea del Sur tiene ____________ hermosos.
2. El ____________ de la basura (쓰레기) es malo.
3. El ____________ del violín es hermoso.
4. En el mercado siempre hay mucho ____________.
5. Esta televisión tiene muy buena ____________.
6. Me encanta el ____________ del café
7. Me fascina la ____________ de esta blusa.
8. Me gusta el ____________ de las fresas.
9. Me gusta el ____________ por las noches.
10. Mi apartamento tiene buena ____________.

textura
aroma
imagen
olor
paisajes
ruido
sabor
silencio
sonido
vista

• Vocabulario 2.7 Los sabores, las luminosidades, las texturas y los sonidos
맛, 밝기, 재질, 소리

1. Picante 매운
2. Amargo 쓴
3. Salado 짠
4. Ácido = Agrio 신
5. Dulce 단
6. Agridulce 새콤달콤한
7. Soso 싱거운
8. Insípido 무미의, 간이 덜 된
9. Brillante 빛나는, 훌륭한
10. Luminoso 밝은
11. Opaco 불투명한
12. Oscuro 어두운
13. Sedoso 비단 같은
14. Suave 부드러운
15. Rasposo = Áspero 거칠거칠한
16. Agudo 고음의
17. Grave 저음의

• Vocabulario 2.8 Los sustantivos para practicar 연습을 위한 명사들

1. El cacao 카카오
2. El chile = El ají 고추
3. La medicina 약
4. El/La azúcar 설탕
5. La miel 꿀
6. El caramelo 사탕
7. El pastel 케이크
8. La seda 비단
9. La roca 돌
10. La voz 목소리
11. El violín 바이올린
12. El bajo 베이스

¤ ¡Vamos a practicar!

Completa, correctamente, las siguientes oraciones con el vocabulario de los sabores, las luminosidades, las texturas y los sonidos. Después de completarlas, léelas en voz alta.
다음의 문장들을 맛, 밝기, 재질, 소리와 관련된 어휘들을 이용하여 맞게 채운 다음 큰 소리로 읽어 봅시다.

1. El agua es ________________.
2. El/La azúcar, la miel, los caramelos y los pasteles son ________________.
3. El café, el cacao y la medicina son ________________.
4. El limón es ________________.
5. La sal es ________________.
6. Las naranjas son ________________.
7. Los chiles son ________________.
8. Esta sopa está ________________ porque tiene muy poca sal.

picantes
amargos
salada
ácido = agrio
dulces
agridulces
insípida
sosa

9. La noche es ________________.
10. El sol es ________________.
11. La pantalla de mi celular está ________________ porque la batería está baja.
12. Esta habitación es ________________ por la mañana.
13. Los alumnos de esta clase son ________________.

brillante *opaca*
brillantes *oscura*
luminosa

14. La seda es ________________.
15. La piel de los bebés es ________________.
16. Las rocas son ________________.

rasposas = ásperas *sedosa* *suave*

17. Los hombres tienen voz ________________.
18. Las mujeres tienen voz ________________.
19. El sonido del violín es ________________.
20. El sonido del bajo es________________.

aguda *agudo* *grave* *grave*

Los pronombres de objeto directo 직접목적대명사

¤ El propósito de estos pronombres es hacer oraciones más cortas y evitar la repetición innecesaria de palabras.
이 대명사들의 목적은 문장들을 더 짧게 만들고 불필요한 단어들의 반복을 피하는 것이다.

¤ Para señalar personas o cosas usamos "lo", "la", "los" y "las" (dependiendo del género y del número).
사람이나 물건을 나타내기 위해서 명사의 성과 수에 따라서 'lo', 'la', 'los', 'las'를 사용한다.

¤ Generalmente, estos pronombres se ponen justo antes del verbo.
일반적으로 이 대명사들은 동사 바로 앞에 쓰인다.

¡Vamos a practicar!

☼ **Modelo**

Vosotros tener el libro de español

Pregunta: *¿Tenéis el libro de español vosotros?*
너희들 스페인어 책 가지고 있니?

Respuesta afirmativa: *Sí, nosotros **lo** tenemos.*
응, 우리는 그것을 가지고 있어.

Respuesta negativa: *No, nosotros no **lo** tenemos.*
아니, 우리는 그것을 가지고 있지 않아.

1. Ud. leer el periódico generalmente
2. El profesor encender la computadora y el proyector (프로젝터) en clase
3. Tú usar tu bicicleta para ir a la escuela
4. Ana tener mi carta
5. Uds. poner las frutas en el refrigerador

¤ Estos pronombres se ponen justo antes del verbo o junto al mismo cuando este está conformado por dos verbos. En este último caso, se pone junto al verbo en infinitivo.
이 대명사들은 동사 바로 앞에 쓰이거나 동사가 두 개 합쳐져 있을 때 그 뒤에 쓰인다. 두 번째 경우에 동사는 원형으로 써야 한다.

¡Vamos a practicar!

☼ **Modelo**

Yo quiero probar la paella en España.

*Yo **la** quiero probar en España. / Yo quiero probar**la** en España.*
나는 스페인에서 그것을 먹어보고 싶다.

1. Uds. tienen que leer los libros.
2. Tú deseas terminar la tarea esta noche.
3. Ud. tiene que repasar las lecciones.
4. Yo quiero tocar la guitarra.
5. Ellas desean comprar las blusas.
6. Vosotros no podéis usar el celular en clase.
7. Los estudiantes van a hacer los exámenes mañana.
8. Las chicas van a ver la película esta noche.
9. Si tú quieres hacer eso, tú puedes hacer eso.
10. Si Ud. desea beber esta cerveza, Ud. puede beber esta cerveza.

¤ Estos pronombres se ponen justo antes del verbo o junto al verbo cuando este está en gerundio. En este último caso, se tiene que poner tilde en el gerundio para mantener el acento original.
이 대명사들은 동사가 현재분사일 때 동사 바로 앞에 오거나 동사와 함께 쓰여진다. 두 번째 경우에는 원래의 강세를 유지하기 위에 현재분사에 띨데를 표시해야 한다.

¤ El gerundio no solo se usa con el verbo "estar" para formar el presente continuo (estoy estudiando español ahora), sino también puede usarse con el verbo "seguir". En este caso, expresa que una actividad continúa realizándose de manera incesante y, a veces, de una manera inesperada o sorpresiva. Ejemplos:
현재분사는 'estar'동사와만 함께 현재진행형을 만들기 위해서 쓰여지는 게 아니라 'seguir'동사와도 함께 쓰여질 수 있다. 이 경우에는 어느 행위가 쉬지 않고 계속 되며 이루어 지는 것을 나타낸다. 그리고 가끔은 어떤 행위가 예기치 않게 이루어 지는 것을 나타내기도 한다. 예:

Mi abuela es muy vieja pero sigue trabajando.
나의 할머니께서는 매우 연로하셨지만 아직도 계속 일을 하고 계신다.

Los chicos siguen jugando fútbol aunque está lloviendo.
그 남자아이들은 비가 옴에도 불구하고 계속 축구를 하고 있다.

Los niños siguen estudiando durante las vacaciones.
그 아이들은 방학 동안에도 계속 공부를 한다.

◘ ¡Vamos a practicar!

☼ Modelo

La niña está viendo los dibujos animados en la televisión.
*La niña **los** está viendo en la televisión. / La niña está vi**é**ndo**los** en la televisión.*
그 여자아이는 텔레비전에서 만화영화를 보고 있다.

1. Las señoritas están cortando las flores.
2. El chico y su novia están mirando la luna juntos.♥
3. Los turistas están observando el paisaje.
4. Los estudiantes están memorizando las palabras nuevas.
5. Yo estoy llevando las cartas al correo.
6. El niño sigue haciendo su tarea.
7. Los empleados siguen escribiendo sus reportes.
8. Mi abuelo sigue conduciendo su coche.
9. La maestra sigue enseñando gramática.
10. Yo sigo oliendo el aroma del café.

Los pronombres de objeto indirecto 간접목적대명사

¤ Estos pronombres son "me", "te", "le", "nos", "os" y "les".
이 대명사들은 'me', 'te', 'le', 'nos', 'os', 'les'이다.

¤ Generalmente, se ponen antes de un verbo conjugado o después de un infinitivo.
일반적으로 이 대명사들은 활용된 동사 앞에 오거나 동사원형 뒤에 온다.

◘ ¡Vamos a practicar!

☼ Modelo

Yo ir a dar el libro mañana (a ti)
*Yo **te** voy a dar el libro mañana. / Yo voy a dar**te** el libro mañana.*
너에게 내일 그 책을 줄게.

1. Corea del Sur ir a enviar comida (a los norcoreanos)
2. El chico ir a dar muchas rosas (a su novia) ♥
3. El doctor poder dar una medicina (a vosotros)
4. La mesera desear dar un café gratis (a Ud.)
5. Los profesores tener que dar mucha tarea (a los estudiantes)
6. Nosotros querer comprar un helado (a Uds.)
7. Tus padres ir a dar dinero la próxima semana (a ti)
8. Ud. tener que dar mi cartera (a mí)
9. Vosotros no poder quitar nuestra comida (a nosotros)
10. Yo querer regalar mi ropa vieja (a los hombres pobres)

¤ Generalmente, se ponen antes de un verbo conjugado o después de un gerundio. En este último caso, se tiene que poner tilde en el gerundio para mantener el acento original.
일반적으로 활용된 동사 앞에 오거나 현재분사 뒤에 온다. 두 번째 경우에는 원래의 강세를 유지하기 위에 현재분사에 띨데를 표시해야 한다.

◘ ¡Vamos a practicar!

☼ Modelo

Mi mamá cocinar una sopa (a mí)
*Mi mamá **me** está cocinando una sopa. / Mi mamá está cocin**á**ndo**me** una sopa.*
나의 엄마께서는 내게 찌개를 요리해 주고 계신다.

1. El jefe decir el plan (a sus empleados)
2. El mecánico (기계공) reparar vuestro coche (a vosotros)
3. Yo decir mis ideas (a ti)
4. El profesor enseñar la historia de España (a mí)
5. La chica dar un beso (a su novio) ♥
6. Los maestros quitar los celulares (a los estudiantes)
7. Los niños pedir dinero (a sus padres)
8. Yo comprar una pizza (a vosotros)
9. Nuestra profesora explicar la lección (a nosotros)
10. Yo enviar una carta (a mi madre)

¤ Es posible encontrar un pronombre de objeto indirecto y uno de objeto directo antes de un verbo conjugado. En este caso, siempre el de objeto indirecto va primero. Asimismo, en este caso, los pronombres de objeto indirecto cambian a "me", "te", "**se**", "nos", "os" y "**se**" (no se usa "le" ni "les" nunca). Ejemplos:
활용된 동사 앞에 간접목적대명사와 직접목적대명사가 함께 올 수 있다. 이 경우에는 항상 간접목적대명사가 먼저 쓰인다. 또한 이 때 간접목적대명사는 'me', 'te', 'se', 'nos', 'os', 'se'로 변한다. 'le'나 'les'는 절대 쓰이지 않는다. 예:

*El profesor **nos** regresa nuestras tareas revisadas (a nosotros).→ El profesor **nos las** regresa.* 교수님께서는 검사된 우리의 숙제를 (우리에게) 돌려주신다.

*Las madres no **les** dan caramelos (a sus niños).→ Las madres no **se los** dan.* 어머니들은 자녀들에게 사탕을 주지 않는다.

◘ ¡Vamos a practicar!

☼ Modelo

La mesera servir la comida (a mí)
*La mesera **me** sirve la comida. / La mesera **me la** sirve.*
웨이트리스는 나에게 음식을 내온다.

1. El chico dar unas flores (a su novia) ♥
2. Santa Claus traer regalos (a los niños buenos)
3. Los estudiantes borrar la pizarra (a los profesores)
4. Yo regresar tu libro (a ti)
5. Su jefe dar su salario (a Ud.)

¤ Es posible encontrar un pronombre de objeto indirecto y uno de objeto directo junto a un verbo en infinitivo. En este caso, siempre el de objeto indirecto va primero. Asimismo, en este caso, los pronombres de objeto indirecto cambian a "me", "te", "**se**", "nos", "os" y "**se**" (no se usa "le" ni "les" nunca). No olvides poner la tilde en el infinitivo. Ejemplo:
동사원형에 간접목적대명사와 직접목적대명사가 함께 쓰여질 수 있다. 이 경우에는 항상 간접목적대명사가 먼저 쓰인다. 또한 이 때 간접목적대명사는 'me', 'te', 'se', 'nos', 'os', 'se'로 변한다. 'le'나 'les'는 절대 쓰이지 않는다. 동사원형에 띨데를 표시하는 것을 잊지 말자. 예:

*Yo **le** voy a dar un abrazo (a mi papá).→ Yo **se lo** voy a dar. → Yo voy a dar**le** un abrazo. → Yo voy a d**á**r**selo**.* 나는 나의 아버지를 안아드릴 거야.

◘ ¡Vamos a practicar!

☼ Modelo

Ana ir a traer un pastel (a mí)
*Ana **me** va a traer un pastel. / Ana **me lo** va a traer. / Ana va a traer**me** un pastel. / Ana va a traér**melo**.* 아나는 나에게 케이크를 한 개 가지고 올 것이다.

1. El cocinero ir a cocinar los tacos (a Ud.)
2. Las madres tener que dar frutas (a sus niños)
3. Mónica querer imprimir nuestro reporte (a nosotros)
4. Tú poder dar la tarea (al profesor) mañana
5. Ud. poder regresar mi libro (a mí) mañana

※ Es posible encontrar un pronombre de objeto indirecto y uno de objeto directo junto a un verbo en gerundio. En este caso, siempre el de objeto indirecto va primero. Asimismo, en este caso, los pronombres de objeto indirecto cambian a "me", "te", "**se**", "nos", "os" y "**se**" (no se usa "le" ni "les" nunca). No olvides poner la tilde en el gerundio. Ejemplo:
현재분사에 간접목적대명사와 직접목적대명사가 함께 쓰여질 수 있다. 이 경우에는 항상 간접목적대명사가 앞에 쓰인다. 또한 이 때 간접목적대명사는 'me', 'te', 'se', 'nos', 'os', 'se'로 변한다. 'le'나 'les'는 절대 쓰이지 않는다. 현재분사에 띨데를 표시하는 것을 잊지 말자. 예:

*Yo **le** estoy enseñando las fotos (a Ud.). → Yo **se** **las** estoy enseñando. → Yo estoy enseñ**á**ndo**le** las fotos. → Yo estoy enseñ**á**ndo**selas**.*
나는 당신에게 사진들을 보여드리고 있습니다.

◘ ¡Vamos a practicar!

☼ Modelo

Tú explicar la gramática (a mí)
*Tú **me** estás explicando la gramática. / Tú **me** **la** estás explicando. / Tú estás explic**á**ndo**me** la gramática. / Tú estás explic**á**ndo**mela**.*
너는 나에게 문법을 설명하는 중이다.

1. Los meseros servir la comida (a los clientes)
2. La señorita dar el cambio (a ti)
3. El zapatero reparar los zapatos (a Ud.)
4. El padre leer un libro (a su hijo)
5. Mi madre limpiar nuestras habitaciones (a mis hermanos y a mí)

Diálogos

Expresiones y vocabulario a tener en cuenta en los diálogos 대화문에 나오는 유의해야 할 표현과 어휘들

El enfermo 환자

El farmacéutico 약사

El jamón 햄

El jarabe 시럽

El rock 록음악

El salami 살라미 (이탈리아 식 햄의 한 종류)

El sándwich 샌드위치

La bebida 음료

La cucharada 숟가락 하나 분량

La hoja de papel 종잇장

La instrucción 복용법, 지시

La medicina 약

La memoria 기억, 기억력

La pastilla 알약

La pieza 조각

La pizza 피자

La pizzería 피자 가게

La salsa 소스

Los lentes de contacto 콘택트렌즈

Sensible ≠ Insensible 민감한 ≠ 둔한, 무감각한

Deber + infinitivo ...해야만 한다, ...할 의무가 있다

Los estudiantes deben estudiar con ahínco siempre.

학생들은 언제나 열심히 공부해야만 한다.

Yo no debo usar el celular en clase. 나는 수업시간에 핸드폰을 사용해서는 안 된다.

Encontrarse = Estar (건강이)...한 상태이다

¿Cómo te encuentras? 컨디션이 어떠니?

Me encuentro bien. 괜찮아.

Me encuentro mal. 좋지 않아.

Oler* (huele) 냄새가 나다, 냄새를 맡다

Oler bien 냄새가 좋다

Oler mal 냄새가 나쁘다

¡Qué bien huele! 냄새가 정말 좋구나!

¡Qué mal huele! 냄새가 정말 지독하군!

Oler a + sustantivo ...의 냄새가 나다

El basurero huele a basura. 쓰레기통은 쓰레기냄새가 난다.

La cocina huele a comida. 부엌은 음식 냄새가 난다.

Saber 맛이 나다

Saber bien 맛이 있다

Saber mal 맛이 없다

¡Qué bien sabe! 정말 맛있군!

¡Qué mal sabe! 정말 맛이 없군!

Saber a + sustantivo ...맛이 나다

Esta bebida sabe a café. 이 음료수는 커피맛이 난다.

Este sándwich sabe a queso. 이 샌드위치는 치즈맛이 난다.

Sonar* (ue) 소리가 나다, ...하게 들리다

Sonar bien 좋게 들리다

Sonar mal 나쁘게 들리다

¡Suena bien! 좋은 생각이야!

Sentirse* (ie) bien/mal (주어의 감정/건강상태가) 좋다/나쁘다

¿Cómo te sientes hoy? 오늘 기분/컨디션 어때?

Hoy me siento bien. 오늘 기분/컨디션이 좋아.

Hoy me siento mal. 오늘 기분/컨디션이 안 좋아.

Pescar un resfriado 감기 걸리다

Ponerse ≠ Quitarse 입다, 신다, 쓰다 ≠ 벗다

Antes de entrar en casa, me quito los zapatos.

집에 들어가기 전에 나는 신발을 벗는다.

Antes de salir de casa, me pongo los zapatos.

집에서 나가기 전에 나는 신발을 신는다.

Lamentablemente = Desafortunadamente 불행히도

Seguramente 확실하게

Usualmente = Generalmente 일반적으로, 주로

🎧 **Diálogo #4 (Conversación telefónica: Junho llama a Cristina.** 전화 통화, 준호가 크리스티나에게 전화한다.)

Cristina:	Bueno.
Junho:	¡Hola, Cristina! ¿Dónde estás?
***Cristina*:**	¡Hola, Junho! Estoy en mi habitación.
***Junho*:**	¿Qué estás haciendo?
***Cristina*:**	Estoy descansando. Lamentablemente, me encuentro mal. Me duele mucho la cabeza. Creo que he pescado un resfriado.
***Junho*:**	¿En verdad? ¡Pobrecita! ¿Estás tomando medicina?
***Cristina*:**	Sí, estoy tomando medicina. Por eso tengo mucho sueño también. ¿Dónde estás, Junho?
Junho:	Estoy en la biblioteca. Estoy estudiando para el examen de gramática. ¿Quieres estudiar conmigo?
***Cristina*:**	Lo siento mucho, hoy no puedo estudiar contigo. En verdad estoy muy enferma y me siento muy mal. Pero, seguramente, mañana me sentiré mejor.
Junho:	Entonces, ¿vendrás mañana a la biblioteca?
***Cristina*:**	Claro, mañana estaré allí y estudiaremos juntos.
***Junho*:**	¡Genial! Entonces, mañana nos vemos. ¡Hasta mañana, Cristina!
***Cristina*:**	¡Hasta mañana, Junho!

1. ¿Por qué está descansando en su habitación Cristina?

____

2. ¿Por qué llama Junho a Cristina?

____

3. ¿Cuándo van a estudiar juntos Cristina y Junho?

____

Cristina:	여보세요?
Junho:	안녕, 크리스티나! 어디야?
Cristina:	안녕, 준호야! 나 내 방에 있어.
Junho:	뭐 하는 중이야?
Cristina:	쉬고 있어. 불행히도 나 몸이 안 좋거든. 머리가 무척 아파. 감기에 걸린 것 같아.
Junho:	정말? 안됐구나. 약은 먹고 있니?
Cristina:	응, 약 먹고 있어. 그래서 지금 무척 졸려. 준호 너는 어디야?
Junho:	나는 도서관에 있어. 문법시험을 위해 공부하는 중이야. 나랑 같이 공부할래?
Cristina:	정말 미안해. 오늘은 너와 공부할 수 없어. 정말 많이 아프고 몸이 너무 나쁘거든. 그렇지만 내일은 확실히 나아질 거야.
Junho:	그럼 내일은 도서관에 올 거니?
Cristina:	물론이지. 내일은 거기 있을 거야. 그리고 우리 함께 공부 할 거야.
Junho:	좋아! 그럼 우리 내일 만나는 거네. 내일 보자, 크리스티나!
Cristina:	내일 봐, 준호야!

Diálogo #5 (En la calle: Yoona y Simón están andando por la calle. 거리에서, 윤아와 시몬이 거리를 걷고 있다.)

Yoona:	¡Qué bien huele! Huele a comida. Tengo mucha hambre.
Simón:	¿En verdad? Yo no huelo nada. Tú tienes buen olfato.
Yoona:	Sí, tengo una nariz muy sensible. Me encanta el olor de la comida. Huele a pizza.
Simón:	¡Ahí hay una pizzería!
Yoona:	¿Dónde? No la veo.
Simón:	¡Por ahí! ¿Tienes mala vista?
Yoona:	Sí, tengo mala vista.
Simón:	Entonces, ¿por qué no usas gafas?
Yoona:	Porque uso lentes de contacto. Pero hoy no me he puesto mis lentes de contacto, por eso no puedo ver bien ahora.
Simón:	¿Vamos por una pieza de pizza?
Yoona:	¡Suena bien!
…	
Simón:	¡Qué deliciosa pizza! ¿Quieres probar?
Yoona:	¡Claro!… Sabe a salami. ¿Quieres probar la mía?
Simón:	¡Por supuesto!… Sabe a queso.
Yoona:	Es que solo tiene queso. Hay mucho ruido en esta calle.
Simón:	¿En verdad? Tengo unos oídos muy insensibles porque siempre escucho rock.
Yoona:	Yo tengo unos oídos muy sensibles, por eso tengo buen oído. Me gusta escuchar música clásica. Cuando escucho rock, me duele la cabeza.

1. ¿Por qué no puede ver bien ahora Yoona?

____

2. ¿A qué sabe la pieza de pizza de Simón?

____

3. ¿Por qué le duele la cabeza a Yoona cuando escucha rock?

____

Yoona:	냄새 너무 좋다! 음식 냄새가 나네. 나 엄청 배고파.
Simón:	정말? 나는 아무 냄새도 안 나는데. 너 후각이 정말 좋구나.
Yoona:	맞아, 나는 코가 매우 예민해. 나는 음식 냄새가 정말 좋아. 피자 냄새 난다.
Simón:	저기 피자집이 하나 있어!
Yoona:	어디? 안 보이는데?
Simón:	저 쪽에 있어! 시력이 나쁘니?
Yoona:	응, 나는 시력이 나빠.
Simón:	그렇다면 왜 안경을 쓰지 않니?
Yoona:	콘택트렌즈를 사용하니까. 하지만 오늘은 렌즈를 끼지 않았어. 그래서 지금은 잘 볼 수가 없어.
Simón:	피자 한 조각 하러 갈까?
Yoona:	좋은 생각이야!
…	
Simón:	엄청 맛있는 피자네! 먹어 볼래?
Yoona:	물론이지!... 살라미 맛이 난다. 내 것도 먹어 볼래?
Simón:	당연하지!... 치즈 맛이 나네.
Yoona:	치즈만 들어 있거든. 이 거리엔 소음이 무척 심하네.
Simón:	정말? 나는 늘 록음악을 들어서 청각이 많이 무뎌.
Yoona:	나는 귀가 많이 민감해서 청각이 좋은 편이야. 난 클래식음악을 듣는 것을 좋아해. 록음악을 들으면 머리가 아파.

🎧 Diálogo #6 (En la farmacia 약국에서)

Farmacéutica:	¡Bienvenido, señor! ¿En qué puedo servirle?
Enfermo:	¿Tiene alguna medicina para la gripe?
Farmacéutica:	¿Tiene fiebre?
Enfermo:	Sí, tengo mucha fiebre.
Farmacéutica:	¿Le duele la garganta?
Enfermo:	Un poco, pero me duele mucho la cabeza.
Farmacéutica:	¿Tiene tos?
Enfermo:	Sí, también.
Farmacéutica:	Aquí tiene estas pastillas para la gripe, para la fiebre y para el dolor de cabeza.
Enfermo:	¿Cómo debo tomar estas pastillas?
Farmacéutica:	Debe tomar dos después de cada comida. Aquí tiene este jarabe para la tos. Debe tomar dos cucharadas por la mañana y dos por la noche.
Enfermo:	Tengo muy mala memoria. ¿Puede escribirme las instrucciones, por favor?
Farmacéutica:	Claro. Se las escribo en esta hoja de papel… Aquí tiene. Son $195 (pesos). ¿Quiere una bolsa?
Enfermo:	No, gracias. Aquí tiene el dinero.
Farmacéutica:	Aquí tiene el cambio. Muchas gracias.

1. ¿Qué le duele mucho al señor?

___

2. ¿Cuántas pastillas debe tomar el señor en un día?

___

3. ¿Qué le escribe la farmacéutica al señor en la hoja de papel?

___

Farmacéutica:	어서 오세요, 손님! 무엇을 도와드릴까요?
Enfermo:	감기약 있습니까?
Farmacéutica:	열이 있으신가요?
Enfermo:	예, 열이 많이 납니다.
Farmacéutica:	목이 아프신가요?
Enfermo:	조금요. 하지만 머리가 많이 아픕니다.
Farmacéutica:	기침 하시나요?
Enfermo:	예, 기침도 합니다.
Farmacéutica:	여기 감기약, 해열제, 두통약이 있습니다.
Enfermo:	이 알약들을 어떻게 복용해야 합니까?
Farmacéutica:	매 식후에 두 알씩 드셔야 해요. 여기 기침용 시럽이 있어요. 아침 저녁으로 두 숟가락씩 드셔야 합니다.
Enfermo:	제가 기억력이 무척 나빠서요. 복용법을 좀 적어주실 수 있나요?
Farmacéutica:	물론이죠. 이 종이에 복용법을 적어 드릴게요. 여기 있습니다. 195페소입니다. 봉지 하나 드릴까요?
Enfermo:	아니요, 괜찮습니다. 여기 돈 받으세요.
Farmacéutica:	여기 잔돈이요. 정말 감사합니다.

Preguntas para repasar 복습을 위한 질문들

1. ¿Qué prefieres tomar cuando te duele la cabeza: una taza de café o una aspirina?

2. ¿Qué prefieres tomar cuando tienes dolor de estómago: una sopa de arroz o una pastilla para el dolor de estómago?

3. ¿Qué prefieres tomar cuando te duele la garganta: un té caliente o una pastilla para el dolor de garganta?

4. ¿Qué prefieres tomar cuando tienes tos: un jarabe o un té caliente?

5. ¿Tomas medicina, usualmente, cuando tienes resfriado?

6. ¿Tomas medicina, usualmente, cuando tienes diarrea?

7. ¿Huele bien o huele mal tu salón de clase?

8. ¿Qué te gusta oler?

9. ¿Qué no te gusta oler?

10. ¿Cómo es la textura de la seda?

11. ¿Es picante el topokki?

12. ¿Es dulce el bulgogi?

13. ¿Es salada la comida coreana?

14. ¿Te gusta el sabor ácido?

15. ¿Prefieres beber café con azúcar o sin azúcar?

16. ¿Qué sabor te gusta más?

17. ¿Comida sosa significa que tiene sal o que no tiene sal?

18. ¿Es insípida el agua?

19. ¿Son dulces las medicinas generalmente?

20. ¿Saben bien las medicinas generalmente?

21. ¿Tienes una nariz sensible o insensible?

22. ¿Tienes buen oído?

23. ¿Son ácidas las mandarinas de Jeju?

24. ¿Cómo se encuentran tus padres?

25. ¿Cómo te sientes hoy?

26. ¿Tienes la voz aguda o la voz grave?

27. ¿Tiene buena vista tu profesor/profesora de conversación?

28. ¿Tiene buena vista o mala vista tu habitación?

29. ¿Qué te gusta observar?

30. ¿Usa lentes de contacto tu mamá?

31. ¿Cómo es la textura de tu piel?

32. ¿Te duele algo ahora?

33. ¿Cómo se llaman los cinco dedos de la mano?

34. ¿Te gusta el aroma del café?

35. ¿Cuáles son los cinco sentidos?

Notas

Lectura #2

¡Hola! Mi nombre es Mónica y soy mexicana. A los mexicanos nos fascina la comida salada, picante y ácida. Por eso yo le pongo sal, salsa picante y limón a la comida, especialmente a los tacos. Yo sé que la sal no es buena para la salud, pero no puedo vivir sin sal, chile y limón. También me gusta el sabor dulce, por eso como muchos caramelos, helados y pasteles. No me gusta el sabor amargo, por eso no bebo café; prefiero beber chocolate caliente con mucha azúcar. Tengo buen olfato; me gusta el olor de los perfumes y odio el olor de los cigarrillos. Tengo buen oído; me gusta el sonido del piano. Tengo mala vista; por eso uso gafas y lentes de contacto. Yo uso gafas en la escuela; pero, cuando salgo con mis amigas, uso lentes de contacto.

안녕! 내 이름은 모니카고 나는 멕시코사람이야. 멕시코사람들은 짜고 맵고 신 음식을 매우 좋아해. 그래서 나는 음식에 소금, 매운 소스, 레몬을 넣는데 특히 따꼬를 먹을 때 그렇게 해. 소금이 건강에 좋지 않다는 건 알아. 하지만 소금, 고추, 레몬 없이는 살 수 없어. 나는 또 달콤한 맛도 무척 좋아해서 사탕, 아이스크림, 케이크도 많이 먹어. 쓴 맛은 좋아하지 않아서 커피는 마시지 않아. 설탕을 잔뜩 넣은 핫초코가 더 좋아. 나는 후각이 좋아. 향수냄새를 좋아하고 담배를 정말 싫어해. 청각도 좋아. 나는 피아노소리를 좋아해. 시각은 나빠. 그래서 안경이랑 콘텍트렌즈를 써. 나는 학교에서 안경을 쓰지만 친구들이랑 나갈 때는 콘텍트렌즈를 사용해.

◘ Actividad de la lectura

Escribe los sabores, los olores y los sonidos que te gustan y los que no te gustan. También escribe sobre tus sentidos (tengo buen/mal olfato, tengo buen/mal oído, tengo buena/mala vista).
내가 좋아하는 맛, 냄새, 소리들과 좋아하지 않는 맛, 냄새, 소리들을 써 봅시다. 또한 나의 감각들에 대해서 써 봅시다. (후각이 좋다/나쁘다, 청각이 좋다/나쁘다, 시력이 좋다/나쁘다)

Información de interés

El descubrimiento de América
아메리카의 발견

En el siglo XV el comercio entre Europa y Oriente era muy importante. De hecho, esta actividad era parte fundamental de la economía de algunos países europeos como España. Los europeos iban particularmente a China e India. La ruta era muy fácil: cruzaban el mar Mediterráneo y llegaban a Constantinopla (actualmente conocida como Estambul, Turquía), y desde ahí iban a Oriente por tierra. Sin embargo, el Imperio Otomano conquistó los territorios del mar Mediterráneo y bloqueó el paso de los europeos a Oriente por Constantinopla.
15세기 유럽과 동방간의 무역은 매우 중요했다. 사실 이 활동은 스페인과 같은 몇몇 유럽 국가들의 경제에 굉장히 중요한 부분이었다. 유럽인들은 주로 중국과 인도에 갔는데 그 무역로는 매우 쉬웠다. 그들은 지중해를 건너가 콘스탄티노플(현재 터키의 이스탄불)에 도착해서 거기에서 육로로 동방에 가곤 했다. 그러나 오토만 제국은 지중해연안 영토들을 정복하고 유럽인들의 콘스탄티노플을 경유하는 무역로를 막아버렸다.

Empero, un joven marinero italiano llamado Cristóbal Colón tuvo una idea para llegar a Oriente sin pasar por Constantinopla: navegar por el mar hacia el oeste de manera recta. Esto bajo el principio de que la Tierra era redonda. No obstante, en aquel entonces, las personas pensaban que la Tierra era plana y no navegaban lejos de las costas por miedo a morir en un abismo.
그러나 크리스토발 콜론이라는 이름의 한 젊은 이탈리아인 선원이 콘스탄티노플을 통하지 않고 동방에 가는 방법을 생각해냈다. 그것은 서쪽을 향해 곧장 항해해 나가는 것이었다. 이는 지구가 둥글다는 원리에 기초한 것이었다. 그러나 그 당시 사람들은 지구가 평평하다고 생각했고 낭떠러지에 떨어져 죽는 것을 두려워한 나머지 해안으로부터 멀리 항해하지 않았다.

Colón pidió ayuda al rey Juan II de Portugal para realizar ese viaje experimental, pero este no le apoyó porque pensaba que estaba loco. Posteriormente, Colón viajó a España y pidió ayuda a los Reyes Católicos: Isabel y Fernando, quienes le proporcionaron tripulación y tres barcos: la Niña, la Pinta y la Santa María.
콜론은 이 실험적인 여정을 실현시키기 위해 포르투갈의 왕 후안 2세에게 도움을 요청했지만 왕은 콜론이 미쳤다고 생각하여 그를 지원해 주지 않았다. 그 후에 콜론은 에스파냐로 가서 가톨릭 공동왕인 이사벨과 페르난도에게 도움을 요청했고 그들은 콜론에게 선원들과 세 척의 배(La Niña, La Pinta, La Santa María)를 제공해 주었다.

Colón partió el día 3 de agosto de 1492 con rumbo a Oriente navegando hacia el oeste. El viaje fue muy largo y la tripulación se desesperó tanto que, el día 9 de octubre, intentó matar a Colón y regresar a casa. Sin embargo, Colón hizo un trato con sus marineros y les dijo que le dieran cinco días más. Finalmente, el 12 de octubre de 1492, Colón llegó a una pequeña isla cerca de las Bahamas que los nativos llamaban Guanahani, a la cual bautizó como San Salvador.
1492년 8월 3일에 콜론은 동방을 향하여 서쪽으로의 항해를 시작했다. 여행은 무척 길었고 선원들은 너무 초조해진 나머지10월 9일에 콜론을 살해하고 집으로 돌아가고자 했다. 하지만 콜론은 그들과 협정을 맺고 자신에게 닷새의 시간을 더 달라고 말했다. 1492년 10월 12일에 콜론은 마침내 원주민들이 과나니라고 부르던 바하마와 가까운 한 작은 섬에 도착했고, 그 섬을 산살바도르라고 명명했다.

Totalmente, Colón realizó cuatro viajes al Nuevo Mundo, pero murió sin saber que había descubierto un nuevo continente, puesto que él creía que había llegado a India. De hecho, en la actualidad, a los nativos de América se les llama “indios” por esa confusión.
콜론은 총 네 차례 신대륙을 향해 여행했지만 인도에 도착했다고 믿었으므로 그가 새로운 대륙을 발견했다는 사실을 모른 채로 죽었다. 사실 바로 그 착각에 기인하여 현재 아메리카대륙의 원주민들을 인디오라고 부르는 것이다.

Posteriormente, un marinero italiano llamado Américo Vespucio hizo los primeros mapas de las nuevas tierras descubiertas por Colón. Finalmente, con esos mapas, los europeos se dieron cuenta de que el lugar explorado por Colón no era India, sino un nuevo continente. Es por eso que se le dio el nombre de América a este gran territorio.
훗날 아메리코 베스푸치오라는 한 이탈리아인 선원이 콜론에 의해 발견된 새로운 대륙의 첫 지도들을 만들었다. 마침내 그 지도들로 인해서 유럽인들은 콜론에 의해 탐험되었던 그 곳이 인도가 아니라 새로운 대륙이라는 것을 깨닫게 되었다. 그것이 이 거대한 영토가 아메리카라는 이름을 가지게 된 이유이다.

¡Actividad especial!

Vamos a repasar el vocabulario aprendido en esta lección
이번 과에서 배운 어휘들을 복습해 봅시다

Completa las secciones en blanco de la siguiente tabla de los sentidos con el vocabulario correspondiente.
감각들이 적혀있는 다음 표의 흰 부분을 상응하는 어휘들로 채워 넣으세요.

Sentido	Verbos	Partes del cuerpo	Sustantivos relacionados
El gusto	1.________ 2.________	1.________ 2.________	1.________
El oído	1.________ 2.________	1.________ 2.________	1.________ 2.________ 3.________
El olfato	1.________	1.________	1.________ 2.________
El tacto	1.________ 2.________	1.________	1.________
La vista	1.________ 2.________ 3.________	1.________	1.________ 2.________ 3.________

El aroma
El olor
El paisaje
El ruido
El sabor
El silencio
El sonido
Escuchar
La boca
La imagen
La lengua
La nariz
La textura
La vista
Las manos
Las orejas
Los oídos
Los ojos
Mirar
Observar
Oír
Oler
Probar
Saber
Sentir
Tocar
Ver

Completa las secciones en blanco de la siguiente tabla de los sabores, las luminosidades, las texturas y los sonidos con el vocabulario correspondiente.
맛, 밝기, 재질, 소리들이 적혀있는 다음 표의 흰 부분을 상응하는 어휘들로 채워 넣으세요.

Los sabores	Las luminosidades	Las texturas	Los sonidos
1.__________	1.__________	1.__________	1.__________
2.__________	2.__________	2.__________	2.__________
3.__________	3.__________	3.__________	
4.__________	4.__________		
5.__________			
6.__________			
7.__________			
8. __________			

Ácido = Agrio
Agridulce
Agudo
Amargo
Brillante
Dulce
Grave
Insípido
Luminoso
Opaco
Oscuro
Picante
Rasposo = Áspero
Salado
Sedoso
Soso
Suave

Listas de vocabularios para memorizar

• Vocabulario 2.1 Las partes del cuerpo 신체부위	
La cabeza	머리
La cara	얼굴
El pelo	털, 머리카락
La frente	이마
La oreja	귀 (외이)
El oído	귀 (내이, 청각기관)
Los ojos	눈
Las cejas	눈썹
Las pestañas	속눈썹
El párpado	눈꺼풀
La mejilla	볼
La nariz	코
La boca	입
Los labios	입술
Los dientes	이
La encía	잇몸
Las muelas	어금니
La muela del juicio	사랑니
El paladar	입천장
La lengua	혀
La campanilla	목젖
El bigote	콧수염
La barba	턱수염
La barbilla	턱 끝
La mandíbula	턱
La garganta	목구멍
El cuello	목
El hombro	어깨
El brazo	팔
El codo	팔꿈치
El antebrazo	팔의 앞쪽
La muñeca	손목

La mano	손
Los dedos	손가락
El pulgar	엄지
El índice	검지
El corazón	중지, 심장
El anular	약지
El meñique	소지(새끼손가락)
La uña	손톱, 발톱
La palma	손바닥
El pecho	가슴
El estómago	배
El ombligo	배꼽
La panza	뱃살
La cintura	허리
La cadera	골반
La espalda	등
El trasero = El culo	엉덩이
La pierna	다리
El muslo	허벅지
La rodilla	무릎
La espinilla	정강이
La pantorrilla	종아리
El tobillo	발목
El pie	발
El talón	발뒤꿈치
Los dedos del pie	발가락

• Vocabulario 2.2 Los componentes del cuerpo 우리 몸의 구성요소	
El cerebro	뇌
El hueso	뼈
El músculo	근육
El órgano	장기
La piel	피부
La sangre	피
La vena	혈관

• Vocabulario 2.3 Las enfermedades comunes 흔한 질병들	
El resfriado	감기
La fiebre	열
La gripe = La gripa = La influenza	독감 = 유행성 감기
La tos	기침
La diarrea	설사

• Vocabulario 2.4 Los sentidos 감각	
El gusto	감각
El oído	청각
El olfato	후각
El tacto	촉각
La vista	시각

• Vocabulario 2.5 Los verbos para los sentidos 감각에 관한 동사들	
Probar* (pruebo)	먹어보다
Saber* (sé)	알다, 맛이 나다
Escuchar	주의 깊게 듣다
Oír* (oigo)	듣다
Oler* (huelo)	냄새를 맡다, 냄새가 나다
Tocar	만지다
Sentir* (siento)	느끼다
Ver* (veo)	보다
Mirar	바라보다
Observar	관찰하다

• Vocabulario 2.6 Los sustantivos relacionados a los sentidos 감각과 관련된 명사들	
El sabor	맛
El sonido	소리
El silencio	침묵
El ruido	소음
El olor	냄새
El aroma	향기
La textura	재질, 결
La imagen	심상, 이미지
La vista	시야
El paisaje	전망

• Vocabulario 2.7 Los sabores, las luminosidades, las texturas y los sonidos 맛, 밝기, 재질, 소리	
Picante	매운
Amargo	쓴
Salado	짠
Ácido = Agrio	신
Dulce	단
Agridulce	새콤달콤한
Soso	싱거운
Insípido	무미의, 간이 덜 된
Brillante	빛나는, 훌륭한
Luminoso	밝은
Opaco	불투명한
Oscuro	어두운
Sedoso	비단 같은
Suave	부드러운
Rasposo = Áspero	거칠거칠한
Agudo	고음의
Grave	저음의

• Vocabulario 2.8 Los sustantivos para practicar 연습을 위한 명사들	
El cacao	카카오
El chile = El ají	고추
La medicina	약
El/La azúcar	설탕
La miel	꿀
El caramelo	사탕
El pastel	케이크
La seda	비단
La roca	돌
La voz	목소리
El violín	바이올린
El bajo	베이스

• Expresiones y vocabulario a tener en cuenta en los diálogos 대화문에 나오는 유의해야 할 표현과 어휘들	
El enfermo	환자
El farmacéutico	약사
El jamón	햄
El jarabe	시럽
El rock	록음악
El salami	살라미 (이탈리아 식 햄의 한 종류)
El sándwich	샌드위치
La bebida	음료
La cucharada	숟가락 하나 분량
La hoja de papel	종잇장
La instrucción	복용법, 지시
La medicina	약
La memoria	기억, 기억력
La pastilla	알약
La pieza	조각
La pizza	피자
La pizzería	피자 가게
La salsa	소스
Los lentes de contacto	콘택트렌즈
Sensible ≠ Insensible	민감한 ≠ 둔한, 무감각한
Deber + infinitivo	...해야만 한다, ...할 의무가 있다
Encontrarse = Estar	(건강이)...한 상태이다
Oler* (huele)	냄새가 나다, 냄새를 맡다
Oler bien	냄새가 좋다
Oler mal	냄새가 나쁘다
¡Qué bien huele!	냄새가 정말 좋구나!
¡Qué mal huele!	냄새가 정말 지독하군!
Oler a + sustantivo	...의 냄새가 나다
Saber	맛이 나다
Saber bien	맛이 있다
Saber mal	맛이 없다
¡Qué bien sabe!!	정말 맛있군!
¡Qué mal sabe!	정말 맛이 없군!
Saber a + sustantivo	...맛이 나다
Sonar* (ue)	소리가 나다, ...하게 들리다
Sonar bien	좋게 들리다
Sonar mal	나쁘게 들리다
¡Suena bien!	좋은 생각이야!
Sentirse* (ie) bien/mal	(주어의 감정/건강상태가) 좋다/나쁘다
Pescar un resfriado	감기 걸리다
Ponerse ≠ Quitarse	입다, 신다, 쓰다 ≠ 벗다
Lamentablemente = Desafortunadamente	불행히도
Seguramente	확실하게
Usualmente = Generalmente	일반적으로, 주로

Notas

LECCIÓN 3

¿Qué tienes ganas de hacer ahora?

Práctica oral de estructuras gramaticales

〉〉〉〉문법 구조 말로 연습하기〈〈〈〈

• Vocabulario 3.1 Los principales productos de América 아메리카대륙의 주요 생산물

1. El aguacate 아보카도
2. El cacahuate 땅콩
3. El cacao 카카오
4. El calabacín 애호박
5. El chile = El ají 고추
6. El maíz 옥수수
7. El tabaco 담배
8. El tomate 토마토
9. El camote = La batata 고구마 (중남미에서는 'camote', 스페인에서는 'batata')
10. La papa = La patata 감자 (중남미에서는 'papa', 스페인에서는 'patata')
11. La piña 파인애플

¤ Estos son los principales productos agrícolas provenientes de América. Principalmente, los españoles los llevaron a Europa durante el periodo en el que ellos colonizaron gran parte del continente americano. Algunos de estos productos, posteriormente, llegaron hasta Asia; tal es el caso del chile, el cual forma parte importante de la gastronomía coreana estos días. Asimismo, muchos de estos productos, actualmente, son base fundamental de la alimentación de los europeos.

위의 작물들이 아메리카대륙이 원산지인 주요 농작물들이다. 주로 스페인사람들이 아메리카대륙의 많은 부분을 식민지화 했던 기간 동안에 이 농작물들을 유럽으로 가져갔다. 이 농작물들 중 몇 가지는 후에 아시아까지 도달했는데 고추 같은 경우에는 현재 한국의 식문화에서 커다란 부분을 형성하고 있다. 또한 이들 중 많은 농작물들이 현재 유럽인들의 식생활의 중요한 기초를 이룬다.

Los deseos personales 개인적인 바람

¤ Para expresar un gran deseo por hacer algo se usa “tener ganas de” seguido de un infinitivo.

어떤 일을 하고 싶은 강한 바람을 나타내기 위해 ‘tener ganas de(…하고 싶어 하다) + 동사원형’을 쓴다.

◘ ¡Vamos a practicar!

☼ Modelo

Cenar hoy / Cenar pasta

Pregunta informal:	*¿Qué tienes ganas de cenar hoy?* 오늘 무엇을 저녁으로 먹고 싶니?
Pregunta formal:	*¿Qué tiene ganas de cenar hoy?* 오늘 무엇으로 저녁식사를 하고 싶으십니까?
Respuesta:	*Tengo ganas de cenar pasta.* 저는 파스타를 저녁으로 먹고 싶습니다.

1. Hacer ahora / Aprender español
2. Beber / Beber café con leche
3. Hacer este sábado / Ir al cine
4. Desayunar mañana / Desayunar cereal
5. Hacer en las vacaciones / Viajar por Corea en bicicleta

¤ Hay tres niveles para expresar los deseos personales: “desear” o “querer”, “tener ganas de” y “tener muchas ganas de”.

개인적인 바람을 표현하기 위한 세 가지 정도가 있다. (desear = querer < tener ganas de < tener muchas ganas de)

◘ ¡Vamos a practicar!

☼ Modelo

Ir al baño ahora

Primer nivel:	*Deseo ir al baño ahora. = Quiero ir al baño ahora.* 나 지금 화장실에 가고 싶어.
Segundo nivel:	*Tengo ganas de ir al baño ahora.* 나 지금 화장실에 가고 싶어.
Tercer nivel:	*Tengo muchas ganas de ir al baño ahora.* 나 지금 무척 화장실에 가고 싶어.

1. Comer pizza
2. Llegar a casa
3. Viajar a Egipto
4. Conversar contigo
5. Practicar mi español con nativos

¤ Cuando se tiene un gran anhelo o deseo ferviente por algo que se quiere que suceda pronto, se usa "estar ansios@(s) por" seguido de un infinitivo.

빨리 일어났으면 하는 어떠한 일에 대한 강렬한 바람이나 갈망이 있을 때 'estar ansios@(s) por + 동사원형(…하고 싶어 안달 나다)' 구문을 쓴다.

¡Vamos a practicar!

☼ **Modelo**

Ella – ver a su novio
Ella está ansiosa por ver a su novio. ♥ 그녀는 그녀의 애인을 보고 싶어 안달이 났다.

1. Tus compañeros de clase – ir a tu fiesta
2. Las chicas – ver la película en el cine
3. Los empleados – salir de la oficina
4. Pedro – recibir la carta de su novia ♥
5. Mariana – volver a su país porque tiene muchas ganas de ver a su familia

• Vocabulario 3.2 Verbos "ir de + sustantivo" '…하러 가다'

1. Ir de campamento = Ir de camping 캠핑 가다
2. Ir de compras 쇼핑 가다
3. Ir de excursión 견학/현장학습 가다
4. Ir de luna de miel 신혼여행 가다
5. Ir de parranda = Ir de juerga 술 파티를 벌이러 가다
6. Ir de picnic 소풍 가다
7. Ir de vacaciones 휴가 가다
8. Ir de viaje 여행 가다

Los planes personales 개인적인 계획

¤ Hay tres maneras para exprcsar los planes personales: "pensar", "planear" y "tener planes de".

개인적인 계획을 표현하기 위해서는 'pensar (생각하다)', 'planear (계획하다)', 'tener planes de (…할 계획이 있다)'의 세 가지 방법이 있다.

¡Vamos a practicar!

☼ **Modelo**

Mi familia y yo – ir de campamento este fin de semana
Mi familia y yo pensamos ir de campamento este fin de semana.
가족들과 나는 이번 주말에 캠핑하러 갈 생각이다.
Mi familia y yo planeamos ir de campamento este fin de semana.
Mi familia y yo tenemos planes de ir de campamento este fin de semana.

1. El Sr. Kim – ir de camping con su familia el sábado
2. Mi madre – ir de compras con sus amigas mañana
3. Los maestros – ir de excursión con sus estudiantes el sábado
4. Karen y Tomás – ir de luna de miel a París
5. Mis amigos y yo – ir de parranda el viernes por la noche
6. Los chicos – ir de juerga el sábado por la noche
7. Vosotros – ir de picnic el domingo
8. Tú – ir de vacaciones a Jeju
9. Yo – ir de viaje a España en el futuro
10. Los chicos – ir de excursión a la montaña

¤ Los nativos usan mucho el verbo "pensar" para expresar los planes personales porque es común y fácil de usar. Ejemplos:

원어민들은 개인적인 계획을 나타내기 위해서 일반적하고 사용하기 쉬운 'pensar'동사를 많이 사용한다. 예:

Mis padres piensan tener otro hijo. 나의 부모님께서는 아이를 또 가지실 생각이셔.
¿Qué piensas hacer este fin de semana? 너 이번 주에 뭐 할 생각이니?
Pienso viajar por Latinoamérica en el futuro.
나는 미래에 라틴아메리카를 여행 할 생각이다.

¡Vamos a practicar!

☼ **Modelo**

Adónde – ir de vacaciones este verano / Londres

Pregunta informal:	*¿Adónde piensas ir de vacaciones este verano?* 이번 여름 휴가 때 어디에 갈 생각이야?
Pregunta formal:	*¿Adónde piensa ir de vacaciones este verano?* 이번 여름 휴가 때 어디에 가실 생각이세요?
Respuesta:	*Pienso ir de vacaciones este verano a Londres.* 이번 여름 휴가 때 런던에 갈 생각입니다.

1. Adónde – ir de luna de miel / Hawái
2. Con quién – ir de compras / Mi hermano
3. Adónde – ir de juerga el viernes / Hongdae
4. Con quién – ir de parranda el viernes / Mis compañeros de clase
5. Adónde – ir el fin de semana / La casa de mis abuelos

• Vocabulario 3.3 Los sustantivos diferentes en España e Hispanoamérica 스페인과 중남미에서 같은 뜻으로 사용되는 다른 명사들

1. El billete = El boleto 표
2. El camarero = El mesero 웨이터
3. El melocotón = El durazno 복숭아
4. El móvil = El celular 휴대폰
5. El ordenador = La computadora 컴퓨터
6. El piso = El departamento 아파트
7. El zumo = El jugo 주스
8. La batata = El camote 고구마
9. La pasta = La plata 돈 (비격식체)
10. La patata = La papa 감자
11. La seta = El hongo 버섯
12. Las zapatillas = Los tenis 운동화

◘ ¡Vamos a practicar!

☼ Modelo

Nosotros <u>tener</u> billetes/boletos gratis para el concierto
Español de España: *Nosotros tenemos billetes gratis para el concierto.*
우리는 공짜 콘서트 티켓을 가지고 있다.
Español de Hispanoamérica: *Nosotros tenemos boletos gratis para el concierto.*

1. El billete/boleto del cine <u>costar</u> ₩12.500 (wones)
2. En este restaurante <u>haber</u> pocos camareros/meseros
3. Los melocotones/duraznos <u>estar</u> muy caros estos días
4. Yo <u>querer</u> cambiar mi móvil/celular
5. Mi ordenador/computadora <u>estar</u> descompuest@ (고장난)
6. El piso/departamento donde nosotros <u>vivir</u> <u>ser</u> nuevo
7. Mis padres <u>beber</u> zumo/jugo de naranja todas las mañanas
8. A los niños les <u>gustar</u> las batatas/los camotes porque <u>ser</u> dulces
9. Psy <u>tener</u> mucha pasta/plata
10. Las patatas/papas <u>estar</u> sucias, por eso (nosotros) <u>tener</u> que lavarlas
11. <u>Haber</u> much@s setas/hongos debajo del árbol
12. Yo <u>necesitar</u> comprar un@s zapatillas/tenis pronto

• Vocabulario 3.4 Los cubiertos 식기류

1. El cuchillo 칼
2. El plato 접시
3. El salero 소금병
4. El tenedor 포크
5. El vaso 컵
6. La copa 술잔
7. La cuchara 숟가락
8. La servilleta 냅킨
9. La taza 머그컵
10. Los palillos 젓가락

Preguntar por el material del que está hecho algo 어떤 것이 무슨 재료로 이루어져 있는지 묻기

• Vocabulario 3.5 Los materiales 재료, 소재

1. El oro 금
2. La plata 은
3. El bronce 동
4. El acero 강철
5. El hierro 철
6. El aluminio 알루미늄
7. El níquel 니켈
8. La madera 목재
9. La porcelana 자기
10. El cristal 크리스탈
11. El vidrio 유리
12. El plástico 플라스틱
13. El nylon = El nailon 나일론
14. La seda 비단
15. La lana 양모
16. El algodón 면
17. El poliéster 폴리에스테르
18. La piel = El cuero 가죽
19. El cartón 판지
20. El papel 종이

• Vocabulario 3.6 Los sustantivos para practicar 연습을 위한 명사들

1. El anillo 반지
2. Los aretes 귀걸이
3. La medalla 메달
4. El bolso 핸드백
5. La bolsa 가방
6. El cinturón 벨트
7. La corbata 넥타이
8. La chaqueta 재킷
9. La camiseta 티셔츠
10. El suéter 스웨터
11. La moneda 동전, 통화
12. La lata 캔
13. La botella 병
14. La caja 상자

¡Vamos a practicar!

☼ **Modelo**

Los aretes / Oro

Pregunta a)	*¿De qué son estos aretes?* 이 귀걸이들은 무엇으로 되어있지?
Respuesta a)	*Estos aretes son de oro.* 이 귀걸이들은 금으로 되어있어.
Pregunta b)	*¿De qué están hechos estos aretes?*
Respuesta b)	*Estos aretes están hechos de oro.*

1. El anillo / Plata
2. La medalla / Bronce
3. El cuchillo / Acero
4. La puerta / Hierro
5. La lata / Aluminio
6. La moneda / Níquel
7. La mesa / Madera
8. Las tazas / Porcelana
9. Las copas / Cristal
10. Las ventanas / Vidrio
11. La botella / Plástico
12. La bolsa / Nylon = Nailon
13. La corbata / Seda
14. El suéter / Lana
15. La camiseta / Algodón
16. La blusa / Poliéster
17. Los zapatos / Piel
18. El cinturón / Cuero
19. La caja / Cartón
20. La bolsa / Papel

Los números ordinales 서수

• Vocabulario 3.7 Los números ordinales 서수

1º Primero
2º Segundo
3º Tercero
4º Cuarto
5º Quinto
6º Sexto
7º Séptimo
8º Octavo
9º Noveno
10º Décimo

20º Vigésimo
30º Trigésimo
40º Cuadragésimo
50º Quincuagésimo
60º Sexagésimo
70º Septuagésimo
80º Octogésimo
90º Nonagésimo
100º Centésimo

¤ Si se encuentra un sustantivo masculino después de un número ordinal, entonces hay dos excepciones: **primer** (1er) y **tercer** (3er). Ejemplo:

서수 뒤에 남성명사가 올 때는 첫 번째 'primer (1er)'와 세 번째 'tercer (3er)'의 서수 형태에 두 가지 예외가 있다. 예:

1er (**primer**) lugar, 2º (segundo) lugar, 3er (**tercer**) lugar, 4º (cuarto) lugar, 5º (quinto) lugar…

¤ Si se encuentra un sustantivo femenino después de un número ordinal, entonces se tiene que cambiar la terminación "o" por la terminación "a": 1ª (primer**a**) hora, 2ª (segund**a**) hora, 3ª (tercer**a**) hora, 4ª (cuart**a**) hora, 5ª (quint**a**) hora…

서수 뒤에 여성명사가 올 때는 서수의 어미 'o'를 'a'로 바꿔주어야 한다.

¤ Hay nombres específicos para números mayores a 100º:

100번째 보다 큰 서수들에는 고유의 이름이 있다.

200º ducentésimo
300º tricentésimo
400º cuadringentésimo
500º quingentésimo
600º sexcentésimo
700º septingentésimo
800º octingentésimo
900º noningentésimo
1.000º milésimo

Sin embargo, no se recomienda que estos últimos se memoricen, dado que su uso es muy raro. Incluso, los nativos algunas veces no saben cómo se llaman dichos números. Si en alguna ocasión llegas a necesitarlos, ya sabes que aquí tienes la lista con su nombre.
하지만 이것들을 직접 사용하는 경우가 거의 없으므로 위의 이름들을 외우는 것을 권유하지는 않는다. 심지어 가끔은 원어민조차 위에 언급된 서수들을 모르는 경우도 있다. 만약 이것들이 필요해 지는 상황이 오면 여기에 있는 목록을 참고하면 된다.

¡Vamos a contar desde 1º hasta 100º!

1º Primero
2º Segundo
3º Tercero
4º Cuarto
5º Quinto
6º Sexto
7º Séptimo
8º Octavo
9º Noveno
10º Décimo
11º Décimo primero
12º Décimo segundo
13º Décimo tercero
14º Décimo cuarto
15º Décimo quinto
…
20º Vigésimo
30º Trigésimo
40º Cuadragésimo
50º Quincuagésimo
60º Sexagésimo
70º Septuagésimo
80º Octogésimo
90º Nonagésimo
100º Centésimo

Los números fraccionarios 분수

¤ Los números fraccionarios se forman con un número cardinal (para el numerador), seguido de un número ordinal (para el denominador) en singular o plural según sea el caso. Ejemplos:

분수는 하나의 기수(분자)와 하나의 서수(분모)로 이루어진다. 예:

1/4 (un cuarto)
2/4 (dos cuartos)
1/5 (un quinto)
3/6 (tres sextos)

¤ Solo hay tres excepciones: 오직 세 가지의 예외가 있다.

1/2 (un medio)
1/3 (un tercio)
2/3 (dos tercios)

¤ Si el denominador es mayor a 10, entonces no se usará un número ordinal. En ese caso, se usará un número cardinal con la terminación "avo" o "avos" según corresponda. Ejemplos:

만약 분모가 10보다 크면 서수를 쓰지 않는다. 그 경우에는 기수를 쓰고 뒤에 수에 따라서 어미 'avo(s)'를 붙인다. 예:

1/11 (un onceavo)
2/12 (dos doceavo**s**)
1/13 (un treceavo)
5/20 (cinco veinteavo**s**)
78/80 (setenta y ocho ochentavo**s**)

¡Vamos a practicar!

☼ **Modelo**

58/67
Cincuenta y ocho sesenta y sieteavos

1. 1/2
2. 1/3
3. 2/3
4. 1/4
5. 3/5
6. 5/6
7. 1/7
8. 3/8
9. 6/9
10. 7/10
11. 1/11
12. 2/15
13. 4/20
14. 5/32
15. 99/100

Los alimentos 음식물

• Vocabulario 3.8 Los tipos de carne 고기의 종류

1. La carne de cerdo 돼지고기
2. La carne de pato 오리고기
3. La carne de pavo 칠면조고기
4. La carne de pollo 닭고기
5. La carne de vaca 소고기
6. El bistec 비프스테이크

• Vocabulario 3.9 Los estados de la carne 고기를 익히는 정도

1. Crudo 레어
2. Medio crudo 미디엄 레어
3. Término medio 미디엄
4. Tres cuartos (¾) 미디엄 웰
5. Bien asado 웰던

¡Vamos a practicar!

☼ **Modelo**

La carne
*Carne crud**a***
*Carne medio crud**a***
Carne término medio
Carne tres cuartos
*Carne bien asad**a***

1. El bistec
2. La carne de cerdo

• Vocabulario 3.10 Los mariscos 해산물

1. El atún 참치
2. El calamar 오징어
3. El camarón 새우
4. El cangrejo 게
5. El pescado 생선
6. El pulpo 문어
7. El salmón 연어
8. La langosta 랍스터
9. La ostra 굴

• Vocabulario 3.11 Los estados de los alimentos 음식물의 조리 상태

1. Crudo 날것의
2. Cocido 삶은, 찐
3. Asado 구운
4. Frito 튀긴

☐ De hecho, "cocido", "asado" y "frito" son los participios de los verbos "cocer", "asar" y "freír" respectivamente.

사실 'cocido', 'asado', 'frito'는 각각 'cocer', 'asar', 'freír'동사의 과거분사들이다.

Cocer 삶다, 찌다	**Asar** 굽다	**Freír** 튀기다
cuezo	aso	frío
cueces	asas	fríes
cuece	asa	fríe
cocemos	asamos	freímos
cocéis	asáis	freís
cuecen	asan	fríen

◘ ¡Vamos a practicar!

☼ Modelo

Las papas
*Papas crud**as***
*Papas cocid**as***
*Papas asad**as***
*Papas frit**as***

1. El calamar
2. El camote = La batata
3. Los huevos
4. El pescado
5. El pollo

• Vocabulario 3.12 Los verbos y los sustantivos de la comida 식사에 관한 동사와 명사들

1. Comer 먹다
2. La comida 식사, 음식
3. Desayunar 아침 먹다
4. El desayuno 아침식사
5. Almorzar* (ue) 점심 먹다
6. El almuerzo 점심식사
7. Cenar 저녁 먹다
8. La cena 저녁식사
9. Merendar* (ie) 간식 먹다
10. La merienda 간식

¤ En los países hispanos las personas almuerzan a las 2:00 o a las 3:00 de la tarde y cenan a las 8:00 o a las 9:00 de la noche.
스페인어 문화권 국가들에서 사람들은 오후 2시나 3시에 점심을 먹고 8시나 9시에 저녁을 먹는다.

¤ En los países hispanos la comida principal durante el día es el almuerzo. Asimismo, es costumbre "dormir la siesta" después de almorzar porque las personas se encuentran muy llenas y no tienen energía para trabajar.
스페인어 문화권 국가들에서 하루의 주요 식사는 점심이다. 또한 점심식사 후에 낮잠(siesta)을 자는 관습이 있는데 이는 식사 후에 사람들이 매우 배가 부르고 일 할 기운이 없기 때문이다.

• Vocabulario 3.13 Los sustantivos para usar en un restaurante 식당에서 사용할 수 있는 명사들

1. El aperitivo 전채요리
2. El primer plato 첫 번째 요리
3. El segundo plato = El plato principal 두 번째 요리 = 메인 요리
4. El postre 후식
5. El menú 메뉴
6. La cuenta 계산서
7. La salsa 소스
8. La crema de champiñones 양송이 버섯 크림 수프
9. La sopa de pollo 닭고기 수프
10. La ensalada 샐러드
11. La orden 주문
12. La propina 팁
13. La bebida 음료
14. El vino de la casa 하우스와인
15. El vino tinto 레드와인
16. El vino rosado 로제와인
17. El vino blanco 화이트와인
18. El refresco 탄산음료
19. El café/té caliente 뜨거운 커피/차
20. El café/té helado 차가운 커피/차
21. El helado de chocolate/vainilla/fresa 초콜릿/바닐라/딸기 아이스크림
22. El pastel de chocolate/vainilla/fresa 초콜릿/바닐라/딸기 케이크

¤ Generalmente, la carne roja se acompaña con vino tinto; la carne blanca y el queso con vino rosado; y los mariscos con vino blanco.
일반적으로 적색육에는 레드와인, 백색육과 치즈에는 로제와인, 해산물에는 화이트화인을 곁들인다.

• Vocabulario 3.14 Los platillos mexicanos más populares 가장 대중적인 멕시코 요리

1. El burrito 부리또 (밀 또르띠야 안에 여러가지 재료를 넣고 말아 낸 요리)
2. El guacamole 과까몰레 (아보카도로 만든 샐러드의 일종)
3. El taco 따꼬 (옥수수 또르띠야에 여러가지 재료를 넣고 접어서 먹는 요리)
4. La enchilada 엔칠라다 (매운 양념을 끼얹은 따꼬)
5. La quesadilla 께사디야 (밀 또르띠야에 치즈를 올려 구운 요리)
6. Los nachos 나초 (치즈소스를 곁들인 튀긴 옥수수 또르띠야 칩)

¤ ¡Vamos a practicar!

Tú y tu compañero tienen que hacer un diálogo con el menú del restaurante "El Taco Loco". Uno será el mesero y el otro será el cliente. El mesero debe escribir en "la cuenta" lo que el cliente ordena para calcular el precio de la orden. Al terminar el diálogo, lo repetirán otra vez, pero cambiando sus papeles. Deben seguir el modelo que se presenta a continuación.

동료와 함께 레스토랑 'El Taco Loco'의 메뉴를 가지고 대화문을 만들어 봅시다. 한 명은 웨이터가 되고 다른 한 명은 고객이 됩니다. 웨이터는 주문 금액을 계산하기 위해 계산서에 고객이 주문하는 것을 받아 적어야 합니다. 대화문을 끝낼 때에 서로 역할을 바꾸어서 한 번 더 반복합니다. 다음의 모델을 따라서 대화문을 만들어 봅시다.

☼ Modelo

Cliente: ¡Meser@!
Meser@: Sí, señor/señorita.
Cliente: ¿Puede traerme el menú, por favor?
Meser@: Claro que sí. Aquí lo tiene… ¿Puedo tomar su orden?
Cliente: Sí. Ya he decidido lo que voy a comer.
Meser@: ¿Qué quiere de aperitivo?
Cliente: De aperitivo quiero ____________.
Meser@: ¿Qué quiere de primer plato?
Cliente: De primer plato quiero ____________.
Meser@: ¿Qué quiere de segundo plato?
Cliente: De segundo plato quiero ____________.
Meser@: ¿Qué quiere de postre?

Cliente:	De postre quiero ______________.
Meser@:	¿Qué quiere de tomar?
Cliente:	De tomar quiero ______________.
Meser@:	¿Algo más?
Cliente:	Nada más.
Meser@:	En un momento le traigo su orden.
Cliente:	Gracias. Es Ud. muy amable.
…	
Meser@:	Aquí está su orden. ¡Buen provecho! (맛있게 드세요!)
Cliente:	Gracias. Es Ud. muy amable.
…	
Cliente:	¡Meser@!
Meser@:	Sí, señor/señorita.
Cliente:	Ya he terminado de comer. ¿Puede traerme la cuenta, por favor?
Meser@:	Claro que sí. En un momento le traigo la cuenta… Aquí la tiene.
Cliente:	¿Cuánto es?
Meser@:	Son ______________ pesos.
Cliente:	Aquí tiene el dinero. Le doy ______________ pesos de propina.
Meser@:	Gracias. Es Ud. muy amable.

La cuenta del restaurante "El Taco Loco"

(El mesero tiene que escribir aquí la orden del cliente).

➢ Aperitivo	__________________	$____
➢ Primer plato	__________________	$____
➢ Segundo plato	__________________	$____
➢ Postre	__________________	$____
➢ Bebida	__________________	$____
	Total:	**$___**

~ Menú ~

Restaurante "El Taco Loco"

- Auténtica comida mexicana y mucho más -

Aperitivos

Guacamole.....................$15
Nachos..........................$20
Papas fritas con queso amarillo.........................$22

Sopas y ensaladas

Ensalada César....................$20
Ensalada mexicana................$20
Crema de champiñones.........$20
Sopa de pollo.....................$22

Platillos mexicanos

Burritos (2)..........................$30
Enchiladas (3).......................$30
Quesadillas (4)......................$35
Tacos de bistec (4)................$35
Bistec mexicano....................$40

Platillos internacionales

Paella....................................$30
Espaguetis con crema.................$35
Espaguetis con salsa de tomate......$35
Club sándwich con papas............$35
Hamburguesa con papas..............$40

Bebidas

Refresco.....................................$8
Cerveza.......................................$10
Vino de la casa......$12 (copa) $45 (botella)
Café o té (caliente)........................$5
Café o té (helado)...........................$8
Jugo de naranja/manzana/uva...........$12

Postres

Helado de chocolate/vainilla/fresa.......$15
Pastel de chocolate/vainilla/fresa.........$20
Fresas con crema..........................$25

Diálogos

Expresiones y vocabulario a tener en cuenta en los diálogos 대화문에 나오는 유의해야 할 표현과 어휘들

El aniversario de boda 결혼기념일
El dependiente 점원
El deportista 운동선수, 운동애호가
El descuento 할인
El estudiante de intercambio 교환학생
El lugar 장소, 등수
El regalo 선물
El trabajo de medio tiempo 아르바이트
La boda 결혼식
La competición 경쟁
La especialidad de la casa 식당의 대표 메뉴
La tarjeta de crédito 신용카드
La tierra natal 고향
Las frutas 과일
Las verduras = Los vegetales 채소
Los Juegos Olímpicos 올림픽 게임
Cariño 누군가를 애정을 담아서 부르는 말로 '여보/자기'나 '우리 딸/아들'과 같이 대상에 따라서 의미가 달라질 수 있다.
Hermoso = Bello = Precioso 아름다운
Acerca de = De = Sobre ...에 대해
Voy a hablar acerca de/de/sobre mi familia. 나는 나의 가족에 대해 말할 것이다.
Además 게다가
Ahora mismo = Enseguida = Inmediatamente 지금 바로
Algo 어떤 것/일
Claro = Claro que sí = Por supuesto = Desde luego 물론
Demasiado 너무 많은, 너무나
Tengo demasiadas libretas. 나는 너무 많은 공책을 가지고 있다.
En verano llueve demasiado. 여름에는 비가 너무 많이 온다.
¡Buen provecho! 맛있게 드세요!
¡Dios mío! = ¡Madre santa! 신이시여! 아이고!
Eso es todo. 이상이다, 그게 전부다
Por ciento % 퍼센트
Si 만약 ...한다면
Si trabajas mucho, ganarás mucho dinero. 네가 많이 일한다면 돈을 많이 벌게 될 거야.
Ayudar 돕다
Estar list@(s) 준비 되다
La comida está lista. 음식이 준비 되었습니다.
Estamos listos para salir. 우리는 나갈 준비가 됐어.
Ganar 이기다, 벌다
Recibir 받다
Recomendar* (ie) 추천하다
Regalar 선물하다
Sobrevivir 살아남다

🎧 Diálogo #7 (En el almacén 백화점에서)

Dependiente:	¡Bienvenido, señor! ¿Puedo ayudarle?
Cliente:	Sí, por favor. Estoy buscando un regalo para mi esposa. Es que mañana es mi aniversario de boda.
Dependiente:	¿Qué le parece este reloj?
Cliente:	¡Es precioso! ¿Cuánto cuesta?
Dependiente:	Cuesta U$12.999 (dólares).
Cliente:	¡Madre santa! Es demasiado caro.
Dependiente:	Es que es de oro. ¿Qué le parece esta blusa? Es de seda.
Cliente:	Mi esposa ya tiene muchas blusas.
Dependiente:	Entonces, ¿qué le parece este bolso?
Cliente:	Me encanta. ¿De qué es?
Dependiente:	Es de piel. Está hecho en Italia. Además, ahora tiene 20% (por ciento) de descuento.
Cliente:	¿Cuánto vale?
Dependiente:	Vale U$1.500 (dólares) sin el descuento.
Cliente:	¡Perfecto! ¿Puedo pagar con tarjeta de crédito?
Dependiente:	¡Desde luego!
Cliente:	Aquí la tiene.

1. ¿Por qué el reloj es muy caro?

____

2. ¿De qué está hecho el bolso?

____

3. ¿Cuánto paga por el bolso el cliente finalmente?

____

Dependiente:	어서 오세요, 고객님! 도와드릴까요?
Cliente:	네. 제 아내를 위한 선물을 찾고 있는데요. 내일이 결혼 기념일이라서요.
Dependiente:	이 시계는 어떠세요?
Cliente:	아름답네요! 얼마죠?
Dependiente:	12,999달러입니다.
Cliente:	이럴수가! 너무 비싸네요.
Dependiente:	금으로 된 것이라서요. 이 블라우스는 어떠세요? 실크 재질이에요.
Cliente:	제 아내는 이미 블라우스를 많이 가지고 있어요.
Dependiente:	그러면 이 가방은 어떠세요?
Cliente:	맘에 들어요. 무슨 소재로 되어있죠?
Dependiente:	가죽으로 되어있습니다. 이탈리아제에요. 게다가 지금은 20퍼센트 할인도 됩니다...
Cliente:	얼맙니까?
Dependiente:	할인 안 된 가격이 1,500달러입니다.
Cliente:	완벽해요. 신용카드로 결제할 수 있나요?
Dependiente:	물론이죠.
Cliente:	여기 있습니다.

🎧 Diálogo #8 (En casa 집에서)

Mamá:	¿Qué estás viendo en la televisión, cariño?
Hijo:	Estoy viendo los Juegos Olímpicos, mamita. ¿Por qué reciben medallas los deportistas?
Mamá:	Porque ellos han ganado una competición. El primer lugar recibe una medalla de oro, el segundo lugar recibe una medalla de plata y el tercer lugar recibe una medalla de bronce.
Hijo:	¿Por qué recibe una medalla de oro el primer lugar?
Mamá:	Porque el oro es el metal más precioso.
Hijo:	Yo quiero ser deportista para recibir muchas medallas de oro.
Mamá:	¿Para qué quieres recibir muchas medallas de oro?
Hijo:	Para regalártelas.
Mamá:	Bueno, pero tienes que comer bien para recibir muchas medallas. ¿Qué tienes ganas de cenar?
Hijo:	¡Pollo frito, papas fritas y refresco!
Mamá:	Los buenos deportistas tienen que comer frutas y verduras. ¿Qué te parece una sopa de pollo con verduras?
Hijo:	¡Sí! ¿A qué hora vamos a cenar, mamita?
Mamá:	Ahora mismo, si quieres. La comida ya está lista.
Hijo:	¡Vamos a comer!

1. ¿Qué recibe un segundo lugar en los Juegos Olímpicos?

____

2. ¿Para qué quiere recibir muchas medallas de oro el niño?

____

3. ¿Qué comen los buenos deportistas?

____

Mamá:	티비에서 뭘 보고 있니, 우리 아들?
Hijo:	올림픽 게임을 보는 중이에요, 엄마. 운동선수들은 왜 메달을 받아요?
Mamá:	왜냐하면 그들이 경쟁에서 이겼기 때문이지. 일등은 금메달, 이등은 은메달, 삼등은 동메달을 받는단다.
Hijo:	왜 일등은 금메달을 받지요?
Mamá:	왜냐하면 금이 가장 아름다운 금속이기 때문이야.
Hijo:	저는 금메달을 많이 받기 위해서 운동선수가 되고 싶어요
Mamá:	무엇을 위해서 금메달을 많이 받고 싶은데?
Hijo:	엄마께 메달을 선물하려고요.
Mamá:	좋아. 하지만 메달을 많이 받기 위해서는 잘 먹어야 한단다. 저녁식사 때 무엇을 먹고 싶니?
Hijo:	치킨이랑 감자튀김이랑 음료수요!
Mamá:	좋은 운동선수들은 과일과 채소를 먹어야 해. 채소를 넣은 닭고기수프는 어떠니?
Hijo:	좋아요! 우리 몇 시에 저녁 먹어요?
Mamá:	네가 원한다면 지금 바로 먹지. 음식은 벌써 준비되어 있단다.
Hijo:	밥 먹어요, 우리!

🎧 Diálogo #9 (En el restaurante 식당에서)

Cliente:	Mesera, ¿puede traerme el menú, por favor?
Mesera:	Ahora mismo, señor… Aquí lo tiene.
Cliente:	Vamos a ver… ¿Cuál es la especialidad de la casa?
Mesera:	El bistec asado, señor.
Cliente:	Queremos dos bistecs: uno para mi esposa y otro para mí.
Mesera:	¿Cómo quieren sus bistecs?
Cliente:	Término medio para ella y ¾ (tres cuartos) para mí.
Mesera:	¿Qué desean de primer plato?
Cliente:	Una crema de champiñones para ella y una ensalada César para mí.
Mesera:	¿Qué quieren de tomar?
Cliente:	¿Puede recomendarnos un buen vino tinto?
Mesera:	¿Qué les parece "Sangre de Chile"? Es muy bueno.
Cliente:	¡Perfecto! Queremos una botella, por favor.
Mesera:	¿Qué desean de postre?
Cliente:	Helado de fresa para ella y pastel de chocolate para mí. Queremos también café, por favor. Eso es todo.
Mesera:	Enseguida les traigo su orden.
…	
Mesera:	Aquí tienen su orden. ¡Buen provecho!
…	
Cliente:	Mesera, ¿puede traerme la cuenta, por favor?
Mesera:	Inmediatamente, señor… Aquí la tiene.

1. ¿Cuál es la mejor comida en ese restaurante?

____

2. ¿Qué vino les recomienda la mesera?

____

3. ¿Con quién va al restaurante el señor?

____

Cliente:	저기요, 차림표를 좀 가져다 주실 수 있습니까?
Mesera:	바로 가져다 드리겠습니다, 손님… 여기 있습니다.
Cliente:	어디 보자… 이 집의 대표 메뉴가 뭐죠?
Mesera:	비프스테이크입니다, 손님.
Cliente:	제 아내와 저를 위해 비프스테이크 두 접시 부탁합니다.
Mesera:	스테이크를 어떻게 익혀 드릴까요?
Cliente:	제 아내는 미디엄 웰, 저는 미디엄으로 익혀 주세요.
Mesera:	첫 번째 요리는 어떤 것으로 하시겠어요?
Cliente:	제 아내는 양송이 버섯 크림 수프, 저는 시저 샐러드로 하겠습니다.
Mesera:	음료는 무엇으로 하시겠습니까?
Cliente:	우리에게 좋은 레드와인을 추천해 주시겠습니까?
Mesera:	'Sangre de Chile' 어떠세요? 매우 좋은 와인입니다.
Cliente:	완벽해요! 한 병 주세요.
Mesera:	후식은 어떤 것으로 하시겠어요?
Cliente:	제 아내는 딸기 아이스크림, 저는 초콜릿케이크요. 커피도 주세요. 그게 전부입니다.
Mesera:	바로 주문하신 것을 가져다 드리도록 하겠습니다.
…	
Mesera:	여기 주문하신 음식 나왔습니다. 맛있게 드세요!
…	
Cliente:	저기요, 계산서를 가져다 주시겠습니까?
Mesera:	바로 가져다 드리겠습니다, 손님… 여기 있습니다.

Preguntas para repasar 복습을 위한 질문들

1. ¿Cuál de los siguientes productos no es de América originalmente: el chile, la patata, el cacao, el tabaco, el café, la piña o el tomate?
2. ¿Qué tienes ganas de hacer ahora?
3. ¿Qué deseas beber ahora?
4. ¿Puedes hacer una oración con la frase "estoy ansios@ por"?
5. ¿Adónde quieres ir de luna de miel?
6. ¿Te gusta ir de parranda?
7. ¿Adónde irás de vacaciones el próximo verano?
8. ¿Con quién te gusta ir de compras?
9. ¿Has ido de campamento alguna vez?
10. ¿Qué piensas hacer el próximo domingo?
11. ¿Qué planeas hacer mañana por la mañana?
12. ¿De qué está hecha tu mesa?
13. ¿De qué son las latas generalmente?
14. ¿De qué están hechas las cajas generalmente?
15. ¿De qué son los zapatos generalmente?
16. ¿De qué están hechos los palillos que usas en tu casa?
17. ¿De qué son las medallas de los juegos olímpicos?
18. ¿Cómo se dicen estos números ordinales en español? → 17º, 53º, 109º
19. ¿Cómo se dicen estos números fraccionarios en español? → ½, ⅓, ⅔

20. ¿Cómo se dicen estos números fraccionarios en español? → 7/8, 1/10, 15/58

21. ¿Cómo te gusta el huevo: cocido o frito?

22. ¿Cómo te gusta el pescado: crudo, cocido, asado o frito?

23. ¿Cómo te gusta el pollo: cocido, asado o frito?

24. ¿Cómo te gustan las papas: cocidas, asadas o fritas?

25. ¿Cómo te gustan los camotes: cocidos, asados o fritos?

26. ¿A tu mamá le gustan las batatas?

27. ¿Cómo prefieres el bistec: medio crudo, término medio, tres cuartos o bien asado?

28. ¿Con qué vino puedes comer los mariscos?

29. ¿Con qué vino puedes comer la carne de vaca?

30. ¿Meriendas generalmente?

31. ¿Qué helado te gusta más: el de chocolate, el de vainilla o el de fresa?

32. ¿Prefieres el café caliente o el café helado?

33. ¿Cuál es tu refresco favorito?

34. ¿A qué hora almuerzan los hispanos generalmente? ¿Y los coreanos?

35. ¿A qué hora cenan los hispanos generalmente? ¿Y los coreanos?

Notas

🎧 Lectura #3

¡Hola! Me llamo Seohyun, soy universitaria y voy a hablar acerca de mis planes para mis próximas vacaciones. Pienso pasar mis próximas vacaciones con mis padres en mi tierra natal. No tengo planes de ir de viaje porque no tengo dinero. Pienso buscar un trabajo de medio tiempo en mi tierra natal y planeo trabajar todas las vacaciones para ganar mucho dinero. Voy a ahorrar todo ese dinero porque el próximo año tengo planes de ir a México como estudiante de intercambio. Planeo vivir en ese país durante un año. En mis próximas vacaciones, también, pienso estudiar mucho español. Tengo que hablarlo muy bien para poder sobrevivir en México. Especialmente, en mis próximas vacaciones, planeo pasar mucho tiempo con mis padres y ayudar mucho a mi madre en casa. También pienso dormir mucho y comer mucho. No tengo planes de ver a mis amigas de la universidad porque todas viven lejos de mi tierra natal.

안녕! 나는 서현이라고 해. 나는 대학생이야. 나의 다음 방학 계획에 대해 이야기 해 볼게. 나는 다음 방학을 고향에서 부모님과 보낼 생각이야. 돈이 없어서 여행 갈 계획은 없어. 고향에서 아르바이트를 구할 생각이고 돈을 많이 벌기 위해서 방학 내내 일 할 생각이야. 내년에 교환학생으로 멕시코에 갈 계획이 있기 때문에 그 돈을 모두 저축할거야. 그 나라에서 일 년 동안 살 계획이야. 다음 방학 때 나는 스페인어도 열심히 공부할 생각이야. 멕시코에서 살아남을 수 있으려면 스페인어를 정말 잘해야 하잖아. 특히 다음 방학 때는 부모님과 많은 시간을 보내고 집에서 엄마를 많이 도와드릴 계획이야. 그리고 잠도 많이 자고 많이 먹기도 할 생각이야. 대학친구들은 모두 내 고향에서 멀리 살기 때문에 그 친구들을 만날 계획은 없어.

◘ Actividad de la lectura

Escribe, detalladamente, tus planes para tus próximas vacaciones como Seohyun lo ha hecho en la redacción anterior. No olvides usar los verbos "pensar", "planear" y "tener planes de".

위에 서현이가 한 것처럼 상세하게 나의 다음 방학 계획을 적어 봅시다. 'pensar', 'planear', 'tener planes de'와 같은 동사들을 사용하는 것을 잊지 마세요.

Información de interés

"Vosotros" no se usa en Hispanoamérica

라틴아메리카에서는 사용되지 않는 **'vosotros'**

Como sabemos, en el español se usa "vosotros" como segunda persona del plural; es decir, para dirigirse a un grupo de personas de manera informal. Ejemplos:
우리가 아는 바와 같이 스페인어에는 2인칭 복수 인칭대명사로써 'vosotros'가 사용된다. 즉, 비격식적으로 한 무리의 사람에게 말을 걸기 위해 'vosotros'를 사용한다. 예:

Niños, ¿queréis comer unos caramelos? 얘들아, 사탕 먹을래?
¡Hola, chicos! ¿Cómo estáis? 안녕, 얘들아! 어떻게 지내?

Asimismo, sabemos que "ustedes" es usada para expresar cortesía, respeto o distanciamiento a un grupo de personas. Ejemplos:
또한, 우리는 'ustedes'가 한 명 이상의 사람들에게 말 할 때 정중함, 존중, 소원함을 나타내기 위해 쓰여진다는 것도 알고 있다. 예:

Damas y caballeros, ¿cómo están Uds.? 신사 숙녀 여러분, 어떻게 지내십니까?
Señores, bienvenidos a nuestro restaurante. ¿Qué desean ordenar Uds.?
여러분, 우리 레스토랑에 오신 것을 환영합니다. 무엇을 주문하시겠습니까?

Sin embargo, en el español ocurre algo muy curioso: en Hispanoamérica no se usa "vosotros", solo es usado en España. Es decir, en Hispanoamérica las personas usan "ustedes" para dirigirse a la segunda persona del plural ya sea de manera formal o informal. Incluso, se podría decir que algunos hispanoamericanos desconocen el significado de "vosotros", dado que en las escuelas no es común su enseñanza estos días y debido a que su uso es nulo entre la sociedad de esa región.

그러나 스페인어에는 무언가 신기한 일이 발생하는데, 그것은 라틴아메리카에서는 'vosotros' 가 쓰이지 않고 오직 스페인에서만 쓰인다는 사실이다. 즉, 라틴아메리카의 사람들은 격식적으로든지 비격식적으로든지 2인칭 복수형태로 말을 걸기 위해 'ustedes'를 쓴다. 게다가 그 지역사회에서는 이 단어의 사용이 전무하기 때문에 요즈음 학교 교육에서 그것을 가르치는 일이 흔하지 않으므로 일부 라틴아메리카인들은 심지어 'vosotros'의 뜻을 알지 못한다고 말할 수 있을 정도이다.

Hay varias teorías que tratan de explicar por qué "vosotros" ha ido desapareciendo del español hispanoamericano. Una de ellas afirma que, durante el periodo de la colonización española, se enseñaba en Hispanoamérica el español formal y de respeto, con el cual los indígenas dominados deberían dirigirse a los españoles conquistadores. Es por eso que el uso de "vosotros" no fue tan común y se arraigó el uso de "ustedes".

라틴아메리카의 스페인어에서 'vosotros'가 사라지게 된 이유를 설명하고자 하는 여러 이론들이 있다. 그 중 하나는 스페인의 식민지배 기간 동안 라틴아메리카에서 격식체의 정중한 스페인어가 교육되었고, 정복당한 원주민들이 스페인 정복자들에게 말을 걸 때 그 스페인어를 사용해야만 했다고 주장한다. 이것이 'vosotros'의 사용이 그렇게 흔하지 않았고 'ustedes'의 사용이 뿌리 내리게 되었던 이유라는 것이다.

Además, es mucho más notable el uso de "usted" en Hispanoamérica que en España. Al respecto, hay poblaciones hispanoamericanas donde las personas utilizan mucho más "usted" que "tú", incluso para dirigirse a sus seres queridos y cercanos. Dado lo anterior, se podría decir que el español usado en Hispanoamérica suena mucho más cortés y formal que el usado en España donde el uso de "tú" y de "vosotros" es bastante común.

게다가 'usted'의 사용은 스페인에서보다 라틴아메리카에서 훨씬 더 두드러진다. 이에 관해 말하자면, 'tú'보다 'usted'을 훨씬 많이 사용하는 라틴아메리카지역의 마을들이 있는데 그곳의 사람들은 가족이나 가까운 사람에게 말 걸 때 조차 'tú'보다 'usted'을 더 많이 쓴다. 앞서 말한 것들로 보아 라틴아메리카에서 사용되는 스페인어가 'tú'와 'vosotros'의 사용이 무척 흔한 스페인의 스페인어보다 훨씬 더 정중하고 격식적으로 들린다고 말할 수 있다.

¡Actividad especial!

Vamos a diferenciar el español de España y el de Hispanoamérica

스페인의 스페인어와 라틴아메리카의 스페인어를 구분해 봅시다

Escribe en los siguientes diálogos el vocabulario correspondiente diferenciando el español que se usa en España y el que se usa en Hispanoamérica.
스페인에서 사용되는 스페인어와 라틴아메리카에서 사용되는 스페인어를 구분하며 다음의 대화문에 맞는 어휘들을 적어 봅시다.

En un restaurante en España

Madre: Niños, ¿qué ______________ comer?
Juanito y Pedrito: ¡Queremos comer ______________ fritas, mamita!
Madre: No, no son buenas para la salud. Vamos a pedir una sopa de _______.
Pedrito: Pero es muy cara, mamá.
Madre: No importa, tengo mucha ______________ ahora.
También beberemos ______________ de naranja natural.
Vamos a llamar a un ______________ para ordenar la comida.

…

Madre: Niños, ___________ que apagar ______________ ______________ porque vamos a comer.
Juanito: Mamita, ¿adónde iremos después de comer?
Madre: ______________ ______________ a nuestro ______________
y yo iré al almacén porque tengo que comprar unas ______________
y un ______________.

En un restaurante en Hispanoamérica

Madre: Niños, ¿qué ______________ comer?
Juanito y Pedrito: ¡Queremos comer ______________ fritas, mamita!
Madre: No, no son buenas para la salud. Vamos a pedir una sopa de ______.
Pedrito: Pero es muy cara, mamá.
Madre: No importa, tengo mucha ______________ ahora.
También beberemos ______________ de naranja natural.
Vamos a llamar a un ______________ para ordenar la comida.

…

Madre: Niños, ___________ que apagar ______________ ______________ porque vamos a comer.
Juanito: Mamita, ¿adónde iremos después de comer?
Madre: ______________ ______________ a nuestro ______________
y yo iré al almacén porque tengo que comprar unos ______________
y una ______________.

---

camarero
celulares
computadora
departamento
hongos
jugo
mesero
móviles
ordenador
papas
pasta
patatas
piso
plata
queréis
quieren
regresarán
regresaréis
setas
sus
tenéis
tenis
tienen
Ustedes
Vosotros
vuestros
zapatillas
zumo

Notas

Listas de vocabularios para memorizar

• Vocabulario 3.1 Los principales productos de América 아메리카대륙의 주요 생산물	
El aguacate	아보카도
El cacahuate	땅콩
El cacao	카카오
El calabacín	애호박
El chile = El ají	고추
El maíz	옥수수
El tabaco	담배
El tomate	토마토
El camote = La batata	고구마 (중남미에서는 'camote', 스페인에서는 'batata')
La papa = La patata	감자 (중남미에서는 'papa', 스페인에서는 'patata)
La piña	파인애플

• Vocabulario 3.2 Verbos "ir de + sustantivo" '...하러 가다'	
Ir de campamento = Ir de camping	캠핑 가다
Ir de compras	쇼핑 가다
Ir de excursión	견학/현장학습 가다
Ir de luna de miel	신혼여행 가다
Ir de parranda = Ir de juerga	술 파티를 벌이러 가다
Ir de picnic	소풍 가다
Ir de vacaciones	휴가 가다
Ir de viaje	여행 가다

• Vocabulario 3.3 Los sustantivos diferentes en España e Hispanoamérica 스페인과 중남미에서 같은 뜻으로 사용되는 다른 명사들	
El billete = El boleto	표
El camarero = El mesero	웨이터
El melocotón = El durazno	복숭아
El móvil = El celular	휴대폰
El ordenador = La computadora	컴퓨터
El piso = El departamento	아파트
El zumo = El jugo	주스
La batata = El camote	고구마
La pasta = La plata	돈 (비격식체)
La patata = La papa	감자
La seta = El hongo	버섯
Las zapatillas = Los tenis	운동화

• Vocabulario 3.4 Los cubiertos 식기류	
El cuchillo	칼
El plato	접시
El salero	소금병
El tenedor	포크
El vaso	컵
La copa	술잔
La cuchara	숟가락
La servilleta	냅킨
La taza	머그컵
Los palillos	젓가락

• Vocabulario 3.5 Los materiales 재료, 소재	
El oro	금
La plata	은
El bronce	동
El acero	강철
El hierro	철
El aluminio	알루미늄
El níquel	니켈
La madera	목재
La porcelana	자기
El cristal	크리스탈
El vidrio	유리
El plástico	플라스틱
El nylon = El nailon	나일론
La seda	비단
La lana	양모
El algodón	면
El poliéster	폴리에스테르
La piel = El cuero	가죽
El cartón	판지
El papel	종이

• Vocabulario 3.6 Los sustantivos para practicar 연습을 위한 명사들	
El anillo	반지
Los aretes	귀걸이
La medalla	메달
El bolso	핸드백
La bolsa	가방
El cinturón	벨트
La corbata	넥타이
La chaqueta	재킷
La camiseta	티셔츠
El suéter	스웨터
La moneda	동전, 통화
La lata	캔
La botella	병
La caja	상자

• Vocabulario 3.7 Los números ordinales 서수	
Primero	1º
Segundo	2º
Tercero	3º
Cuarto	4º
Quinto	5º
Sexto	6º
Séptimo	7º
Octavo	8º
Noveno	9º
Décimo	10º
Vigésimo	20º
Trigésimo	30º
Cuadragésimo	40º
Quincuagésimo	50º
Sexagésimo	60º
Septuagésimo	70º
Octogésimo	80º
Nonagésimo	90º
Centésimo	100º

• Vocabulario 3.8 Los tipos de carne 고기의 종류	
La carne de cerdo	돼지고기
La carne de pato	오리고기
La carne de pavo	칠면조고기
La carne de pollo	닭고기
La carne de vaca	소고기
El bistec	비프스테이크

• Vocabulario 3.9 Los estados de la carne 고기를 익히는 정도	
Crudo	레어
Medio crudo	미디엄 레어
Término medio	미디엄
Tres cuartos (¾)	미디엄 웰
Bien asado	웰던

• Vocabulario 3.10 Los mariscos 해산물	
El atún	참치
El calamar	오징어
El camarón	새우
El cangrejo	게
El pescado	생선
El pulpo	문어
El salmón	연어
La langosta	랍스터
La ostra	굴

• Vocabulario 3.11 Los estados de los alimentos 음식물의 조리 상태	
Crudo	날것의
Cocido	삶은, 찐
Asado	구운
Frito	튀긴

• Vocabulario 3.12 Los verbos y los sustantivos de la comida 음식에 관한 동사와 명사들	
Comer	먹다
La comida	음식
Desayunar	아침 먹다
El desayuno	아침식사
Almorzar* (ue)	점심 먹다
El almuerzo	점심식사
Cenar	저녁 먹다
La cena	저녁식사
Merendar* (ie)	간식 먹다
La merienda	간식

• Vocabulario 3.13 Los sustantivos para usar en un restaurante 식당에서 사용할 수 있는 명사들	
El aperitivo	전채요리
El primer plato	첫 번째 요리
El segundo plato = El plato principal	두 번째 요리 = 메인 요리
El postre	후식
El menú	메뉴
La cuenta	계산서
La salsa	소스
La crema de champiñones	양송이 버섯 크림 수프
La sopa de pollo	닭고기 수프
La ensalada	샐러드
La orden	주문
La propina	팁
La bebida	음료
El vino de la casa	하우스와인
El vino tinto	레드와인
El vino rosado	로제와인
El vino blanco	화이트와인
El refresco	탄산음료
El café/té caliente	뜨거운 커피/차
El café/té helado	차가운 커피/차
El helado de chocolate/vainilla/fresa	초콜릿/바닐라/딸기 아이스크림
El pastel de chocolate/vainilla/fresa	초콜릿/바닐라/딸기 케이크

• Vocabulario 3.14 Los platillos mexicanos más populares 가장 대중적인 멕시코 요리	
El burrito	부리또
El guacamole	과까몰레
El taco	따꼬
La enchilada	엔칠라다
La quesadilla	께사디야
Los nachos	나초

• Expresiones y vocabulario a tener en cuenta en los diálogos 대화문에 나오는 유의해야 할 표현과 어휘들	
El aniversario de boda	결혼기념일
El dependiente	점원
El deportista	운동선수
El descuento	할인
El estudiante de intercambio	교환학생
El lugar	장소, 등수
El regalo	선물
El trabajo de medio tiempo	아르바이트
La boda	결혼식
La competición	경쟁
La especialidad de la casa	식당의 특별메뉴
La tarjeta de crédito	신용카드
La tierra natal	고향
Las frutas	과일
Las verduras = Los vegetales	채소
Los Juegos Olímpicos	올림픽 게임
Cariño	누군가를 애정을 담아서 부르는 말
Hermoso = Bello = Precioso	아름다운
Acerca de = De = Sobre	…에 대해
Además	게다가
Ahora mismo = Enseguida = Inmediatamente	지금 바로
Algo	어떤 것/일
Claro = Claro que sí = Por supuesto = Desde luego	물론
Demasiado	너무 많은, 너무나
¡Buen provecho!	맛있게 드세요!
¡Dios mío! = ¡Madre santa!	신이시여! 아이고!
Eso es todo.	이상이다, 그게 전부다
Por ciento	% 퍼센트
Si	만약 … 한다면
Ayudar	돕다
Estar list@(s)	준비 되다
Ganar	이기다, 벌다
Recibir	받다
Recomendar* (ie)	추천하다
Regalar	선물하다
Sobrevivir	살아남다

Notas

LECCIÓN 4

¿Ya comiste?

Práctica oral de estructuras gramaticales
〉〉〉〉문법 구조 말로 연습하기〈〈〈〈

Los verbos regulares en pretérito 과거형이 불규칙한 동사들

…ar	…er/…ir
…é	…í
…aste	…iste
…ó	…ió
…amos	…imos
…asteis	…isteis
…aron	…ieron

Estudiar	Aprender	Escribir
estudi**é**	aprend**í**	escrib**í**
estudi**aste**	aprend**iste**	escrib**iste**
estudi**ó**	aprend**ió**	escrib**ió**
estudi**amos**	aprend**imos**	escrib**imos**
estudi**asteis**	aprend**isteis**	escrib**isteis**
estudi**aron**	aprend**ieron**	escrib**ieron**

◘ ¡Vamos a conjugar en pretérito! 동사를 과거로 활용시켜 봅시다!

• Vocabulario 4.1 Verbos para practicar conjugación regular en pretérito 과거시제 규칙 활용 연습을 위한 동사들

1. Acompañar 동행하다, 곁들이다
2. Adivinar 추측하다
3. Administrar 관리하다, 경영하다
4. Agradecer 감사하다
5. Aguantar 견디다
6. Aumentar 증가하다
7. Bucear 잠수하다
8. Cancelar 취소하다
9. Comparar 비교하다
10. Confiar (en) …을/를 신뢰하다 (영어의 'trust'에 해당)
11. Conocer (사람이나 장소를 경험적으로) 알다
12. Conquistar 정복하다
13. Contestar 대답하다
14. Cortar 자르다
15. Cosechar 수확하다
16. Crecer 자라다
17. Encontrar 찾아내다
18. Imprimir 인쇄하다
19. Prestar 빌려주다
20. Vivir 살다

◘ ¡Vamos a practicar!

☼ Modelo

Ayer yo <u>acompañar</u> a mi madre al supermercado
Ayer yo acompañé a mi madre al supermercado.
나는 어제 나의 어머니와 함께 슈퍼마켓에 갔다.

1. Mis compañeros me <u>acompañar</u> a la librería
2. Tú <u>adivinar</u> mi edad
3. Mi abuela <u>administrar</u> el dinero de mi abuelo siempre
4. Nosotros te <u>agradecer</u> tu ayuda
5. Vosotros no <u>aguantar</u> el frío en el invierno
6. El salario de los trabajadores <u>aumentar</u> 5% (por ciento)
7. Yo <u>bucear</u> en el mar el verano pasado
8. Ud. <u>cancelar</u> la cita
9. Las señoras <u>comparar</u> los precios de los productos antes de comprar
10. Tu ex novia nunca <u>confiar</u> en ti

11. Yo conocer a muchas personas en la fiesta
12. España conquistar México hace cinco siglos aproximadamente
13. Los estudiantes contestar correctamente la pregunta del profesor
14. Ella cortar la carne con el cuchillo
15. Los campesinos (농부) cosechar mucho arroz en otoño
16. Los niños crecer mucho porque beber mucha leche
17. Yo no encontrar mi cartera (지갑) en mi habitación esta mañana
18. Vosotros imprimir vuestro reporte anoche (어젯밤)
19. Tú me prestar dinero ayer
20. Nosotros vivir en EE. UU. (Estados Unidos) durante un año

¤ Al conjugar en pretérito algún verbo reflexivo, no olvides poner al inicio la partícula reflexiva (me, te, se, nos, os, se), como se hace con este tipo de verbos comúnmente.
재귀동사를 과거로 활용시킬 때, 이 종류의 동사들을 사용할 때 일반적으로 하는 것 처럼 앞에 재귀대명사(me, te, se, nos, os, se)를 쓰는 것을 잊지 말자.

◘ **¡Vamos a conjugar en pretérito!** 동사를 과거로 활용시켜 봅시다!

• Vocabulario 4.2 Verbos reflexivos para practicar conjugación regular en pretérito 과거시제 규칙활용 연습을 위한 재귀동사들

1. Aburrirse 지루해하다
2. Acostarse 눕다
3. Aliviarse 호전되다
4. Bañarse 샤워하다
5. Casarse 결혼하다
6. Cepillarse 솔질하다
7. Ducharse 샤워하다
8. Emborracharse 술에 취하다
9. Encontrarse (con) ...와 만나다
10. Enfermarse 아프다
11. Enojarse 화나다
12. Graduarse 졸업하다
13. Lavarse 씻다
14. Levantarse 일어나다
15. Maquillarse 화장하다
16. Peinarse 빗질하다

☼ Para "cepillarse el pelo", se usa "el cepillo". →

☼ Para "peinarse el pelo", se usa "el peine". →

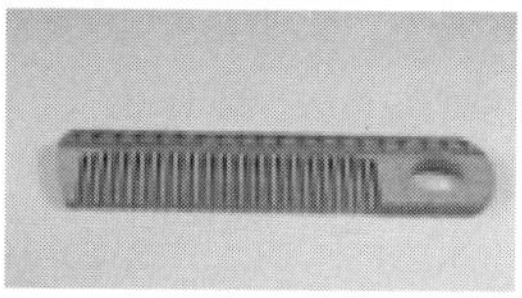

◘ ¡Vamos a practicar!

☼ Modelo

Nosotros aburrirse viendo el documental
Nosotros nos aburrimos viendo el documental. 우리는 다큐멘터리를 보면서 지루해 한다.

1. Vosotros aburrirse en la clase
2. Tú acostarse tarde anoche (어젯밤)
3. Afortunadamente (다행히도), Alicia ya aliviarse
4. Nosotros bañarse ayer
5. Mis padres casarse hace 20 años
6. Nosotros cepillarse los dientes después de comer
7. Vosotros ducharse después de jugar fútbol
8. Mis compañeros de clase emborracharse el viernes pasado
9. Yo encontrarse con mis amigos el domingo pasado
10. Ana enfermarse ayer
11. El profesor enojarse porque los estudiantes no repasar la lección
12. Ellos graduarse de la preparatoria (고등학교) hace un año
13. Los niños lavarse las manos antes de comer
14. Vosotros levantarse muy temprano esta mañana
15. Las señoritas maquillarse antes de salir de casa
16. Tomás no peinarse hoy

¤ Al conjugar en pretérito algún verbo con terminación “zar”, hay que cambiar la terminación “zé” por “cé”. Dado que, gramaticalmente, si la “z” va seguida de una “e”, se deberá cambiar por “c”. Ejemplos:
‘zar’로 끝나는 동사를 과거로 활용시킬 때에는 1인칭에 해당하는 활용형의 어미 ‘zé’를 ‘cé’로 바꿔 주어야 한다. 왜냐하면 문법적으로 ‘z’ 다음에 ‘e’가 오면 ‘c’로 바뀌어야 하기 때문이다. 예:
El pez – Los peces 물고기 - 물고기들
El juez – Los jueces 판사 - 판사들
La luz – Las luces 전등 - 전등들

Yo comencé mi clase a las 9:00 a. m. 나는 오전 아홉 시에 수업을 시작했다.

◘ ¡Vamos a conjugar en pretérito! 동사를 과거로 활용시켜 봅시다!

• Vocabulario 4.3 Verbos con terminación "zar" 'zar'로 끝나는 동사들

1. Abrazar 껴안다
2. Adelgazar 날씬해지다
3. Almorzar 점심 먹다
4. Alcanzar 도달하다
5. Analizar 분석하다
6. Cazar 사냥하다
7. Colonizar 식민지화하다
8. Comenzar 시작하다
9. Empezar 시작하다
10. Estabilizar 안정시키다
11. Cruzar 가로지르다
12. Danzar 춤추다
13. Organizar 조직하다
14. Hospitalizar 입원시키다
15. Lanzar 던지다, 발사하다
16. Memorizar 암기하다
17. Rezar 기도하다
18. Utilizar 사용하다
19. Reutilizar 재사용하다
20. Tranquilizar 진정시키다

◘ ¡Vamos a practicar!

☼ Modelo

Yo abrazar a mi madre esta mañana
Yo abracé a mi madre esta mañana. 나는 오늘 아침에 나의 어머니를 껴안아 드렸다.

1. Los padres abrazar a sus hijos
2. Las señoritas adelgazar porque correr mucho durante un mes
3. Vosotros almorzar arroz y sopa de kimchi
4. Nosotros no alcanzar la cima (꼭대기) de la montaña
5. El economista analizar la situación económica del país
6. Los señores cazar un venado (사슴)
7. Inglaterra colonizar Australia, Canadá, EE. UU., India, Sudáfrica y Nueva Zelanda
8. Vosotros comenzar a aprender español hace ocho meses
9. Nosotros empezar la conferencia a las 5:00 de la tarde
10. El presidente estabilizar la economía del país
11. Los niños cruzar la calle
12. Las chicas danzar toda la noche
13. Los profesores organizar una fiesta para los alumnos
14. Mis padres hospitalizar a mi abuela anoche
15. Los chicos lanzar muchos tomates a los actores malos
16. Vosotros memorizar el vocabulario muy bien
17. Los niños rezar antes de dormir
18. Vosotros no utilizar el celular en la clase
19. Nosotros reutilizar las hojas de papel (종잇장)
20. Las madres tranquilizar a sus bebés (아기)

¤ En pretérito hay algunos verbos semirregulares. Estos tienen algunos cambios, por cuestiones gramaticales, para mantener su pronunciación y escritura adecuadas. Algunos casos son los que terminan en "zar" (como ya hemos visto anteriormente), "car", "gar", "guar" y los que al conjugar incluyen tres vocales con una "i" intermedia. Recuerda que "ver" es también semirregular en pretérito, dado que no lleva tilde. Ejemplos:
과거시제에서 약간 불규칙한 동사들이 몇 개 있다. 이 동사들은 문법적으로 적합한 발음과 표기를 유지하기 위한 약간의 변화를 갖는다. 우리가 앞서 보았던 'zar'나 'car', 'gar', 'guar'과 같은 어미로 끝나는 동사들의 경우, 또는 동사를 활용시킬 때 가운데에 'i'를 포함해서 세 개의 모음이 포함되는 경우 등이 있다. 동사'ver' 또한 과거에서 띨데를 포함하지 않기 때문에 약간 불규칙하다는 것을 기억하자. 예:

Buscar	Jugar	Averiguar	Construir	Ver
bus*qu***é**	jug*u***é**	averig*ü***e**	construí	v*i*
busc**aste**	jug**aste**	averigu**aste**	constru**iste**	v**iste**
busc**ó**	jug**ó**	averigu**ó**	constru*y***ó**	vi*o*
busc**amos**	jug**amos**	averigu**amos**	constru**imos**	v**imos**
busc**asteis**	jug**asteis**	averigu**asteis**	constru**isteis**	v**isteis**
busc**aron**	jug**aron**	averigu**aron**	constru*y***eron**	v**ieron**

¤ **¡Vamos a conjugar en pretérito!** 동사를 과거로 활용시켜 봅시다!

• Vocabulario 4.4 Verbos semirregulares en pretérito 과거형이 약간 불규칙한 동사들

1. Aparcar 주차하다
2. Aplicar 붙이다, 적용하다
3. Atacar 공격하다
4. Buscar 찾다
5. Chocar 부딪히다
6. Clasificar 분류하다
7. Practicar 연습하다
8. Secar 말리다
9. Apagar 끄다
10. Cargar 들다, 충전하다
11. Recargar 다시 들다, 충전하다
12. Conjugar 동사를 활용하다
13. Investigar 조사하다
14. Jugar 놀다
15. Averiguar 조사하다
16. Construir 건축하다
17. Reconstruir 재건축하다
18. Destruir 파괴하다
19. Disminuir 줄이다
20. Ver 보다

◘ ¡Vamos a practicar!

☼ Modelo

Los taxistas <u>aparcar</u> sus taxis en el aparcamiento
Los taxistas aparcaron sus taxis en el aparcamiento.
택시기사들은 그들의 택시를 주차장에 주차했다.

1. Mi padre <u>aparcar</u> su coche en el aparcamiento del almacén
2. Vosotros <u>aplicar</u> para trabajar en esa compañía
3. Los leones <u>atacar</u> a los cazadores (사냥꾼)
4. Yo <u>buscar</u> mis gafas en mi habitación, pero no las <u>encontrar</u>
5. Dos coches <u>chocar</u> en la calle
6. Corea del Sur ya <u>clasificar</u> para la siguiente Copa del Mundo (다음 월드컵)
7. Los actores <u>practicar</u> mucho anoche en el teatro
8. Yo <u>secar</u> la ropa en la secadora (건조기)
9. Los empleados <u>apagar</u> sus computadoras cuando <u>terminar</u> su trabajo
10. Mi padre <u>cargar</u> las bolsas del supermercado
11. Yo <u>recargar</u> mi celular antes de salir de casa
12. Los estudiantes <u>conjugar</u> muchos verbos hoy
13. Los detectives <u>investigar</u> el crimen (범죄)
14. Vosotros <u>jugar</u> tenis de mesa después de la clase
15. Yo <u>averiguar</u> la causa de la crisis económica (경제위기의 원인)
16. Los ingenieros <u>construir</u> un edificio (건물)
17. Los ingenieros <u>reconstruir</u> la iglesia antigua
18. La bomba (폭탄) <u>destruir</u> la ciudad
19. La población (인구) <u>disminuir</u> el año pasado
20. Ud. <u>ver</u> muchos animales en el zoológico

◘ ¡Vamos a practicar!

☼ Modelo

Llegar a casa
Pregunta informal: *¿Ya llegaste a casa?* 벌써 집에 도착했니?
Pregunta formal: *¿Ya llegó a casa?* 벌써 집에 도착했어요?
Respuesta afirmativa: *Sí, ya llegué a casa.* 네, 벌써 집에 도착했어요.
Respuesta negativa: *No, todavía no he llegado a casa.* 아니요, 아직 집에 도착하지 않았어요.

1. Aliviarse
2. Almorzar
3. Bañarse
4. Comer
5. Ducharse

6. Levantarse
7. Maquillarse
8. Salir de casa
9. Encontrarse con Jorge
10. Graduarse de la universidad

¤ ¡Vamos a practicar!

☼ Modelo

Lavarse los dientes
Pregunta informal: *¿Ya te lavaste los dientes?* 이미 양치했니?
Pregunta formal: *¿Ya se lavó los dientes?* 이미 양치하셨나요?
Respuesta afirmativa: *Sí, ya me los lavé.* 네, 이미 양치했습니다.
Respuesta negativa: *No, todavía no me los he lavado.* 아니요, 아직 양치하지 않았습니다.

1. Comprar el boleto (표)
2. Ver la película
3. Cepillarse el pelo
4. Lavarse las manos
5. Terminar la tarea
6. Repasar la lección
7. Escribir los reportes
8. Memorizar el diálogo
9. Enviar el mensaje de texto
10. Encontrar tu/su tarjeta de transporte (교통카드)

¤ Al conjugar en pretérito algún verbo afectivo, hay que tener en cuenta que se usa la conjugación en tercera persona del singular y del plural generalmente. Asimismo, para estos verbos, no olvides incluir me, te, le, nos, os, les.
기호동사를 과거로 활용시킬 때에는 3인칭 단수형과 복수형이 주로 쓰인다는 것을 기억해야 한다. 또한 이 동사들을 사용할 때에 앞에 'me, te, le, nos, os, les'를 쓰는 것을 잊지 말자.

Gustar	Doler	Aburrir
gust**é**	dol**í**	aburr**í**
gust**aste**	dol**iste**	aburr**iste**
*gust**ó***	*dol**ió***	*aburr**ió***
gust**amos**	dol**imos**	aburr**imos**
gust**asteis**	dol**isteis**	aburr**isteis**
*gust**aron***	*dol**ieron***	*aburr**ieron***

◘ ¡Vamos a conjugar en pretérito! 동사를 과거로 활용시켜 봅시다!

• Vocabulario 4.5 Verbos afectivos para practicar conjugación regular en pretérito
과거시제 규칙활용 연습을 위한 기호동사들

1. Gustar 좋아하다
2. Encantar 매우 좋아하다
3. Fascinar 매우 좋아하다
4. Aburrir 지루하게 하다
5. Dar miedo 무서움을 주다
6. Dar risa 웃음을 주다
7. Doler 아프다
8. Importar 중요하다
9. Impresionar 감명을 주다
10. Interesar 흥미를 끌다
11. Molestar 귀찮게 하다, 방해하다
12. Parecer (…하게) 보이다
13. Quedar 어울리다, 맞다
14. Sobrar 차고 넘치다
15. Quedar 남다
16. Faltar 부족하다

◘ ¡Vamos a practicar!

☼ Modelo

A nosotros gustar los tacos que (nosotros) comer
A nosotros nos gustaron los tacos que comimos. 우리가 먹은 따꼬가 매우 좋았어.

1. A los alumnos gustar la clase de hoy
2. A vosotros encantar la película que (vosotros) ver
3. A los niños fascinar las hamburguesas que (ellos) comer
4. A nosotros aburrir el documental que (nosotros) ver
5. A ti dar miedo los tigres del zoológico
6. A Uds. dar risa los comediantes de la televisión
7. A vosotros doler la cabeza después de beber soju
8. A los estudiantes importar su nota final (최종 성적)
9. A mi familia y a mí impresionar las montañas enormes (거대한)
10. A Ud. interesar mucho las noticias (뉴스) de ayer
11. A nosotros molestar mucho los mosquitos anoche
12. A mí parecer muy cara la blusa que (yo) ver en el almacén
13. A Roberto quedar bien los jeans que (él) probarse en el almacén
14. A los niños sobrar mucha comida en el picnic
15. A mí quedar dinero después del viaje
16. A vosotros faltar tiempo para dormir bien

◘ ¡Vamos a practicar!

☼ Modelo

<u>Gustar</u> la novela
Pregunta informal: *¿Te gustó la novela?* 그 소설이 마음에 들었니?
Pregunta formal: *¿Le gustó la novela?* 그 소설이 마음에 들었나요?
Respuesta afirmativa: *Sí, me gustó.* 네, 마음에 들었어요.
Respuesta negativa: *No, no me gustó.* 아니요, 마음에 들지 않았어요.

1. <u>Fascinar</u> la comida de este restaurante
2. <u>Faltar</u> dinero en el viaje
3. <u>Quedar</u> dinero después del viaje
4. <u>Doler</u> las piernas después de subir la montaña
5. <u>Aburrir</u> la clase de gramática
6. <u>Quedar bien</u> la chaqueta
7. <u>Molestar</u> el ruido anoche
8. <u>Dar miedo</u> la película de horror
9. <u>Encantar</u> las pinturas (그림) del museo
10. <u>Impresionar</u> los elefantes enormes del zoológico

◘ ¡Vamos a conjugar en pretérito! 동사를 과거로 활용시켜 봅시다!

• Vocabulario 4.6 Verbos irregulares importantes en pretérito 과거형이 불규칙한 중요동사들

1. Ser ...이다
2. Ir 가다
3. Estar ...이다, 있다
4. Tener 가지다
5. Andar 걷다
6. Venir 오다
7. Hacer 하다
8. Querer 좋아하다
9. Dar 주다
10. Decir 말하다
11. Poder 할 수 있다
12. Saber 알다
13. Caber 들어가다, ...의 용량을 가지고 있다
14. Haber 있다
15. Poner 넣다
16. Traer 가져오다
17. Reír 웃다

¡Vamos a conjugar en pretérito! 동사를 과거로 활용시켜 봅시다!

Ser	Ir	Estar	Tener	Andar	Venir	Hacer	Querer
fui	fui	estuve	tuve	anduve	vine	hice	quise
fuiste	fuiste	estuviste	tuviste	anduviste	viniste	hiciste	quisiste
fue	fue	estuvo	tuvo	anduvo	vino	hi**z**o	quiso
fuimos	fuimos	estuvimos	tuvimos	anduvimos	vinimos	hicimos	quisimos
fuisteis	fuisteis	estuvisteis	tuvisteis	anduvisteis	vinisteis	hicisteis	quisisteis
fueron	fueron	estuvieron	tuvieron	anduvieron	vinieron	hicieron	quisieron

Dar	Decir	Poder	Saber	Caber	Haber	Poner	Traer	Reír
di	dije	pude	supe	cupe	hube	puse	traje	re**í**
diste	dijiste	pudiste	supiste	cupiste	hubiste	pusiste	trajiste	re**í**ste
dio	dijo	pudo	supo	cupo	**hubo**	puso	trajo	rio/ri**ó**
dimos	dijimos	pudimos	supimos	cupimos	hubimos	pusimos	trajimos	re**í**mos
disteis	dijisteis	pudisteis	supisteis	cupisteis	hubisteis	pusisteis	trajisteis	re**í**steis
dieron	dijeron	pudieron	supieron	cupieron	hubieron	pusieron	trajeron	rieron

¤ No olvides escribir la "z" en "hizo". Asimismo, estos verbos irregulares no llevan tilde en pretérito, excepto "reír".

'hizo'에 'z'를 쓰는 것을 잊지 말자. 또한 이 불규칙동사들은 'reír'를 제외하고는 띨데를 포함하지 않는다.

¤ Cuando el verbo "haber" expresa existencia o presencia, siempre se usa "hubo" en pretérito, tal cual se usa "hay" en presente invariablemente. Ejemplos:

동사 'haber'가 과거시제로 존재를 나타낼 때에는 현재시제에서 변하지 않는 'hay'를 쓰는 것과 마찬가지로 항상 'hubo'를 사용한다.

Hay poca gente en la conferencia. 강연회에 사람들이 거의 없다.
Hay pocos estudiantes en la clase. 수업에 학생들이 거의 없다.
Hubo mucha gente en el comedor. 식당에 사람들이 많이 있었다.
Hubo muchos estudiantes en la fiesta. 파티에 학생들이 많이 있었다.

◘ ¡Vamos a practicar!

☼ Modelo

Mi abuelo <u>ser</u> soldado
Mi abuelo fue soldado. 나의 할아버지께서는 군인이셨어.

1. El profesor Kim <u>ser</u> mi profesor el semestre pasado (지난 학기)
2. Vosotros <u>ir</u> al parque de diversiones el sábado pasado
3. Mi familia y yo <u>estar</u> en casa el fin de semana pasado
4. Tú <u>tener</u> muchos exámenes la semana pasada
5. Sofía y José <u>andar</u> por el parque el domingo pasado
6. Muchos turistas <u>venir</u> a Corea el verano pasado
7. <u>Hacer</u> mucho frío el invierno pasado
8. Los chicos no <u>querer</u> hacer la tarea ayer
9. Mis tíos me <u>dar</u> dinero en el Año Nuevo Lunar (설날)
10. Los niños le <u>decir</u> la verdad a su mamá
11. Vosotros <u>poder</u> hacer bien el examen porque (vosotros) <u>estudiar</u> mucho
12. El profesor me <u>preguntar</u> algo, pero (yo) no <u>saber</u> la respuesta
13. Todas las frutas <u>caber</u> en el refrigerador
14. <u>Haber</u> mucha gente en el estadio
15. Los meseros <u>poner</u> la comida sobre las mesas
16. Santa Claus les <u>traer</u> muchos regalos a los niños la Navidad pasada
17. Nosotros <u>reír</u> viendo la película cómica

¤ Debes memorizar bien la conjugación de los verbos irregulares importantes en pretérito y recordar que hay verbos que se derivan de ellos. En estos casos, debes seguir el patrón correspondiente.
과거형이 불규칙한 중요한 동사들의 활용형을 잘 암기하고 이 동사들로부터 유래하는 동사들도 있다는 사실을 기억해야 한다. 이 경우, 유래된 동사들의 활용형은 해당하는 원형동사의 활용형태를 따른다.

• Vocabulario 4.7 Verbos irregulares en pretérito derivados 과거형이 불규칙한 동사들에게서 유래된 동사들

1. Ob<u>tener</u> 획득하다
2. Man<u>tener</u> 유지하다, 경제적으로 지원하다
3. Inter<u>venir</u> 개입하다
4. Des<u>hacer</u> 해체하다
5. Com<u>poner</u> 작곡하다, 수리하다
6. Su<u>poner</u> 추측하다, 가정하다
7. A<u>traer</u> 끌어당기다
8. Son<u>reír</u> 미소 짓다

¡Vamos a conjugar en pretérito! 동사를 과거로 활용시켜 봅시다!

Ob<u>tener</u>	Man<u>tener</u>	Inter<u>venir</u>	Des<u>hacer</u>	Com<u>poner</u>	Su<u>poner</u>	A<u>traer</u>	Son<u>reír</u>
obtuve	mantuve	intervine	deshice	compuse	supuse	atraje	sonreí
obtuviste	mantuviste	interviniste	deshiciste	compusiste	supusiste	atrajiste	sonreíste
obtuvo	mantuvo	intervino	deshizo	compuso	supuso	atrajo	sonrió
obtuvimos	mantuvimos	intervinimos	deshicimos	compusimos	supusimos	atrajimos	sonreímos
obtuvisteis	mantuvisteis	intervinisteis	deshicisteis	compusisteis	supusisteis	atrajisteis	sonreísteis
obtuvieron	mantuvieron	intervinieron	deshicieron	compusieron	supusieron	atrajeron	sonrieron

¡Vamos a practicar!

☼ Modelo

Yo <u>obtener</u> buenas notas el semestre pasado porque (yo) <u>estudiar</u> mucho
Yo obtuve buenas notas el semestre pasado porque estudié mucho.
나는 저번 학기에 좋은 점수를 받았는데 왜냐하면 공부를 많이 했기 때문이야.

1. Corea del Sur <u>obtener</u> muchas medallas de oro en los Juegos Olímpicos pasados
2. Mi abuelo <u>mantener</u> a siete hijos
3. Los soldados estadounidenses <u>intervenir</u> en la Guerra de Corea (한국전쟁)
4. La lluvia <u>deshacer</u> el castillo de arena (모래성)
5. Beethoven <u>componer</u> su novena sinfonía (9번 교향곡) de 1818 a 1824
6. Yo <u>suponer</u> la razón (이유) de tu enfermedad
7. Jeju <u>atraer</u> a muchos turistas el año pasado
8. Ellas me <u>sonreír</u> cuando (ellas) me <u>ver</u>

¤ La conjugación del verbo "ser" y del verbo "ir" en pretérito es, exactamente, la misma. Por eso es importante ver el contexto de la oración para saber qué verbo se está conjugando realmente.

동사 'ser'와 'ir'의 과거 활용형은 형태가 정확히 같다. 그렇기 때문에 실제로 어떤 동사가 활용되고 있는지 알기 위해서는 문장의 문맥을 보는 것이 중요하다.

◘ ¡Vamos a practicar!

☼ Modelo

Cuándo ser la última vez que ir de compras / El sábado pasado
Pregunta informal: *¿Cuándo fue la última vez que fuiste de compras?*
마지막으로 쇼핑하러 갔던 때가 언제야?
Pregunta formal: *¿Cuándo fue la última vez que fue de compras?*
마지막으로 쇼핑하러 가셨던 때가 언제입니까?
Respuesta afirmativa: *La última vez que fui de compras fue el sábado pasado.*
마지막으로 쇼핑하러 갔던 때는 저번 토요일이었어요.

1. Cuándo ser la última vez que ir a la casa de tus/sus abuelos / El Día de la Cosecha pasado (지난 추석)
2. Cuándo ser la última vez que visitar a tus/sus padres / Hace dos meses
3. Cuándo ser la última vez que ir de viaje / El verano pasado
4. Cuándo ser la última vez que comer sushi / Hace una semana
5. Cuándo ser la última vez que ir a la iglesia / El domingo pasado

• Vocabulario 4.8 Verbos irregulares en pretérito con terminación "ir" y "e"/"o" intermedia
'ir'로 끝나고 중간에 'e', 'o'가 들어가는 과거형이 불규칙한 동사들

1. Competir 경쟁하다
2. Medir 측량하다, 재다
3. Mentir 거짓말을 하다
4. Pedir 부탁하다
5. Preferir 선호하다
6. Repetir 반복하다
7. Seguir 계속하다, 따라가다
8. Perseguir 추적하다
9. Sentir 느끼다
10. Servir 시중을 들다, 봉사하다
11. Dormir 자다
12. Morir 죽다

◘ ¡Vamos a conjugar en pretérito! 동사를 과거로 활용시켜 봅시다!

Competir	Medir	Mentir	Pedir	Preferir	Repetir
competí	medí	mentí	pedí	preferí	repetí
competiste	mediste	mentiste	pediste	preferiste	repetiste
comp**i**tió	m**i**dió	m**i**ntió	p**i**dió	pref**i**rió	rep**i**tió
competimos	medimos	mentimos	pedimos	preferimos	repetimos
competisteis	medisteis	mentisteis	pedisteis	preferisteis	repetisteis
comp**i**tieron	m**i**dieron	m**i**ntieron	p**i**dieron	pref**i**rieron	rep**i**tieron

Seguir	Perseguir	Sentir	Servir	Dormir	Morir
seguí	perseguí	sentí	serví	dormí	morí
seguiste	perseguiste	sentiste	serviste	dormiste	moriste
s**i**guió	pers**i**guió	s**i**ntió	s**i**rvió	d**u**rmió	m**u**rió
seguimos	perseguimos	sentimos	servimos	dormimos	morimos
seguisteis	perseguisteis	sentisteis	servisteis	dormisteis	moristeis
s**i**guieron	pers**i**guieron	s**i**ntieron	s**i**rvieron	d**u**rmieron	m**u**rieron

◘ ¡Vamos a practicar!

☼ Modelo

Los atletas <u>competir</u> por una medalla de oro
Los atletas compitieron por una medalla de oro. 그 운동선수들은 금메달 하나를 두고 경쟁했다.

1. Los estudiantes <u>competir</u> por una buena nota
2. El carpintero (목수) <u>medir</u> la mesa con la regla (자)
3. Los niños no le <u>mentir</u> a su madre
4. El señor le <u>pedir</u> un vaso de agua a la azafata (승무원)
5. Yo <u>preferir</u> comer tacos a burritos en el restaurante mexicano
6. Algunos estudiantes <u>repetir</u> la clase de gramática porque (ellos) <u>obtener</u> mala nota
7. Nosotros <u>seguir</u> las recomendaciones del doctor
8. Yo <u>perseguir</u> a mi perro por la calle
9. Vosotros <u>sentir</u> frío anoche
10. La camarera me <u>servir</u> un zumo de naranja gratis (무료의)
11. Los estudiantes <u>dormir</u> poco anoche porque (ellos) <u>estudiar</u> mucho
12. El almirante (해군 제독) Yi Sun Sin <u>morir</u> en 1598

• Vocabulario 4.9 Verbos irregulares en pretérito tipo "oír" 과거형이 불규칙한 'oír' 형 동사들

1. Oír 듣다 (영어의 'hear'에 해당)
2. Caer 떨어지다
3. Creer (en) 생각하다, 믿다 (영어의 'believe'에 해당)
4. Leer 읽다
5. Proveer 갖추다, 지급하다

◘ ¡Vamos a conjugar en pretérito! 동사를 과거로 활용시켜 봅시다!

¤ No olvides poner las tildes en este tipo de verbos. Las conjugaciones en todas las personas llevan tilde, excepto en la última.
이러한 종류의 동사들에 띨데를 표시하는 것을 잊지 말자. 마지막 인칭을 제외한 모든 인칭의 활용형은 전부 띨데를 포함한다.

Oír	Caer	Creer	Leer	Proveer
oí	caí	creí	leí	proveí
oíste	caíste	creíste	leíste	proveíste
oyó	cayó	creyó	leyó	proveyó
oímos	caímos	creímos	leímos	proveímos
oísteis	caísteis	creísteis	leísteis	proveísteis
oyeron	cayeron	creyeron	leyeron	proveyeron

◘ ¡Vamos a practicar!

☼ **Modelo**

Yo oír mucho ruido anoche
Yo oí mucho ruido anoche. 어제 소음을 많이 들었어요.

1. Los taxistas oír la radio en sus taxis anoche
2. El invierno pasado caer mucha nieve
3. Yo creer en tus palabras
4. La madre le leer un cuento (이야기) a su hijo antes de dormir
5. Nosotros proveer de comida y medicinas a las víctimas (희생자) del terremoto (지진)

• Vocabulario 4.10 Verbos irregulares en pretérito tipo "conducir" 과거형이 불규칙한 'conducir'형 동사들

1. Conducir 운반하다, 운전하다
2. Deducir 추론하다
3. Introducir 끼워 넣다
4. Producir 생산하다
5. Traducir 번역하다

◘ ¡Vamos a conjugar en pretérito! 동사를 과거로 활용시켜 봅시다!

Conducir	Deducir	Introducir	Producir	Traducir
conduje	deduje	introduje	produje	traduje
condujiste	dedujiste	introdujiste	produjiste	tradujiste
condujo	dedujo	introdujo	produjo	tradujo
condujimos	dedujimos	introdujimos	produjimos	tradujimos
condujisteis	dedujisteis	introdujisteis	produjisteis	tradujisteis
condujeron	dedujeron	introdujeron	produjeron	tradujeron

◘ ¡Vamos a practicar!

☼ **Modelo**

El chofer conducir todo el fin de semana
El chofer condujo todo el fin de semana. 운전기사는 주말 내내 운전했다.

1. Vosotros conducir desde aquí hasta vuestra casa
2. Yo deducir que ella no venir a clase hoy porque ella está enferma
3. Tú introducir tu tarjeta de crédito en el cajero automático (자동인출기)
4. La fábrica (공장) producir muchos coches el año pasado
5. Las secretarias traducir muchos documentos ayer

◘ ¡Vamos a practicar!

☼ **Modelo**

Qué hacer ayer / Memorizar la conjugación en pretérito
Pregunta informal: *¿Qué hiciste ayer?* 어제 뭐했어?
Pregunta formal: *¿Qué hizo ayer?* 어제 뭐했어요?
Respuesta: *Memoricé la conjugación en pretérito.*
동사의 과거 활용형을 암기했어요.

1. Adónde ir el domingo pasado / No ir a ningún lugar. Estar en casa todo el domingo
2. A qué hora llegar a casa anoche / Llegar a las 11:00 de la noche
3. Cuántos kilómetros correr el sábado pasado / Correr 10 kilómetros
4. Con quién ir al estadio de fútbol / Ir con mi mejor amigo
5. Qué pedir en el restaurante español / Pedir una paella y una copa de vino tinto
6. Dónde poner los huevos / Los poner en el refrigerador
7. Qué película ver en el cine / Ver una película de acción estadounidense
8. Dónde dormir anoche / Dormir en un motel
9. Con quién venir a la universidad / Venir con mis padres
10. Saber que Ana casarse / Sí, lo saber

Diálogos

Expresiones y vocabulario a tener en cuenta en los diálogos 대화문에 나오는 유의해야 할 표현과 어휘들

Dios 신
El castillo de arena 모래성
El Día de la Cosecha = El Día de Acción de Gracias 추석, 추수감사절
El día festivo = El día feriado = El feriado 공휴일, 연휴
El estudio원룸
El familiar = El pariente 친척
El juez 판사
El pez 물고기
La clase de composición 작문 수업
La conferencia 회의, 강연회
La luz 빛
La piscina 수영장
La Semana Santa 세마나 산타 (가톨릭 문화권 국가들의 부활절주)
La vela 초
Coleccionar 수집하다
Desvelarse 늦게까지 깨어있다
Pasar la noche en vela = Pasar la noche en blanco 밤을 새다
Disfrutar 즐기다
Elegir = Escoger = Seleccionar 고르다
Inventar 발명하다
Nacer 태어나다
Pintar 칠하다, 그림 그리다
Quedarse 머무르다
Rendir homenaje 경의를 표하다
Reunirse 모이다
Tomar el sol 선탠 하다
Estoy satisfech@ 잘 먹었습니다
Estoy llen@ 배부르다
Estoy muert@ de hambre 배고파 죽을 것 같아요
Estoy muert@ de sueño 졸려 죽을 것 같아요
Estoy muert@ de miedo 무서워 죽을 것 같아요
Estoy muert@ de cansancio 피곤해 죽을 것 같아요
¿En serio? = ¿En verdad? = ¿De verdad? = ¿De veras? 진짜?
Claro que no 물론 아니야
Francamente hablando 솔직히 말해서
Menos mal 다행이다
Nada en especial = Nada en particular 특별한 것/일 없어
Mismo 같은

Mis padres duermen en la misma cama. 나의 부모님께서는 같은 침대에서 주무신다.
Mis compañeros y yo tenemos los mismos libros.
나의 동료들과 나는 같은 책들을 가지고 있다.

Tan 너무, 매우, 이토록

¿Por qué estás tan feliz? 너 왜 이렇게 행복해 하니?
¿Por qué llegaste tan tarde? 왜 이렇게 늦었어?

🎧 Diálogo #10 (En un café 카페에서)

***Changmin*:**	¿Adónde fuiste el Día de Acción de Gracias pasado?
***Jiyoung*:**	El Día de la Cosecha pasado fui a la casa de mis abuelos. Todos mis parientes se reunieron en Suwon porque mis abuelos viven ahí.
***Changmin*:**	¿Qué hiciste en ese día?
***Jiyoung*:**	Por la mañana mis familiares y yo fuimos a la montaña para rendir homenaje a nuestros ancestros. Por la tarde estuvimos en casa de mis abuelos y comimos mucho. Yo conversé, jugué y bebí con mis primos. Por la noche regresé a mi estudio que está enfrente de la universidad. ¿Y tú?
***Changmin*:**	Nada en particular. Estuve en el dormitorio de la universidad.
***Jiyoung*:**	¿De veras? ¿Por qué no fuiste a tu tierra natal?
***Changmin*:**	Es que no encontré boletos de tren para ir a mi tierra natal. Además, no quise tomar el autobús porque, como sabes, hay mucho tráfico durante esos días feriados.
***Jiyoung*:**	¡Qué mal!
***Changmin*:**	Pero no estuve solo. Muchos amigos tuvieron el mismo problema y se quedaron conmigo en el dormitorio. Nosotros jugamos mucho y descansamos aquí.
***Jiyoung*:**	Menos mal.

1. ¿Por qué se reunieron en Suwon los familiares de Jiyoung el Día de la Cosecha?

____

2. ¿Para qué fueron Jiyoung y sus familiares a la montaña el Día de Acción de Gracias?

____

3. ¿Por qué no tomó el tren Changmin para ir a su tierra natal?

____

Changmin:	저번 추석에 어디 갔었니?
Jiyoung:	지난 추석 때 나는 나의 조부모님 댁에 갔어. 모든 친척들이 수원에서 모였는데 왜냐하면 나의 할아버지, 할머니께서 거기에 사시기 때문이야.
Changmin:	그 날 뭐 했어?
Jiyoung:	아침에는 친척들이랑 조상님들께 성묘하러 산에 갔어. 오후에는 할머니, 할아버지 댁에서 있으면서 잔뜩 먹었어. 그리고 사촌들이랑 이야기도 하고 놀고 마셨지. 밤에는 학교 앞에 있는 내 원룸으로 돌아왔어. 너는?
Changmin:	특별한 일 없었어. 나는 학교 기숙사에 있었어.
Jiyoung:	정말? 왜 고향에 가지 않았니?
Changmin:	왜냐하면 고향에 가는 기차표를 구하지 못했거든. 게다가 버스는 타고 싶지 않았어 왜냐하면 너도 알다시피 연휴 동안에는 교통체증이 엄청나잖아.
Jiyoung:	정말 안됐구나!
Changmin:	하지만 혼자 있지는 않았어. 많은 친구들이 같은 문제가 있어서 기숙사에 나와 함께 머물렀어. 우리는 여기서 실컷 놀고 쉬었어.
Jiyoung:	다행이다.

Diálogo #11 (En la cafetería de la universidad 대학교 식당에서)

Andrés: ¡Hola, Hana! ¿Qué haces aquí? ¿No tienes clase de composición ahora?
Hana: Hoy no hubo clase. Es que mi profesor fue a España a una conferencia.
Andrés: Entonces, ¿por qué viniste a la universidad?
Hana: Es que mi profesor nos dio mucha tarea y tengo que terminarla. Además, tengo una clase de conversación por la tarde. Y tú, ¿tienes clase ahora?
Andrés: Sí, tengo clase, pero hoy no hubo porque tuvimos examen. Salí temprano de clase porque terminé mi examen muy rápido.
Hana: ¿Por qué lo terminaste tan rápido?
Andrés: Porque fue muy fácil para mí. Es que estudié muchísimo. De hecho, pasé la noche en vela estudiando para el examen.
Hana: Yo me desvelé haciendo mi tarea de composición.
Andrés: ¿En verdad? ¿A qué hora te acostaste?
Hana: Me acosté a las 3:00 de la mañana y me levanté a las 6:30 de la mañana. Dormí solo tres horas y media.
Andrés: ¡Pobrecita! Entonces, estás muerta de sueño ahora, ¿verdad?
Hana: Sí. También estoy muerta de hambre. ¿Ya comiste?
Andrés: No, todavía no he comido. ¿Comemos juntos?
Hana: Sí, vamos a comer.

1. ¿Por qué no tuvo clase de composición Hana?

____

2. ¿Por qué salió temprano de clase Andrés?

____

3. ¿Cuántas horas durmió anoche Andrés?

____

Andrés: 하나야, 안녕! 여기서 뭐 해? 지금 작문 수업 있지 않아?
Hana: 오늘은 수업이 없었어. 교수님께서 스페인에서 열리는 강연회에 가셨거든.
Andrés: 그러면 학교에 왜 왔니?
Hana: 왜냐하면 교수님께서 우리에게 엄청 많은 숙제를 주셔서 그걸 끝내야만 해. 게다가 오후에 회화 수업이 하나 있어. 너는? 지금 수업 있니?
Andrés: 응, 수업 있어. 그런데 오늘은 우리가 시험을 봐서 수업을 안 했어. 나는 시험을 무척 빨리 끝내서 금방 강의실에서 나왔어.
Hana: 왜 그렇게 빨리 끝냈어?
Andrés: 시험이 나에게 매우 쉬웠거든. 나 공부 정말 많이 했어. 사실 그 시험을 위해서 공부하면서 밤을 새웠어.
Hana: 나는 작문 수업 숙제를 하면서 늦게까지 깨어 있었어.
Andrés: 정말? 몇 시에 잠자리에 들었니?
Hana: 새벽 3시에 누워서 아침 6시30분에 일어났네. 세시간 반 밖에 못 잤어.
Andrés: 안됐다! 그러면 지금 졸려 죽을 지경이겠다, 그렇지?
Hana: 응, 그리고 배고파 죽을 것 같기도 해. 벌써 밥 먹었니?
Andrés: 아니, 아직 안 먹었어. 같이 먹을까?
Hana: 그래, 밥 먹자.

Diálogo #12 (En un restaurante japonés: después de comer 일식집에서, 식사 후에)

Daniel:	¿Comiste bien?
***Sooyoung*:**	Sí, estoy satisfecha. ¿Te gustó la comida?
***Daniel*:**	Francamente hablando, no me gustó mucho. Es que no me gusta el pescado crudo.
***Sooyoung*:**	Entonces, ¿por qué me invitaste a este restaurante?
***Daniel*:**	Porque yo sé que te gusta la comida japonesa.
***Sooyoung*:**	Es verdad, ¿cómo lo supiste?
***Daniel*:**	Porque tu hermana me lo dijo. Pero, además, te invité a este restaurante porque ayer fue tu cumpleaños. ¡Felicidades!
***Sooyoung*:**	¡No lo olvidaste!
***Daniel*:**	¡Claro que no! Te compré este regalo. Aquí lo tienes.
***Sooyoung*:**	¡Qué sorpresa! ¿Puedo abrirlo?
***Daniel*:**	¡Claro que sí! Tardé mucho tiempo en escoger tu regalo porque yo busqué algo muy especial para ti.
***Sooyoung*:**	¡Guau! ¡Unos aretes!
***Daniel*:**	Tu hermana me dijo que tú los coleccionas. ¿Te gustaron los aretes?
***Sooyoung*:**	No, no me gustaron... Me encantaron. ¡Mil gracias! ¡Qué buen amigo eres!

1. ¿Por qué no le gustó mucho la comida del restaurante a Daniel?

___

2. ¿Cómo supo Daniel que a Sooyoung le gusta la comida japonesa?

___

3. ¿Qué le regaló Daniel a Sooyoung?

___

Daniel:	잘 먹었어?
Sooyoung:	응, 잘 먹었어. 음식이 마음에 들었니?
Daniel:	솔직히 말해서 많이 마음에 들지는 않았어. 내가 날생선을 좋아하지 않아서 말이야.
Sooyoung:	그러면 나를 왜 이 식당에 초대한 거야?
Daniel:	왜냐면 너는 일본음식을 좋아한다는 걸 아니까.
Sooyoung:	그건 그래. 어떻게 알았어?
Daniel:	너희 언니가 알려줬어. 그렇지만 게다가 어제가 네 생일이기도 했으니까 너를 이 레스토랑에 초대한 거야. 생일 축하해!
Sooyoung:	잊지 않았구나!
Daniel:	당연히 잊지 않았지! 너에게 이 선물을 사왔어. 여기 있어.
Sooyoung:	깜짝 놀랬어! 이거 열어봐도 되니?
Daniel:	당연하지! 너에게 뭔가 특별한 걸 찾느라 네 선물을 고르는 데 시간이 많이 들었어.
Sooyoung:	우와! 귀걸이네!
Daniel:	너희 언니가 네가 귀걸이를 모은다고 나한테 알려줬어. 마음에 드니?
Sooyoung:	아니, 그냥 마음에 드는 게 아니라 진짜 마음에 들어! 정말 고마워! 넌 정말 좋은 친구야!

Preguntas para repasar 복습을 위한 질문들

1. ¿Desayunaste hoy por la mañana? ¿Qué desayunaste?

2. ¿Cuándo empezaste a aprender español?

3. ¿Dónde compraste este libro de español? ¿Cuánto costó este libro?

4. ¿Te duchaste ayer?

5. ¿Cuántas veces te cepillaste los dientes ayer?

6. ¿A qué hora te acostaste ayer?

7. ¿Qué hiciste anoche antes de acostarte?

8. ¿A qué hora te levantaste hoy?

9. ¿Qué hiciste hoy después de levantarte?

10. ¿Rezaste anoche antes de acostarte?

11. ¿Cuántas horas dormiste anoche?

12. ¿Dónde almorzaste ayer? ¿Qué almorzaste ayer?

13. ¿Apagaste la luz antes de salir de tu habitación?

14. ¿En qué año nacieron tus padres?

15. ¿Te molestaron los mosquitos el verano pasado?

16. ¿Te gustó o te aburrió la clase pasada?

17. ¿Qué aprendiste en la clase pasada?

18. ¿Adónde fuiste el domingo pasado?

19. ¿Qué hiciste el lunes pasado por la tarde?

20. ¿Cuánto tiempo hace que murió Kim Jong Il?

21. ¿Cuándo fue la última vez que te bañaste?

22. ¿Cuándo fue la última vez que te emborrachaste?

23. ¿Cuándo fue la última vez que jugaste tenis de mesa?

24. ¿Cuándo fue la última vez que recargaste tu celular?

25. ¿Cuándo fue la última vez que fuiste a la playa?

26. ¿Con quién fuiste la última vez que fuiste al cine?

27. ¿Qué película viste la última vez que fuiste al cine?

28. ¿Cuál fue el último libro que leíste?

29. ¿España conquistó Brasil?

30. ¿En qué año llegó el primer hombre a la luna?

31. ¿Quién fue el primer hombre que caminó en la luna?

32. ¿Quién pintó *La Mona Lisa*?

33. ¿Quién descubrió América?

34. ¿Quién inventó el teléfono?

35. ¿Quién compuso *Gangnam Style*?

Notas

Lectura #4

¡Hola! Me llamo Andrés, soy mexicano, vivo en la Ciudad de México y voy a hablar sobre mi último viaje. La última vez que fui de viaje fue hace seis meses, en la Semana Santa pasada. Mi familia y yo fuimos a Acapulco que es un puerto muy famoso en México. Nosotros viajamos desde la Ciudad de México hasta Acapulco en coche. Mi papá condujo durante casi seis horas para llegar a ese lugar. Cuando nosotros llegamos a Acapulco, nosotros fuimos, directamente, al hotel. De hecho, no salimos de nuestro hotel porque es muy cómodo y está frente al mar. Estuvimos ahí durante tres días y dos noches. En esos días mis padres descansaron y tomaron el sol en la playa. Mi hermanita menor hizo castillos de arena en la playa y aprendió a nadar en la piscina del hotel. Yo jugué vóleibol de playa y nadé en el mar con mi hermano mayor. Disfruté mucho ese viaje con mi familia. De hecho, me gusta más viajar con mi familia que viajar con mis amigos. Yo pienso que mi familia es el regalo más hermoso que Dios me dio.

안녕! 나는 안드레스야. 나는 멕시코사람이고 멕시코시티에 살아. 내 마지막 여행에 대해서 이야기 해 볼게. 내가 마지막으로 여행을 갔던 건 여섯 달 전, 지난 세마나 산타 기간이었어. 나의 가족과 나는 멕시코에서 매우 유명한 항구도시인 아카풀코에 갔어. 우리는 멕시코시티에서부터 아카풀코까지 차로 여행했어. 나의 아버지께서 거기에 도착하기 위해 거의 여섯 시간이나 운전을 하셨지. 아카풀코에 도착해서 우리는 바로 호텔로 갔어. 사실 호텔이 무척 안락하고 바다 바로 앞에 위치해 있어서 우리는 호텔에서 나가지 않았어. 우리는 그곳에서 2박 3일 동안 있었어. 2박3일 동안 나의 부모님께서는 휴식을 취하시고 해변에서 선탠을 하셨어. 나의 여동생은 해변에서 모래성을 만들고 호텔 수영장에서 수영하는 법을 배웠어. 나는 비치발리볼을 하고 나의 형이랑 같이 바다에서 수영을 했어. 나는 이번 여행을 가족과 함께 정말 잘 즐겼어. 사실 나는 친구들이랑 여행하는 것 보다 가족들이랑 여행하는 것이 더 좋아. 나는 가족이 신께서 내게 주신 가장 아름다운 선물이라고 생각해.

▫ Actividad de la lectura

Escribe, detalladamente, lo que hiciste en tu último viaje como Andrés lo ha hecho en la redacción anterior. No olvides conjugar los verbos en pretérito para practicar lo que has aprendido en esta lección.

안드레스가 위에서 한 것과 같이 나의 마지막 여행에서 했던 일들을 상세히 적어 봅시다. 이번 과에서 공부했던 것을 연습하기 위해 동사들을 과거로 활용시켜 보는 것을 잊지 마세요.

Información de interés

El voseo en el español

스페인어의 **'voseo(vos로 부르기)'**

En el español contemporáneo, existe una variación muy singular que es el uso de "vos" en lugar de "tú". A este fenómeno lingüístico se le conoce como "voseo". Originalmente, en el español antiguo "vos" era usado para dirigirse a otra persona con mucho respeto. Sin embargo, a través de los siglos, su sentido fue evolucionando hasta llegar a estos días donde en algunos países es usado para dirigirse a una persona en sentido familiar o informal; es decir, en lugar de "tú".

현대 스페인어에서는 'tú' 대신에 'vos'를 사용하는 매우 독특한 변화가 하나 존재한다. 이 언어학적 현상은 'voseo'라고 알려져 있다. 원래 고대 스페인어에서 'vos'는 다른 사람에게 매우 예의를 갖추어 말을 걸 때 사용됐다. 하지만 수 세기를 통해 오늘날에 이르기까지 그 의미가 진화되어 오면서, 일부 국가들에서는 다른 사람에게 친근하고 비격식적으로 말을 걸기 위해 'tú' 대신에 사용되게 되었다.

Particularmente, en algunas partes de América, es bastante común su uso, a tal grado que el "tú" es casi inexistente y predomina el "vos" entre la sociedad. Algunos de los países donde el uso del voseo está muy generalizado son Argentina, Paraguay y Uruguay. En otros países hispanoamericanos es usado pero por minorías y poco a poco va desapareciendo de las sociedades. Hoy en día hay, incluso, lugares donde es, prácticamente, inexistente como en España, República Dominicana y Puerto Rico; puesto que solo se usa retóricamente y en escritos litúrgicos o antiguos.

특히 아메리카대륙의 몇몇 지역에서는 이 단어의 사용이 매우 일반적인데, 사회에서 'tú'는 거의 존재하지 않을 정도이고 'vos'가 우위를 점하고 있다. 'vos'의 사용이 매우 일반화되어 있는 나라들 중 몇몇은 아르헨티나, 파라과이, 우루과이이다. 다른 중남미국가들에서는 'vos'가 사용되기는 하지만 굉장히 소수의 사람들에 의해 사용되고 점점 사회에서 사라져가고 있다. 오늘날에는 스페인, 도미니카공화국, 푸에르토리코와 같이 심지어 이 단어가 실제적으로는 존재하지 않는 곳들도 있다. 이 단어가 수사학적으로 쓰이거나 전례서, 고대문서와 같은 곳에서만 사용되기 때문이다.

Si tú algún día visitas Sudamérica, deberás estar familiarizado con el uso de "vos" para que puedas interactuar con la gente. Se podría decir que la conjugación de "tú" y "vos" es casi la misma; incluso hay lugares donde es exactamente igual. No obstante, en el español rioplatense, el cual es hablado en partes de Argentina y Uruguay, varía un poco dicha conjugación en presente de indicativo. Al respecto, para conjugar los verbos en "vos", deberás tener en cuenta las siguientes terminaciones en presente de indicativo:

만약 당신이 어느 날 남미를 방문한다면 사람들과 소통하기 위해 'vos'의 사용에 익숙해져 있어야 할 것이다. 'tú'와 'vos'의 인칭에 해당하는 동사의 활용은 거의 같다고 할 수 있다. 심지어 둘의 활용형이 완전히 똑같은 곳도 있다. 하지만 아르헨티나, 우루과이의 지역들에서 사용되는 리오쁠라뗀세 스페인어에서는 언급된 활용이 직설법 현재에서 조금 다르다. 따라서 'vos'의 인칭에 맞게 동사를 활용하기 위해서는 다음의 직설법 현재시제 어미들을 유의해야 한다.

	...ar	**...er**	**...ir**
Vos	...ás	...és	...ís

Asimismo, se debe tener en mente que en "vos" no hay cambios irregulares de los verbos, tal cual sucede usando "tú"; solo hay que recordar que la conjugación del verbo "ser" en "vos" es "sos". Para ejemplificar y comprender mejor esto, ve la siguiente tabla comparativa.

또한 'vos'를 사용할 때에는 'tú'를 쓸 때와 같이 동사에 불규칙변화가 없다는 것도 유념해야 한다. 다만 동사 'ser'의 'vos'인칭에 해당하는 활용은 'sos'라는 것을 기억해야 한다. 이에 대한 예를 들고 더 잘 이해하기 위해 다음의 비교 표를 보자.

Verbo	Tú	Vos
Hablar	hablas	hablás
Correr	corres	corrés
Escribir	escribes	escribís
Almorzar	almuerzas	almorzás
Poder	puedes	podés
Venir	vienes	venís
Jugar	juegas	jugás
Construir	construyes	construís
Ser	eres	**sos**
Estar	estás	estás

Se podría decir que la gente que usa el voseo entiende, perfectamente, a los hablantes que usan "tú" y no hay problema alguno en la comunicación. Es también verdad que la mayoría de los hispanos, estos días, usan "tú" en lugar de "vos". Sin embargo, no se debe despreciar el uso del voseo ni criticarlo porque es también una parte importante del castellano que, sin ninguna duda, lo enriquece y embellece.

'vos'를 사용하는 사람들은 'tú'를 쓰는 사람들을 완벽히 이해하고 의사소통에 전혀 문제가 없다고 말할 수 있다. 또한 대다수의 스페인어 문화권의 사람들이 오늘날 'vos'대신 'tú'를 사용하는 것도 사실이다. 그렇지만 이것 또한 스페인어를 풍부하고 아름답게 만들어주는 중요한 한 부분이기 때문에 'vos'의 사용을 평가절하하거나 비판해서는 안된다.

¡Actividad especial!

Vamos a practicar el voseo
'vos'로 부르기를 연습해 봅시다

Escribe en los siguientes diálogos el vocabulario correspondiente; identificando, claramente, la ciudad en la cual se usaría el voseo.
다음 대화문에 'voseo'를 사용할 것 같은 도시들을 명확히 구별해서 해당하는 단어들을 적어 봅시다.

Dos amigos en Madrid

Rosa: ¡Hola, Andrés! ¿Cómo __________?
Andrés: Bien, Rosa. ¿Y __________?
Rosa: Muy bien. Necesito una pluma para escribir en clase. ¿__________ una?
Andrés: ¿Qué __________? No escucho bien.
Rosa: ¿ __________ prestarme una pluma, por favor?
Andrés: Claro. Aquí __________ dos: una negra y una azul. ¿Cuál __________?
Rosa: No sé, las dos son bonitas.
Andrés Si __________, __________ tomar las dos. Yo no las necesito.
Rosa: Mil gracias, solo tomaré la negra. ¿Qué __________ después de clases generalmente?
Andrés: Voy a la biblioteca para estudiar mucho. __________ no __________ ahí, ¿verdad?
Rosa: No, estudio en mi cuarto. _____ muy estudioso ¿A qué hora __________ a casa?
Andrés: A las 11:00 p. m.
Rosa: Muy tarde. ¿A qué hora te __________?
Andrés: A eso de la 1:30 a. m.
Rosa: ¿Cuántas horas __________?
Andrés: Generalmente, seis horas cada día entre semana.

Dos amigos en Buenos Aires

Rosa: ¡Hola, Andrés! ¿Cómo __________?
Andrés: Bien, Rosa. ¿Y __________?
Rosa: Muy bien. Necesito una pluma para escribir en clase. ¿__________ una?
Andrés: ¿Qué __________? No escucho bien.
Rosa: ¿ __________ prestarme una pluma, por favor?
Andrés: Claro. Aquí __________ dos: una negra y una azul. ¿Cuál __________?
Rosa: No sé, las dos son bonitas.
Andrés Si __________, __________ tomar las dos. Yo no las necesito.
Rosa: Mil gracias, solo tomaré la negra. ¿Qué __________ después de clases generalmente?

Andrés:	Voy a la biblioteca para estudiar mucho. __________ no __________ ahí, ¿verdad?
Rosa:	No, estudio en mi cuarto. _____ muy estudioso ¿A qué hora __________ a casa?
Andrés:	A las 11:00 p. m.
Rosa:	Muy tarde. ¿A qué hora te __________?
Andrés:	A eso de la 1:30 a. m.
Rosa:	¿Cuántas horas __________?
Andrés:	Generalmente, seis horas cada día entre semana.

◇◇

acostás
acuestas
decís
dices
dormís
duermes
Eres
Sos
estás
estás
estudias
estudiás
haces
hacés
Podés
podés
Puedes
puedes
preferís
prefieres
querés
quieres
Tenés
tenés
Tienes
tienes
tú
Tú
vos
Vos
volvés
vuelves

Notas

Listas de vocabularios para memorizar

• Vocabulario 4.1 Verbos para practicar conjugación regular en pretérito 과거시제 규칙 활용 연습을 위한 동사들	
Acompañar	동행하다, 곁들이다
Adivinar	추측하다
Administrar	관리하다, 경영하다
Agradecer	감사하다
Aguantar	견디다
Aumentar	증가하다
Bucear	잠수하다
Cancelar	취소하다
Comparar	비교하다
Confiar (en)	…를 신뢰하다(영어의 'trust'에 해당)
Conocer	(사람이나 장소를 경험적으로) 알다
Conquistar	정복하다
Contestar	대답하다
Cortar	자르다
Cosechar	수확하다
Crecer	자라다
Encontrar	찾아내다
Imprimir	인쇄하다
Prestar	빌려주다
Vivir	살다

• Vocabulario 4.2 Verbos reflexivos para practicar conjugación regular en pretérito 과거 규칙활용 연습을 위한 재귀동사들	
Aburrirse	지루해하다
Acostarse	눕다
Aliviarse	호전되다
Bañarse	샤워하다
Casarse	결혼하다
Cepillarse	솔질하다
Ducharse	샤워하다
Emborracharse	술에 취하다
Encontrarse (con)	…와 만나다
Enfermarse	아프다
Enojarse	화나다
Graduarse	졸업하다
Lavarse	씻다
Levantarse	일어나다
Maquillarse	화장하다
Peinarse	빗질하다

• Vocabulario 4.3 Verbos con terminación "zar" 'zar'로 끝나는 동사들	
Abrazar	껴안다
Adelgazar	날씬해지다
Almorzar	점심 먹다
Alcanzar	도달하다
Analizar	분석하다
Cazar	사냥하다
Colonizar	식민지화하다
Comenzar	시작하다
Empezar	시작하다
Estabilizar	안정시키다
Cruzar	가로지르다
Danzar	춤추다
Organizar	조직하다
Hospitalizar	입원시키다
Lanzar	던지다, 발사하다
Memorizar	암기하다
Rezar	기도하다
Utilizar	사용하다
Reutilizar	재사용하다
Tranquilizar	진정시키다

• Vocabulario 4.4 Verbos semirregulares en pretérito 과거형이 약간 불규칙한 동사들	
Aparcar	주차하다
Aplicar	붙이다, 적용하다
Atacar	공격하다
Buscar	찾다
Chocar	부딪히다
Clasificar	분류하다
Practicar	연습하다
Secar	말리다
Apagar	끄다
Cargar	들다, 충전하다
Recargar	다시 들다, 충전하다
Conjugar	동사를 활용하다
Investigar	조사하다
Jugar	놀다
Averiguar	조사하다
Construir	건축하다
Reconstruir	재건축하다
Destruir	파괴하다
Disminuir	줄이다
Ver	보다

• Vocabulario 4.5 Verbos afectivos para practicar conjugación regular en pretérito
과거시제 규칙활용 연습을 위한 기호동사들

Gustar	좋아하다
Encantar	매우 좋아하다
Fascinar	매우 좋아하다
Aburrir	지루하게 하다
Dar miedo	무서움을 주다
Dar risa	웃음을 주다
Doler	아프다
Importar	중요하다
Impresionar	감명을 주다
Interesar	흥미를 끌다
Molestar	귀찮게 하다, 방해하다
Parecer	(...하게) 보이다
Quedar	어울리다, 맞다
Sobrar	차고 넘치다
Quedar	남다
Faltar	부족하다

• Vocabulario 4.6 Verbos irregulares importantes en pretérito
과거형이 불규칙한 중요동사들

Ser	...이다
Ir	가다
Estar	...이다, 있다
Tener	가지다
Andar	걷다
Venir	오다
Hacer	하다
Querer	좋아하다
Dar	주다
Decir	말하다
Poder	할 수 있다
Saber	알다
Caber	들어가다, ...의 용량을 가지고 있다
Haber	있다
Poner	넣다
Traer	가져오다
Reír	웃다

• Vocabulario 4.7 Verbos irregulares en pretérito derivados
과거형이 불규칙한 동사들에게서 유래된 동사들

Ob<u>tener</u>	획득하다
Man<u>tener</u>	유지하다, 경제적으로 지원하다
Inter<u>venir</u>	개입하다
Des<u>hacer</u>	해체하다
Com<u>poner</u>	작곡하다, 수리하다
Su<u>poner</u>	추측하다, 가정하다
A<u>traer</u>	끌어당기다
Son<u>reír</u>	미소 짓다

• Vocabulario 4.8 Verbos irregulares en pretérito con terminación "ir" y "e"/"o" intermedia
'ir'로 끝나고 중간에 'e', 'o'가 들어가는 과거형이 불규칙한 동사들

Competir	경쟁하다
Medir	측량하다, 재다
Mentir	거짓말을 하다
Pedir	부탁하다
Preferir	선호하다
Repetir	반복하다
Seguir	계속하다, 따라가다
Perseguir	추적하다
Sentir	느끼다
Servir	시중을들다, 봉사하다
Dormir	자다
Morir	죽다

• Vocabulario 4.9 Verbos irregulares en pretérito tipo "oír"
과거형이 불규칙한 'oír'형 동사들

Oír	듣다 (영어의 'hear'에 해당)
Caer	떨어지다
Creer (en)	생각하다, 믿다 (영어의 'believe'에 해당)
Leer	읽다
Proveer	갖추다, 지급하다

• Vocabulario 4.10 Verbos irregulares en pretérito tipo "conducir" 과거형이 불규칙한 'conducir'형 동사들	
Conducir	운반하다, 운전하다
Deducir	추론하다
Introducir	끼워 넣다
Producir	생산하다
Traducir	번역하다
• Expresiones y vocabulario a tener en cuenta en los diálogos 대화문에 나오는 유의해야 할 표현과 어휘들	
Dios	신
El castillo de arena	모래성
El Día de la Cosecha = El Día de Acción de Gracias	추석, 추수감사절
El día festivo = El día feriado = El feriado	공휴일, 연휴
El estudio	원룸
El familiar = El pariente	친척
El juez	판사
El pez	물고기
La clase de composición	작문 수업
La conferencia	회의, 강연회
La luz	빛
La piscina	수영장
La Semana Santa	세마나 산타 (가톨릭 문화권 국가들의 부활절주)

La vela	초
Coleccionar	수집하다
Desvelarse	늦게까지 깨어있다
Pasar la noche en vela = Pasar la noche en blanco	밤을 새다
Disfrutar	즐기다
Elegir = Escoger = Seleccionar	고르다
Inventar	발명하다
Nacer	태어나다
Pintar	칠하다, 그림 그리다
Quedarse	머무르다
Rendir homenaje	경의를 표하다
Reunirse	모이다
Tomar el sol	선탠 하다
Estoy satisfech@	잘 먹었습니다
Estoy llen@	배부르다
Estoy muert@ de hambre	배고파 죽을 것 같아요
Estoy muert@ de sueño	졸려 죽을 것 같아요
Estoy muert@ de miedo	무서워 죽을 것 같아요
Estoy muert@ de cansancio	피곤해 죽을 것 같아요
¿En serio? = ¿En verdad? = ¿De verdad? = ¿De veras?	진짜?
Claro que no	물론 아니야
Francamente hablando	솔직히 말해서
Menos mal	다행이다
Nada en especial = Nada en particular	특별한 것/일 없어
Mismo	같은
Tan	너무, 매우, 이토록

Notas

LECCIÓN 5

¿Dónde vivías cuando eras niño?

Práctica oral de estructuras gramaticales

〉〉〉〉문법 구조 말로 연습하기〈〈〈〈

Las maneras para agradecer 감사를 표현하는 방법들

• Vocabulario 5.1 Los agradecimientos y sus respuestas 감사인사와 대답

1. Gracias 감사합니다
2. Muchas gracias 정말 감사합니다
3. Muchísimas gracias = Mil gracias 정말 감사합니다
4. Te/Se lo agradezco 고마워 / 감사합니다 (위의 표현들보다 정중함)
5. De nada = Por nada = No hay de qué 천만에요
6. Es un placer 별 말씀을요, 제 기쁨입니다
7. (Gracias) A ti/Ud. 내가 고맙지 / 제가 감사하죠

¤ Para expresar la gratitud a otra persona, se usa el verbo "agradecer" incluyendo "lo" que sería por lo que se le agradece a alguien. La manera informal es "te lo agradezco", mientras que la formal es "se lo agradezco".

다른 사람에게 감사를 표현하기 위해서는 감사하는 이유를 가리키는 'lo'를 포함한 동사 'agradecer'를 쓴다. 'Te lo agradezco.'는 비격식적 표현이고 'Se lo agradezco.'는 격식적 표현이다.

¤ Cuando una persona hace un favor y es agradecida por ello, debe responder "de nada", "por nada" o "no hay de qué"; con lo cual expresa que el bien que ha hecho no es nada importante y, por lo tanto, no amerita ser agradecido. Una manera muy cortés y elegante de responder en este caso es "es un placer", lo cual en inglés sería como "*it is my pleasure*".

누군가가 호의를 베풀고 그에 대한 감사인사를 받게 되었을 때에는 'De nada'', 'Por nada.', 'No hay de qué.'라고 말해야 한다. 이것은 그 사람이 한 일이 중요하지 않고 그러므로 감사를 받을 필요가 없다는 것을 나타낸다. 이 경우, 앞의 표현보다 더 정중하고 세련된 대답 방법은 영어의 'It's my pleasure.'에 해당하는 'Es un placer.'이다.

¤ Cuando el agradecimiento es mutuo, se usa "(gracias) a ti" o "(gracias) a Ud." dependiendo el caso.

감사인사가 상호간에 이루어지는 것이라면 상황에 따라 '(Gracias) A ti' 나 '(Gracias) A Ud.'를 쓴다.

¡Vamos a practicar!

☼ **Modelo**

Amigo: Gracias por venir a mi fiesta. 내 파티에 와줘서 고마워.
Respuesta: *(Gracias) A ti.* 내가 너에게 더 고맙지.

Señora: Mil gracias por apagar las luces. 불을 꺼주셔서 정말 감사합니다.
Respuesta: *De nada. = Por nada. = No hay de qué.* ≈ *Es un placer. 별 말씀을요.

1. Profesor: Gracias por su atención, chicos. Aquí terminamos la clase de hoy.
2. Cliente: Muchas gracias, mesero, por traerme más pan.
3. Amigo: Muchísimas gracias por ayudarme con mi tarea.
4. Abuelo: Gracias por venir a almorzar a mi casa.
5. Señor: Mil gracias por devolverme mi celular.

Las lenguas romances 로망스어군

¤ Las lenguas romances son un grupo de lenguas estrechamente relacionadas y muy similares entre sí. Dicha similitud se debe a que todas ellas tienen una misma lengua madre: el latín. Existen más de 20 lenguas romances; sin embargo, muchas de ellas están desapareciendo por su uso regional y poca difusión. Se podría decir que, en la actualidad, solo cinco de ellas tienen un uso "general", debido a su considerable número de hablantes. Asimismo, estas cinco son bastante estudiadas y reconocidas a nivel internacional.

로망스어군은 서로 긴밀하게 관련되어있고 매우 공통점이 많은 언어 그룹이다. 앞에 언급된 공통점은 모든 로망스어들이 라틴어라는 공통의 모체언어를 가지는 것에 기인한다. 20개가 넘는 로망스어들이 존재하지만 그 중 많은 수는 국지적인 사용과 극히 적은 보급으로 사라지고 있다. 현재에는 이 로망스어들 중 사용자의 수가 상당히 많은 다섯 개 언어만이 일반적으로 사용되고 있다. 또한 이 다섯 개의 로망스어는 많이 연구되고 있고 국제적으로 인정되고 있다.

• Vocabulario 5.2 Las lenguas romances con mayor difusión internacional 국제적으로 많이 보급된 로망스어들

1. El español = El castellano 스페인어
2. El francés 프랑스어
3. El italiano 이탈리아어
4. El portugués 포르투갈어
5. El rumano 루마니아어

La conjugación del pretérito imperfecto
동사의 불완료과거 활용

¤ En el español, como en otras lenguas romances, existe un tiempo verbal en pasado muy peculiar: el pretérito imperfecto. Antes de ver su uso, vamos a aprender su conjugación.
스페인어에서는 여타의 로망스어들과 마찬가지로 불완료과거라는 매우 독특한 과거시제가 존재한다. 불완료과거의 용법을 보기 전에 활용형을 먼저 배워보자.

...ar	**...er/...ir**
...aba	...ía
...abas	...ías
...aba	...ía
...ábamos	...íamos
...abais	...íais
...aban	...ían

Estudiar	**Aprender**	**Escribir**
estudi**aba**	aprend**ía**	escrib**ía**
estudi**abas**	aprend**ías**	escrib**ías**
estudi**aba**	aprend**ía**	escrib**ía**
estudi**ábamos**	aprend**íamos**	escrib**íamos**
estudi**abais**	aprend**íais**	escrib**íais**
estudi**aban**	aprend**ían**	escrib**ían**

¤ No olvides poner tilde en “ábamos”, cuando el verbo termina en “ar”. Asimismo, recuerda que los verbos que terminan en “er” e “ir” llevan siempre tilde en la “i” al conjugarlos en pretérito imperfecto.
동사가 ‘ar’로 끝날 때에 ‘ábamos’에 띨데를 표시하는 것을 잊지 말자. 또한 ‘er’나 ‘ir’로 끝나는 동사들은 불완료과거로 활용할 때에 ‘i’에 늘 띨데를 포함한다는 것을 잊지 말자.

◘ ¡Vamos a conjugar en pretérito imperfecto! 동사를 불완료과거로 활용시켜 봅시다!

• Vocabulario 5.3 Verbos para practicar conjugación en pretérito imperfecto 불완료과거 활용 연습을 위한 동사들

1. Decorar 꾸미다, 장식하다
2. Descansar 쉬다
3. Destruir 파괴하다
4. Devolver 되돌려주다
5. Dibujar 그림 그리다
6. Disfrutar 즐기다
7. Encender 불을 붙이다, 스위치를 켜다
8. Enviar 보내다
9. Esquiar 스키 타다
10. Excavar 파다
11. Explicar 설명하다
12. Explorar 탐험하다
13. Felicitar a alguien (누군가를) 축하하다
14. Festejar un evento = Celebrar un evento (어떤 일을) 축하하다
15. Firmar 서명하다
16. Fumar 담배 피우다
17. Golpear 때리다
18. Gritar 소리지르다
19. Hacer ejercicio 운동하다
20. Imprimir 인쇄하다

¤ En pretérito imperfecto solo hay tres verbos irregulares: "ir", "ser" y "ver". ☺
불완료과거형이 불규칙한 동사는 'ir', 'ser', 'ver' 세 개뿐이다. ☺

Ir	Ser	Ver
iba	era	veía
ibas	eras	veías
iba	era	veía
íbamos	éramos	veíamos
ibais	erais	veíais
iban	eran	veían

¤ Al conjugar en pretérito imperfecto algún verbo reflexivo, no olvides poner al inicio la partícula reflexiva (me, te, se, nos, os, se), como se hace con este tipo de verbos comúnmente.
재귀동사를 불완료과거로 활용시킬 때, 이 종류의 동사들을 사용할 때 일반적으로 하는 것처럼 앞에 재귀대명사(me, te, se, nos, os, se)를 쓰는 것을 잊지 말자.

¤ ¡Vamos a conjugar en pretérito imperfecto! 동사를 불완료과거로 활용시켜 봅시다!

• Vocabulario 5.4 Verbos reflexivos para practicar conjugación en pretérito imperfecto 불완료과거 활용 연습을 위한 재귀동사들

1. Dormirse 잠들다, 곤히 자다
2. Despertarse 깨어나다
3. Subirse a (교통수단에) 타다
4. Bajarse de (교통수단에서) 내리다
5. Ponerse 입다, 쓰다, 신다
6. Quitarse 벗다
7. Casarse con ...와 결혼하다
8. Mudarse 이사하다
9. Moverse 움직이다
10. Irse 출발하다, 떠나다

El pretérito imperfecto para acción continua en el pasado 과거에 지속되던 행위나 상태를 표현하는 불완료과거

¤ El pretérito imperfecto tiene varios usos. Uno de ellos es el de expresar una acción continua en el pasado. Este sentido puede expresarse también con el verbo "estar" en pretérito imperfecto más un gerundio. Ejemplos:
불완료과거의 용법은 다양하다. 그 중 하나는 과거에 지속되던 행위나 상태를 나타내는 것이다. 이는 또한 동사 'estar'의 불완료과거형에 현재분사를 사용해서 나타낼 수도 있다. 예:

Llovía mucho a las 5:00 p. m. = Estaba lloviendo mucho a las 5:00 p. m.
오후 5시에 비가 많이 오고 있었다.
¿Qué hacías tú al mediodía? = ¿Qué estabas haciendo tú al mediodía?
정오에 무엇을 하고 있었니?

¤ ¡Vamos a practicar!

☼ **Modelo**

Mi familia y yo ver la televisión en casa ayer a esta hora
Mi familia y yo veíamos la televisión en casa ayer a esta hora.
나의 가족과 나는 어제 이 시간에 집에서 텔레비전을 보고 있었다.
Mi familia y yo estábamos viendo la televisión en casa ayer a esta hora.

1. Las señoritas decorar el salón para la fiesta ayer a esta hora
2. Mis padres descansar en su habitación ayer a esta hora
3. Los albañiles (미장이) destruir la casa antigua ayer a esta hora
4. Vosotros devolver unos libros a la biblioteca ayer a esta hora
5. Los niños dibujar unos animales en sus cuadernos ayer a esta hora

6. Nosotros disfrutar unos helados deliciosos ayer a esta hora
7. Los empleados de la oficina encender sus computadoras ayer a esta hora
8. Yo enviar una carta ayer a esta hora
9. Vosotros esquiar en la montaña ayer a esta hora
10. Los ingenieros excavar un hoyo (구덩이) en la montaña para hacer un túnel ayer a esta hora
11. La maestra nos explicar la gramática en la clase ayer a las 10:00 de la mañana
12. Los exploradores (탐험가) explorar la selva (정글, 밀림) ayer por la mañana
13. Mis hermanos y yo felicitar a nuestro padre ayer a las 7:00 de la mañana porque ayer fue su cumpleaños
14. Mis hermanos y yo festejar el cumpleaños de nuestro padre ayer a las 10:00 de la noche
15. Mis hermanos y yo celebrar el cumpleaños de nuestro padre ayer a las 10:00 de la noche
16. Los nuevos empleados firmar sus contratos (계약서) hoy a las 8:00 de la mañana
17. El portero (경비원) fumar ayer a la medianoche
18. La señora golpear a su esposo y su esposo gritar ayer a las 11:00 de la noche
19. Ud. y su esposa hacer ejercicio en el gimnasio hoy a las 6:00 de la mañana
20. Yo imprimir mi ensayo (에세이) hoy a las 7:00 de la mañana

◘ ¡Vamos a practicar!

☼ Modelo

El bebé dormirse ayer a las 10:00 de la noche
El bebé se dormía ayer a las 11:00 de la noche. 아기는 어젯밤 11시에 자고 있었다.
El bebé se estaba durmiendo ayer a las 11:00 de la noche.
El bebé estaba durmiéndose ayer a las 11:00 de la noche.

1. Yo dormirse ayer a la medianoche
2. Nosotros despertarse hoy a las 6:00 de la mañana
3. Vosotros subirse al autobús hoy a las 8:00 de la mañana
4. Ella bajarse del avión ayer a esta hora
5. Mis padres ponerse la ropa hoy a las 7:00 de la mañana
6. El estudiante quitarse el uniforme (교복) ayer a la medianoche
7. Ana casarse con Minho el sábado a las 3:00 de la tarde
8. Mi familia y yo mudarse el domingo por la mañana
9. Los árboles moverse mucho ayer por la tarde porque hacer mucho viento
10. Uds. irse a casa el viernes a las 6:00 de la tarde

◘ ¡Vamos a practicar!

☼ Modelo

¿Qué <u>hacer</u> Uds. ayer a las 10:00 de la noche? / Nosotros <u>estudiar</u>
Pregunta a) *¿Qué hacían Uds. ayer a las 10:00 de la noche?*
너희들은 어젯밤 10시에 무엇을 하고 있었니?
Respuesta a) *Nosotros estudiábamos.*
우린 공부하고 있었어.
Pregunta b) *¿Qué estaban haciendo Uds. ayer a las 10:00 de la noche?*
Respuesta b) *Nosotros estábamos estudiando.*

1. ¿Qué <u>hacer</u> tú ayer al mediodía? / Yo <u>almorzar</u> en la cafetería
2. ¿Qué <u>hacer</u> Uds. ayer a las 2:00 de la tarde? / Nosotros <u>ir</u> a la biblioteca
3. ¿Qué <u>hacer</u> Ud. hoy a las 8:00 de la mañana? / Yo <u>conducir</u> mi coche
4. ¿Qué <u>hacer</u> tú ayer a las 6:00 de la tarde? / Yo <u>regresar</u> a casa
5. ¿Qué <u>hacer</u> los niños a la medianoche? / Ellos <u>dormir</u> en su cuarto
6. ¿Qué <u>hacer</u> Uds. ayer a las 9:00 de la noche? / Nosotros <u>beber</u> una cerveza y <u>conversar</u> en un bar
7. ¿Qué <u>hacer</u> Julia ayer a las 11:00 de la noche? / Ella <u>preparar</u> una presentación
8. ¿Qué <u>hacer</u> vosotros ayer a la 1:30 de la tarde? / Nosotros <u>tomar</u> la clase
9. ¿Qué <u>hacer</u> Ud. ayer a las 8:00 de la noche? / Yo <u>ver</u> una película en el cine
10. ¿Qué <u>hacer</u> vosotros ayer al mediodía? / Nosotros <u>entrar</u> al salón de clase

• Vocabulario 5.5 Los medios de comunicación 미디어

1. El correo 우편
2. El correo electrónico 전자우편
3. El fax 팩스
4. El Internet 인터넷
5. El periódico 신문
6. El teléfono 전화
7. La radio 라디오
8. La revista 잡지
9. La televisión 텔레비전
10. Las noticias 뉴스

■ **¡Vamos a practicar!**

☼ **Modelo**

Algunos estudiantes dormirse mientras el profesor explicar
Algunos estudiantes se dormían mientras el profesor explicaba.
선생님께서 설명하시고 계시는 동안 몇몇 학생들은 자고 있었다.
Algunos estudiantes se estaban durmiendo mientras el profesor estaba explicando.
Algunos estudiantes estaban durmiéndose mientras el profesor estaba explicando.

1. Mi padre leer una revista mientras mi madre cocinar
2. Mi hermana cantar mientras ella ducharse
3. Los chicos mirar la televisión mientras las chicas escuchar la radio
4. Tú leer las noticias en el periódico mientras yo hablar por teléfono
5. La secretaria recibir un fax mientras su jefe navegar en Internet
6. Yo escribir un correo electrónico mientras tú escribir un mensaje de texto
7. El taxista escuchar las noticias en la radio mientras él conducir
8. Ud. leer una revista mientras (Ud.) viajar en el tren
9. Mis padres conversar mientras (mis padres) ir al supermercado en su coche
10. Nosotros mirar una película mientras (nosotros) viajar en el avión

El pretérito imperfecto para periodos de tiempo en el pasado 과거의 기간을 나타내는 불완료과거

¤ Otro de los usos del pretérito imperfecto es el de expresar un periodo de tiempo en el pasado y una actividad que sucedía continuamente en ese lapso. Ejemplo:
불완료과거의 또 다른 용법은 과거의 기간과 그 시간 동안 계속적으로 일어났던 행위를 나타내는 것이다. 예:

Cuando José era niño, él y su familia vivían en EE. UU.
호세가 어릴 적에 그와 그의 가족은 미국에 살았다.

Cuando yo tenía 15 años, yo iba al instituto de inglés todas las tardes.
내가 열 다섯 살이었을 때 나는 매일 오후에 영어학원에 갔었다.

Cuando tú estabas en la preparatoria, tú estudiabas mucho.
네가 고등학교에 다닐 때 너는 공부를 많이 했었다.

• Vocabulario 5.6 Las escuelas 학교들

1. La guardería 어린이집
2. El jardín de niños 유치원
3. La primaria 초등학교
4. La secundaria 중학교
5. La preparatoria = El bachillerato 고등학교
6. La universidad 대학교
7. La escuela de posgrado = La escuela de postgrado 대학원
8. El instituto 학원

◘ ¡Vamos a practicar!

☼ Modelo

Cuando yo estar en la primaria, (yo) practicar taekwondo
Cuando yo estaba en la primaria, practicaba taekwondo.
내가 초등학교에 다닐 때 나는 태권도를 연습했었다.

1. Cuando nosotros ser niños, (nosotros) beber muchos refrescos
2. Cuando yo estar en la preparatoria, (yo) estudiar chino
3. Cuando mi mamá ser joven, (mi mamá) tener el pelo largo
4. Cuando ellas ser estudiantes de preparatoria, (ellas) no maquillarse
5. Cuando mi padre estar en la universidad, (mi padre) vivir en un dormitorio
6. Cuando él estar en el servicio militar (군복무), (él) comer fideos instantáneos (라면)
7. Cuando tú estar en el primer semestre de la universidad, (tú) no estudiar mucho porque jugar mucho
8. Cuando yo tener cinco años, mi familia y yo vivir en Tailandia
9. Cuando mis padres ser jóvenes, (mis padres) ser pobres y vivir en el campo
10. Cuando yo estar en el último año del bachillerato, (yo) dormir poco porque estudiar mucho

¤ Al conjugar en pretérito imperfecto algún verbo afectivo, hay que tener en cuenta que se usa la conjugación en tercera persona del singular y del plural generalmente. Asimismo, para estos verbos, no olvides incluir me, te, le, nos, os, les.

기호동사를 불완료과거로 활용시킬 때에는 3인칭 단수형과 복수형이 주로 쓰인다는 것에 유의해야 한다. 또한 이 동사들을 사용할 때에 앞에 'me, te, le, nos, os, les'를 쓰는 것을 잊지 말자.

Gustar	Doler	Aburrir
gust**aba**	dol**ía**	aburr**ía**
gust**abas**	dol**ías**	aburr**ías**
*gust**aba***	*dol**ía***	*aburr**ía***
gust**ábamos**	dol**íamos**	aburr**íamos**
gust**abais**	dol**íais**	aburr**íais**
*gust**aban***	*dol**ían***	*aburr**ían***

◘ ¡Vamos a practicar!

☼ **Modelo**

Cuando Ud. ser niño, dar risa los payasos
Cuando Ud. era niño, le daban risa los payasos.
당신이 어릴적에는 삐에로들이 당신을 웃게 했었죠.

1. Cuando yo ser niño, gustar jugar videojuegos.
2. Cuando mi hermano mayor estar en el servicio militar, gustar comer pollo frito
3. Cuando nosotros ser niños, dar miedo las películas de horror
4. Cuando Lucía ser niña, gustar los caramelos
5. Cuando él estar en el primer año del bachillerato, gustar las chicas de Sonyeoshidae
6. Cuando yo estar en la primaria, fascinar ir al parque de diversiones
7. Cuando tú y yo estar en la secundaria, encantar las películas cómicas
8. Cuando vosotros estar en el primer semestre de vuestra carrera, gustar comer pizza con cola
9. Cuando ella tener 12 años, quedar bien estos jeans; pero ahora *quedar pequeños
10. Cuando Jesús tener 15 años, interesar la cultura japonesa; pero ahora no *interesar

• Vocabulario 5.7 Las clases en la escuela 학교의 수업들

1. La clase de biología 생물학 수업
2. La clase de computación 컴퓨터 수업
3. La clase de educación física 체육 수업
4. La clase de física 물리 수업
5. La clase de geografía 지리 수업
6. La clase de historia 역사 수업
7. La clase de inglés 영어 수업
8. La clase de literatura 문학 수업
9. La clase de matemáticas 수학 수업
10. La clase de música 음악 수업
11. La clase de química 화학 수업
12. La clase de español 스페인어 수업
13. La clase de composición 작문 수업
14. La clase de conversación 회화 수업
15. La clase de gramática 문법 수업
16. La clase de lectura 강독 수업

◘ ¡Vamos a practicar!

☼ Modelo

Cuando nosotros estar en la secundaria, no gustar la clase de inglés
Cuando nosotros estábamos en la secundaria, no nos gustaba la clase de inglés.
중학교에 다닐 적에 우리는 영어수업을 좋아하지 않았었다.

1. Cuando yo estar en la primaria, encantar la clase de música y la clase de educación física
2. Cuando tú estar en la secundaria, fascinar la clase de matemáticas
3. Cuando vosotros estar en la preparatoria, encantar la clase de computación
4. Cuando Ana y José estar en el bachillerato, fascinar la clase de física y la clase de química
5. Cuando Yoona estar en la primaria, encantar la clase de geografía y la clase de historia
6. Cuando tú estar en la secundaria, no gustar la clase de biología
7. Cuando Uds. estar en la preparatoria, fascinar la clase de literatura y la clase de chino
8. Cuando yo estar en el primer semestre de la carrera, encantar la clase de gramática y la clase de composición
9. Cuando tú estar en el primer semestre de la especialidad, no gustar la clase de lectura
10. Cuando nosotros estar en el primer semestre de la universidad, fascinar la clase de conversación ☺

El pretérito imperfecto para acciones que solían pasar 과거에 자주 일어나던 행위들을 나타내는 불완료과거

¤ Otro de los usos del pretérito imperfecto es el de expresar una acción que solía pasar en el pasado, pero que ahora no sucede. El mismo sentido puede ser expresado con el verbo “soler” en pretérito imperfecto seguido por un infinitivo. Ejemplos:

또 다른 불완료과거의 용법들 중 하나는 과거에 자주 일어나곤 했지만 현재에는 일어나지 않는 행위들을 나타내는 것이다. 이와 같은 의미는 또한 ‘soler(늘 ...하다)’ 동사의 불완료과거형에 동사원형을 사용해서 나타낼 수 있다. 예:

Mi papá fumaba. = Mi papá solía fumar.
나의 아빠는 담배를 피우시곤 했었다.

Mi abuela bebía café por las mañanas. = Mi abuela solía beber café por las mañanas.
나의 할머니께서는 아침마다 커피를 마시곤 하셨다.

Yo iba al gimnasio todas las tardes. = Yo solía ir al gimnasio todas las tardes.
나는 오후마다 체육관에 가고는 했었다.

Ellos estudiaban mucho cuando estaban en la preparatoria. = Ellos solían estudiar mucho cuando estaban en la preparatoria.
고등학교에 다닐 때 그들은 공부를 많이 하곤 했었다.

Todos los veranos mi familia y yo íbamos al Mar del Este. = Todos los veranos mi familia y yo solíamos ir al Mar del Este.
매년 여름이면 나의 가족과 나는 동해에 가곤 했었다.

Antes las botellas de refresco eran de vidrio, pero ahora son de plástico. = Antes las botellas de refresco solían ser de vidrio, pero ahora son de plástico.
예전에는 음료수병들이 유리로 되어있었지만 지금은 플라스틱으로 되어있다.

◘ ¡Vamos a practicar!

☼ Modelo

Antes mi padre <u>jugar</u> fútbol
Antes mi padre jugaba fútbol. 예전에는 나의 아버지께서 늘 축구를 하셨었다.
Antes mi padre solía jugar fútbol. 예전에는 나의 아버지께서 늘 축구를 하셨었다.

1. Yo <u>ir</u> a misa con mi familia todos los domingos
2. Mi familia y yo <u>ver</u> una película en casa los fines de semana
3. Sunny <u>llegar</u> a casa antes de la medianoche
4. Uds. <u>jugar</u> tenis de mesa después de las clases
5. Vosotros <u>estar</u> en la biblioteca por las tardes
6. Yo <u>dormir</u> antes de la medianoche
7. Antes Sofía y Ana no <u>tomar</u> alcohol
8. Mis amigos y yo <u>ir</u> al instituto de inglés por las noches
9. Antes mis hermanos y yo <u>comer</u> muchos caramelos
10. Vosotros <u>llegar</u> a la universidad a las 9:00 a. m.
11. Antes Julio y Marco no <u>estudiar</u> mucho
12. Yuri <u>ir</u> al karaoke con sus amigas los sábados
13. Mis compañeros de clase <u>beber</u> mucho todos los viernes
14. Santa Claus me <u>traer</u> regalos en Navidad
15. Los turistas extranjeros no <u>venir</u> a Corea
16. Antes Corea <u>recibir</u> ayuda de otros países
17. Antes los coreanos no <u>tomar</u> mucha leche
18. Antes los coreanos no <u>viajar</u> al extranjero
19. Antes <u>nevar</u> mucho en Corea durante el invierno
20. Antes no <u>hacer</u> tanto calor en Corea durante el verano

Expresiones y vocabulario a tener en cuenta en los diálogos 대화문에 나오는 유의해야 할 표현과 어휘들

El ambiente 분위기
El bádminton 배드민턴
El examen de ingreso a la universidad 대학수학능력시험
El gobernante 지도자, 통치자
El producto interno bruto (PIB) 국내총생산
El producto interno bruto per cápita (PIB per cápita) 일인당 국민소득
La bici 자전거('bicicleta'의 준말)
La cámara profesional 전문가용 카메라
La compañía multinacional 다국적기업
La economía 경제
La Guerra de Corea 한국전쟁
Las flores de cerezo 벚꽃
Los electrodomésticos 가전제품
Económico 경제의, 경제적인
Aunque ...함에도 불구하고
Mientras 반면에, ...하는 동안에
Sin embargo 그러나('pero'와 같은 뜻이지만 훨씬 더 형식적인 표현)
Andar en bicicleta/bici 자전거를 타고 다니다
Darse prisa 서두르다
Desaparecer* (desaparezco) 사라지다, 사라지게 하다
Mejorar 나아지다
Preocuparse por algo/alguien (사람이나 일에 대해) 걱정하다

Todos los padres se preocupan por sus hijos.
모든 부모님들은 자신의 아이들을 걱정한다.

Yo no me preocupo por el examen.
나는 시험을 걱정하지 않는다.

Recoger* (recojo) 데리러 오다, 줍다
Soler* (ue) 자주 ...하다
Tener lugar 자리를 잡다
Tomar fotos 사진을 찍다
Actualmente = Hoy en día = Estos días 현재에는
Así es 맞아
Es verdad 그건 그래, 사실이야
En aquel entonces 그 당시에는
Hasta entonces 그 때 보자
¡Qué tiempos aquellos! 그 때가 좋았지!

🎧 Diálogo #13 (En el chat 대화방에서)

Bora: Ayer por la mañana hacía muy buen tiempo, ¿verdad?
Julio: Sí, es verdad. Hacía sol, pero no hacía calor.
Bora: ¿Dónde estabas ayer por la mañana?
Julio: Estaba en el campo con mi familia.
Bora: ¿Qué estabas haciendo ayer a esta hora?
Julio: Estaba jugando bádminton con mi hermana menor. Mi padre leía un libro mientras mi madre preparaba unos sándwiches para almorzar. Y tú, ¿qué hacías?
Bora: Yo estaba paseando por el parque con mi perro. De hecho, había muchísima gente en el parque. Muchos niños andaban en bici y muchas personas veían las flores de cerezo.
Julio: ¡Guau! Seguramente, el ambiente era hermoso.
Bora: Sí, así es. Quería tomar fotos, pero mi móvil no tenía batería.
Julio: ¡Qué pena! Entonces, tienes que ir otra vez al parque para tomar fotos.
Bora: Sí, pero tengo que darme prisa porque las flores de cerezo desaparecerán pronto.
Julio: ¿Qué piensas hacer mañana por la tarde?
Bora: Nada en especial, ¿por qué?
Julio: ¿Por qué no vamos juntos al parque para tomar fotos? Yo tengo una cámara profesional.
Bora: ¡Suena bien! Nos vemos en el parque a las 5:00 de la tarde, ¿vale?
Julio: Vale. Hasta entonces.

1. ¿En qué estación tiene lugar esta conversación?

____

2. ¿Qué hacían Julio y Bora ayer a esta hora?

____

3. ¿Por qué no tomó fotos en el parque Bora?

____

Bora: 어제 아침에 날씨가 무척 좋았어, 그렇지?
Julio: 응, 맞아. 해가 났는데도 덥지 않았어.
Bora: 어제 아침에 어디에 있었어?
Julio: 가족들이랑 시골에 있었어.
Bora: 어제 이 시간에 뭐 하고 있었어?
Julio: 내 여동생이랑 배드민턴 치고 있었어. 나의 아버지께서는 나의 어머니께서 점심으로 먹을 샌드위치를 만드시는 동안 책을 읽고 계셨어. 너는? 뭐 하고 있었어?
Bora: 나는 내 강아지랑 공원을 산책하고 있었어. 사실 공원에 사람이 되게 많이 있었어. 많은 아이들은 자전거를 타고 다니고 많은 사람들이 벚꽃을 보고 있었지.
Julio: 우와! 틀림없이 분위기가 아름다웠겠네.
Bora: 응, 맞아. 사진을 찍고 싶었지만 휴대폰에 배터리가 없었어.
Julio: 안됐다! 그러면 사진 찍으러 공원에 다시 가야겠다.
Bora: 응, 하지만 벚꽃이 금방 사라질 테니 서둘러야만 해.
Julio: 내일 오후에 뭐 할 생각이니?
Bora: 특별한 일 없는데, 왜?
Julio: 공원에 사진 찍으러 같이 가지 않을래? 나 전문가용 카메라가 하나 있어.
Bora: 좋은 생각이다! 오후 다섯 시에 공원에서 보자, 알았지?
Julio: 알았어. 그 때 보자.

Diálogo #14 (En un café 카페에서)

***Carlos*:**	¿Dónde vivías cuando tenías 10 años?
***Jiyoon*:**	Cuando tenía 10 años, vivía en Los Ángeles porque mi padre trabajaba en una compañía multinacional coreana. De hecho, en aquel entonces mi padre fumaba mucho porque tenía mucho estrés. Es que él era un director de esa compañía.
***Carlos*:**	¿Qué solías hacer cuando vivías ahí?
***Jiyoon*:**	Cuando yo vivía ahí, yo era estudiante de primaria. Por eso iba todos los días a la escuela. Y tú, ¿dónde vivías cuando eras niño?
***Carlos*:**	Cuando era niño, vivía en la Ciudad de México.
***Jiyoon*:**	¿Qué te gustaba hacer cuando eras niño?
***Carlos*:**	Cuando era niño, me gustaba nadar en el mar. De hecho, mi familia y yo íbamos a la playa todos los veranos. ¿Y a ti?
***Jiyoon*:**	A mí me gustaba viajar. De hecho, durante las vacaciones viajaba con mi madre y con mis hermanos por varias ciudades de EE. UU. Mi padre no viajaba con nosotros porque él siempre tenía mucho trabajo en su oficina.
***Carlos*:**	¿Eras feliz cuando eras niña?
***Jiyoon*:**	Sí, era muy feliz. Aunque comía mucho, era muy delgada porque jugaba fútbol casi todas las tardes con mis amigas estadounidenses.
***Carlos*:**	Yo también era muy feliz. Siempre jugaba, comía caramelos y no me preocupaba por nada. ¡Qué tiempos aquellos!, ¿verdad?
***Jiyoon*:**	Sí, ¡qué tiempos aquellos!

1. ¿Por qué fumaba mucho el padre de Jiyoon?

____

2. ¿Adónde iba Carlos todos los veranos cuando era niño?

____

3. ¿Por qué era muy delgada Jiyoon cuando era niña?

____

Carlos:	열 살 때 너는 어디에 살았니?
Jiyoon:	내가 열 살 때에 나는 LA에 살았는데 아버지께서 한국의 다국적기업에서 일하셨기 때문이었어. 사실 그 당시에는 아버지께서 스트레스가 심하셔서 담배를 많이 피우셨었어. 아버지가 회사의 임원이셨거든.
Carlos:	거기서 살던 때에는 주로 뭘 했었니?
Jiyoon:	내가 거기에서 살 때 나는 초등학생이었어. 그래서 매일 학교에 다녔었지. 너는? 어릴 적에 어디서 살았니?
Carlos:	내가 어릴 적에 나는 멕시코시티에서 살았어.
Jiyoon:	어렸을 땐 무엇을 하는 것을 좋아했니?
Carlos:	내가 어렸을 땐 바다에서 수영하는 것을 좋아했었지. 사실 나의 가족과 나는 매년 여름마다 해변에 가곤 했어. 너는?
Jiyoon:	나는 여행하는 것을 좋아했어. 사실 방학 동안엔 어머니랑 남동생들이랑 미국의 여러 도시들을 여행하곤 했어. 아버지께서는 늘 사무실에 일이 많으셔서 우리와 같이 여행하지 않으셨어.
Carlos:	어렸을 때 너는 행복했니?
Jiyoon:	응, 무지 행복했었지. 많이 먹었어도 거의 매일 오후마다 미국인 친구들과 축구를 해서 되게 날씬했었는데.
Carlos:	나도 무척 행복했었어. 늘 놀고 사탕 먹고 아무 걱정도 하지 않았었는데. 그때가 좋았다! 그렇지?
Jiyoon:	응, 그 때가 좋았지!

Diálogo #15 (En la universidad: Junho es surcoreano y Lucía es argentina.
대학교에서, 준호는 한국인이고 루시아는 아르헨티나인이다.)

***Junho*:**	Antes los surcoreanos eran muy pobres.
***Lucía*:**	¿De verdad? ¿Cómo es posible? Ahora tienen muchas compañías multinacionales muy importantes. Además, venden coches, celulares y electrodomésticos en todo el mundo.
***Junho*:**	Ahora la economía del país es muy buena. Sin embargo, Corea del Sur era uno de los países más pobres del mundo en 1953, después de la Guerra de Corea.
***Lucía*:**	¿Cuál era su producto interno bruto per cápita en aquel entonces?
***Junho*:**	Nuestro producto interno bruto per cápita era U$67 (dólares). Había muchos pobres en el país. No había comida ni medicinas. Los niños no crecían mucho porque no bebían leche. Además, muchas personas morían porque había muy pocos hospitales.
***Lucía*:**	Sin embargo, hoy en día, la economía de Corea del Sur es muy buena, ¿verdad?
***Junho*:**	Sí, así es. Es que los coreanos han trabajado muchísimo para mejorar la situación económica.
***Lucía*:**	Antes la situación económica de Argentina era muy buena. De hecho, Argentina era uno de los países más ricos del mundo hace 100 años. Sin embargo, hemos tenido malos gobernantes y por eso nuestra economía es un poco mala actualmente.
***Junho*:**	¡Qué pena!
***Lucía*:**	Si queremos mejorar nuestra situación económica, tenemos que elegir buenos gobernantes.

1. ¿Por qué los niños surcoreanos no crecían mucho antes?

____

2. ¿Era muy pobre Argentina hace 100 años?

____

3. ¿Qué tienen que hacer los argentinos para mejorar su economía según Lucía?

____

Junho:	예전에 한국인들은 엄청 가난했었어.
Lucía:	정말이야? 그게 어떻게 가능해? 지금은 아주 중요한 다국적 기업들을 많이 가지고 있잖아. 게다가 전 세계에 차, 휴대폰, 가전제품들을 팔고 있잖아.
Junho:	지금은 국가 경제가 아주 좋은 상태지. 하지만 한국전쟁 이후 1953년에 대한민국은 세계에서 가장 가난한 국가들 중 하나였어.
Lucía:	그 당시 일인당 국민소득이 얼마였는데?
Junho:	우리의 일인당 국민소득은 67달러였어. 나라에 가난한 사람들이 정말 많았었지. 음식도 약도 없었어. 아이들은 우유를 못 마셔서 많이 자라지 않았어. 심지어 병원이 거의 없어서 많은 사람들이 죽었어.
Lucía:	하지만 오늘날에는 대한민국의 경제가 좋지, 그렇지?
Junho:	응, 맞아. 한국인들이 경제상황을 개선시키기 위해서 일을 매우 많이 했거든.
Lucía:	예전에 아르헨티나의 경제상황은 정말 좋았었어. 사실 100년 전에 아르헨티나는 세계에서 가장 부유한 국가들 중 하나였지. 하지만 나쁜 지도자들을 거치다 보니 우리의 경제는 현재 약간 나쁜 상태야.
Junho:	안됐구나!
Lucía:	우리의 경제상황을 개선시키고 싶다면 우리는 좋은 지도자를 선택해야 해.

Preguntas para repasar 복습을 위한 질문들

1. ¿Dónde estabas ayer a esta hora?
2. ¿Qué estabas haciendo ayer a esta hora?
3. ¿Qué tiempo hacía ayer a esta hora?
4. ¿Qué hacías ayer al mediodía?
5. ¿Qué estaba haciendo tu padre ayer a la medianoche?
6. ¿Qué hacías ayer a las 10:00 p. m.?
7. ¿Con quién estabas ayer a las 5:00 p. m.?
8. ¿Dónde estabas hoy a las 7:00 a. m.?
9. ¿Dónde vivías cuando eras niñ@?
10. ¿Qué hacías en tu tiempo libre cuando estabas en la primaria?
11. ¿Qué te gustaba comer cuando estabas en la primaria?
12. ¿Jugabas videojuegos cuando eras niñ@?
13. ¿Jugabas fútbol cuando estabas en la secundaria?
14. ¿A qué hora te acostabas cuando estabas en la preparatoria?
15. ¿A qué hora te levantabas cuando estabas en el bachillerato?
16. ¿Bebías café cuando eras niñ@?
17. ¿Qué clase te gustaba cuando estabas en la primaria?
18. ¿Qué clase odiabas cuando estabas en la primaria?
19. ¿Qué clase te encantaba cuando estabas en la secundaria?
20. ¿Qué clase no te gustaba cuando estabas en la secundaria?

21. ¿Qué clase te fascinaba cuando estabas en el bachillerato?

22. ¿Qué clase odiabas cuando estabas en la preparatoria?

23. ¿Qué clase te gustaba cuando estabas en el primer semestre de la universidad?

24. ¿Qué clase no te gustaba cuando estabas en el primer semestre de tu especialidad?

25. ¿Quién era tu mejor amig@ cuando estabas en la secundaria?

26. ¿Quién era tu mejor amig@ cuando estabas en la preparatoria?

27. ¿Dónde vivía tu padre cuando era niño?

28. ¿Dónde vivía tu madre cuando era niña?

29. ¿Qué solías hacer los domingos por la tarde cuando estabas en la preparatoria?

30. ¿Adónde solías ir los sábados por la tarde cuando estabas en la secundaria?

31. ¿Solías comer muchos caramelos cuando eras niñ@?

32. ¿Solías ir a la playa con tu familia cuando eras niñ@?

33. ¿Qué banda de K-Pop te gustaba cuando estabas en la preparatoria?

34. ¿Te ponías uniforme cuando estabas en la secundaria?

35. ¿Vivías con tus padres cuando estabas en el primer semestre de la universidad?

Lectura #5

¡Hola! Me llamo Yubin y voy a hablar acerca de mi vida en el bachillerato. Cuando estaba en el bachillerato, yo vivía con mis padres cerca de mi escuela. Entre semana me levantaba muy temprano, me duchaba, me ponía el uniforme, desayunaba en casa y mi padre me llevaba a la escuela en su coche. Ahí estudiaba toda la mañana, almorzaba con mis compañeras de clase, estudiaba toda la tarde y cenaba. Después de cenar, mis compañeras y yo estudiábamos solas en el salón de clase hasta muy tarde. Nosotras teníamos que estudiar muy duro porque estábamos preparando el examen de ingreso a la universidad. Mi padre me recogía a las 10:00 de la noche y me llevaba a casa. Llegaba a casa a las 10:30 de la noche, me duchaba otra vez, me lavaba los dientes, me ponía la piyama y me acostaba a la medianoche. Los fines de semana también iba a la escuela, pero no tenía que llegar tan temprano y salía de la escuela, generalmente, a las 6:00 de la tarde. Cuando estaba en el bachillerato, pasaba más tiempo en la escuela que en mi casa.

안녕! 나는 유빈이라고 해. 고등학교 때의 나의 삶에 대해서 이야기해 볼게. 내가 고등학교에 다닐 적에 나는 나의 부모님과 학교 근처에 살았었어. 평일에는 엄청 일찍 일어나서 샤워하고 교복입고 집에서 아침 먹고 아버지께서 차로 학교에 데려다 주셨지. 거기서 아침 내내 공부하고 반 친구들이랑 점심 먹고 오후 내내 공부하고 또 저녁 먹고 그랬어. 저녁을 먹은 후에 내 친구들이랑 나는 아주 늦게까지 교실에서 우리끼리 공부를 했어. 우리는 수능시험을 준비하고 있었기 때문에 엄청 열심히 공부해야만 했었어. 밤 10시에 아버지께서 나를 데리러 오셔서 집에 데리고 가 주셨지. 집에 10시30분에 도착해서 또 샤워하고 양치하고 잠옷입고 12시에 잠자리에 들곤 했어. 주말에도 학교에 가곤 했는데 일찍 도착할 필요는 없었고 일반적으로 저녁 6시에 학교에서 나왔어. 고등학교에 다닐 땐 집에서보다 학교에서 더 많은 시간을 학교에서 보내곤 했지.

◘ Actividad de la lectura

Escribe, detalladamente, cómo era tu rutina cuando estabas en el bachillerato como Yubin lo ha hecho en la redacción anterior. No olvides usar los verbos en pretérito imperfecto.

유빈이가 위에서 한 것과 같이 내가 고등학교에 다닐 때의 일상을 상세하게 적어봅시다. 동사를 불완료과거로 써보는 것을 잊지 마세요.

Información de interés

Los nombres hipocorísticos

애칭

Los nombres hipocorísticos son apelativos cariñosos, los cuales son usados para llamar a las personas con afecto. En el español estos nombres hipocorísticos son muy comunes hoy en día, a tal grado que algunas personas son llamadas más por su nombre hipocorístico que por su nombre real. Cabe destacar que el nombre oficial de una persona siempre será su nombre real, mientras que su nombre hipocorístico es usado solo para llamarla familiar, informal o cariñosamente.

애칭은 사랑스러운 별명으로 사람들을 애정을 가지고 부를 때 사용된다. 오늘날 스페인어에서 애칭은 사람들이 원래 이름보다 애칭으로 더 많이 불릴 정도로 일반적이다. 누군가의 원래 이름은 언제까지나 그 사람의 진짜 이름이 될 것이라는 사실을 유념해야 하는 반면에 그 사람의 애칭은 그/그녀를 친근하고 허물없이, 사랑스럽게 부를 때에만 사용된다.

Los nombres hipocorísticos se derivan siempre de los nombres reales. Dichos nombres reales, a través del tiempo, han sido modificados por las personas, quienes los han acortado o han jugado con sus sonidos, para formar los nombres hipocorísticos que hoy en día se usan en las sociedades hispanas.

애칭은 언제나 사람들의 진짜 이름으로부터 유래된다. 언급된 진짜 이름들은 시간이 흐름에 따라 사람들에 의해 수정되어 왔는데, 오늘날 스페인어 문화권에서 사용되는 애칭들의 형성에 있어 사람들은 이름들을 짧게 줄이거나 소리를 바꾸어 변형시켜왔다.

Muchos hispanos prefieren ser llamados por su nombre hipocorístico a ser llamados por su nombre real. De esta manera, algún hombre podría decir al presentarse: “Me llamo Francisco, pero puedes llamarme Paco”. A continuación se presentan los nombres hipocorísticos más comunes en el español.

많은 스페인어 문화권 사람들은 원래 자신의 이름보다 애칭으로 불리는 것을 선호한다. 따라서 누군가 자신을 소개할 때에 다음과 같이 말할 수 있다. “내 이름은 프란시스코야. 하지만 나를 파코라고 불러도 돼.” 이어서 스페인어에서 가장 흔한 애칭들이 소개된다.

Nombres hipocorísticos masculinos 남성의 애칭

1. Adalberto ⇒ Adal
2. Alejandro ⇒ Ale, Álex
3. Alfredo ⇒ Freddy
4. Anastasio ⇒ Tacho
5. Andrés ⇒ Andy
6. Antonio ⇒ Toño
7. Aristeo ⇒ Teo
8. Benjamín ⇒ Benja
9. Cristian ⇒ Cris
10. Daniel ⇒ Dani
11. Eduardo ⇒ Lalo, Yayo
12. Emilio ⇒ Emi
13. Enrique ⇒ Quique, Kike
14. Ernesto ⇒ Neto
15. Federico ⇒ Fede, Quico
16. Fernando ⇒ Fer
17. Francisco ⇒ Pacho, Paco, Pancho
18. Gabriel ⇒ Gabi
19. Gilberto ⇒ Gil, Beto
20. Gonzalo ⇒ Gonza, Lalo
21. Graciano ⇒ Chano
22. Gregorio ⇒ Goyo
23. Guillermo ⇒ Guille, Memo
24. Gustavo ⇒ Gus, Tavo
25. Humberto ⇒ Beto
26. Ignacio ⇒ Nacho
27. Ismael ⇒ Isma
28. Israel ⇒ Isra
29. Javier⇒ Javi
30. Jesús ⇒ Chucho, Chuy
31. José ⇒Pepe
32. Julián ⇒ Juli
33. Leonardo ⇒ Leo
34. Lorenzo ⇒ Lencho
35. Luciano ⇒ Chano, Lucho
36. Marcelo ⇒ Chelo
37. Maximiliano ⇒ Max, Maxi
38. Miguel ⇒ Mike, Migue
39. Nicolás ⇒ Nico
40. Oswaldo ⇒ Valdo
41. Rafael ⇒ Rafa
42. Ricardo ⇒ Ricky, Richi
43. Roberto ⇒ Beto
44. Rodrigo ⇒ Rodri
45. Rogelio ⇒ Roge
46. Salvador ⇒ Chava
47. Samuel ⇒ Sam, Sammy
48. Santiago ⇒ Chago, Santi
49. Sebastián ⇒ Sebas
50. Vicente ⇒ Chente

Nombres hipocorísticos femeninos 여성의 애칭

1. Adriana ⇒ Adri
2. Alejandra ⇒ Ale
3. Alicia ⇒ Licha
4. Amelia ⇒ Ame
5. Antonia ⇒ Toña
6. Beatriz ⇒ Bea, Becky
7. Camila ⇒ Cami
8. Carolina ⇒ Carol, Caro
9. Catalina ⇒ Cata, Caty
10. Cecilia ⇒ Ceci
11. Claudia ⇒ Clau
12. Cristina ⇒ Cristi, Cris
13. Daniela ⇒ Dani
14. Dolores ⇒ Lola
15. Dorotea ⇒ Dora
16. Elizabeth ⇒ Liz
17. Estefanía ⇒ Fani
18. Francisca ⇒ Paca, Pancha
19. Florencia ⇒ Flor
20. Gabriela ⇒ Gabi
21. Graciela ⇒ Chela
22. Gregoria ⇒ Goya
23. Guadalupe ⇒ Lupe, Lupita, Pita
24. Isabel ⇒ Chabela
25. Jennifer ⇒ Jenny
26. Liliana ⇒ Lily
27. Lourdes ⇒ Lulú
28. Lorena ⇒ Lore
29. Lucía ⇒ Lucy
30. Luisa ⇒ Lucha
31. Marcela ⇒ Chela
32. Mercedes ⇒ Meche
33. Mónica ⇒ Moni
34. Natalia ⇒ Nati
35. Pamela ⇒ Pame
36. Paola ⇒ Pao
37. Patricia ⇒ Pati
38. Pilar ⇒ Pili
39. Rebeca ⇒ Rebe, Beki
40. Rocío ⇒ Chío
41. Rosario ⇒ Chayo
42. Soledad ⇒ Chole
43. Susana ⇒ Susi
44. Teresa ⇒ Tere
45. Valeria ⇒ Vale
46. Vanessa ⇒ Vane
47. Verónica ⇒ Vero
48. Victoria ⇒ Vicky
49. Viviana ⇒ Vivi
50. Yolanda ⇒ Yoli

¡Actividad especial!

Vamos a practicar el pretérito imperfecto

불완료과거를 연습해 봅시다

Paco ha cambiado algunos hábitos para mejorar su salud y su imagen. Completa las siguientes oraciones con los verbos correspondientes conjugándolos, correctamente, en pretérito imperfecto o en presente de indicativo.

파코는 건강과 외모를 가꾸기 위해 몇 가지 습관들을 바꾸었습니다. 다음의 문장들을 적합한 동사들을 사용하여 불완료과거나 직설법현재로 활용시킨 다음 알맞게 채워 넣어 봅시다.

Antes Paco ______________ gordo, pero ahora ______________ delgado.

Antes Paco ______________ gorra, pero ahora no ______________ gorra.

Antes Paco ______________ mucho, pero ahora no ______________.

Antes Paco ______________ 85 kilos, pero ahora ______________ 65 kilos.

Antes Paco ______________ pelo corto, pero ahora ______________ pelo largo.

Antes Paco ______________ hamburguesas, pero ahora ______________ vegetales.

Antes Paco no ______________ ejercicio, pero ahora ______________ ejercicio.

Antes Paco ______________ triste, pero ahora ___________ contento.

comer	*fumar*	*pesar*	*ser*
estar	*hacer*	*ponerse*	*tener*

Notas

Listas de vocabularios para memorizar

• Vocabulario 5.1 Los agradecimientos y sus respuestas 감사인사와 대답	
Gracias	감사합니다
Muchas gracias	정말 감사합니다
Muchísimas gracias = Mil gracias	정말 감사합니다
Te/Se lo agradezco	고마워 / 감사합니다 (위의 표현들보다 정중함)
De nada = Por nada = No hay de qué	천만에요
Es un placer	별 말씀을요, 제 기쁨입니다
(Gracias) A ti/ Ud.	내가 고맙지 / 제가 감사하죠

• Vocabulario 5.2 Las lenguas romances con mayor difusión internacional 국제적으로 많이 보급된 로망스어들	
El español = El castellano	스페인어
El francés	프랑스어
El italiano	이탈리아어
El portugués	포르투갈어
El rumano	루마니아어

• Vocabulario 5.3 Verbos para practicar conjugación en pretérito imperfecto 불완료과거 활용 연습을 위한 동사들	
Decorar	꾸미다, 장식하다
Descansar	쉬다
Destruir	파괴하다
Devolver	되돌려주다
Dibujar	그림 그리다
Disfrutar	즐기다
Encender	불을 붙이다, 스위치를 켜다
Enviar	보내다
Esquiar	스키 타다
Excavar	파다
Explicar	설명하다
Explorar	탐험하다
Felicitar a alguien	(누군가를) 축하하다
Festejar un evento = Celebrar un evento	(어떤 일을) 축하하다
Firmar	서명하다
Fumar	담배 피우다
Golpear	때리다
Gritar	소리지르다
Hacer ejercicio	운동하다
Imprimir	인쇄하다

• Vocabulario 5.4 Verbos reflexivos para practicar conjugación en pretérito imperfecto 불완료과거 활용 연습을 위한 재귀동사들	
Dormirse	잠들다
Despertarse	깨어나다
Subirse a	(교통수단에) 타다
Bajarse de	(교통수단에서) 내리다
Ponerse	입다, 쓰다, 신다
Quitarse	벗다
Casarse con	...와 결혼하다
Mudarse	이사하다
Moverse	움직이다
Irse	출발하다, 떠나다

• Vocabulario 5.5 Los medios de comunicación 미디어	
El correo	우편
El correo electrónico	전자우편
El fax	팩스
El Internet	인터넷
El periódico	신문
El teléfono	전화
La radio	라디오
La revista	잡지
La televisión	텔레비전
Las noticias	뉴스

• Vocabulario 5.6 Las escuelas 학교들	
La guardería	어린이집
El jardín de niños	유치원
La primaria	초등학교
La secundaria	중학교
La preparatoria = El bachillerato	고등학교
La universidad	대학교
La escuela de posgrado = La escuela de postgrado	대학원
El instituto	학원

• Vocabulario 5.7 Las clases en la escuela 학교의 수업들	
La clase de biología	생물학 수업
La clase de computación	컴퓨터 수업
La clase de educación física	체육 수업
La clase de física	물리 수업
La clase de geografía	지리 수업
La clase de historia	역사 수업
La clase de inglés	영어 수업
La clase de literatura	문학 수업
La clase de matemáticas	수학 수업
La clase de música	음악 수업
La clase de química	화학 수업
La clase de español	스페인어 수업
La clase de composición	작문 수업
La clase de conversación	회화 수업
La clase de gramática	문법 수업
La clase de lectura	강독 수업

• Expresiones y vocabulario a tener en cuenta en los diálogos 대화문에 나오는 유의해야 할 표현과 어휘들	
El ambiente	분위기
El bádminton	배드민턴
El examen de ingreso a la universidad	대학수학능력시험
El gobernante	지도자, 통치자
El producto interno bruto (PIB)	국내총생산
El producto interno bruto per cápita (PIB per cápita)	일인당 국민소득
La bici	자전거('bicicleta'의 준말)
La cámara profesional	전문가용 카메라
La compañía multinacional	다국적기업
La economía	경제
La Guerra de Corea	한국전쟁
Las flores de cerezo	벚꽃
Los electrodomésticos	가전제품
Económico	경제의, 경제적인
Aunque	...함에도 불구하고

Mientras	반면에, ...하는 동안에
Sin embargo	그러나('pero'와 같은 뜻이지만 훨씬 더 형식적인 표현)
Andar en bicicleta/bici	자전거를 타고 다니다
Darse prisa	서두르다
Desaparecer* (desaparezco)	사라지다, 사라지게 하다
Mejorar	나아지다
Preocuparse por algo/alguien	(사람이나 일에 대해) 걱정하다
Recoger* (recojo)	데리러 오다, 줍다
Soler* (ue)	자주 ...하다
Tener lugar	자리가 있다
Tomar fotos	사진을 찍다
Actualmente = Hoy en día = Estos días	현재에는
Así es	맞아
Es verdad	그건 그래, 사실이야
En aquel entonces	그 당시에는
Hasta entonces	그 때 보자
¡Qué tiempos aquellos!	그 때가 좋았지!

Notas

LECCIÓN 6

¿Qué hacías cuando te llamé?

Práctica oral de estructuras gramaticales
〉〉〉〉문법 구조 말로 연습하기〈〈〈〈

La descripción de viviendas 주거지 묘사

• Vocabulario 6.1 Los tipos de viviendas 주거지의 종류

1. La casa 집
2. El hogar 가정
3. El apartamento = El departamento (중남미에서 사용) = El piso (스페인에서 사용) 아파트
4. La residencia 저택
5. El dormitorio (중남미에서 사용) = El colegio mayor (스페인에서 사용) 기숙사
6. El estudio 원룸, 오피스텔

• Vocabulario 6.2 Las partes de una casa 집의 구성요소

1. El dormitorio = El cuarto = La habitación 방, 침실
2. La cocina 부엌
3. El baño 화장실, 욕실
4. La sala = La sala de estar 거실
5. La terraza 테라스
6. El comedor 다이닝 룸
7. El jardín 정원
8. El garaje 차고
9. El estudio = La biblioteca 서재
10. El cuarto de juegos 놀이방
11. El cuarto de lavado 세탁실
12. El patio 마당
13. El sótano 지하실
14. El piso = La planta 층
15. El techo 지붕, 천장

◘ ¡Vamos a practicar!

Practica con tu compañero las siguientes preguntas dos veces. La primera vez, uno deberá hacer todas las preguntas y el otro deberá contestarlas. La segunda vez, será al revés.

동료와 함께 다음의 질문들을 두 번씩 연습해 봅시다. 처음에는 한 명이 모든 질문을 하고 다른 한 명이 그 질문들에 대답해야 합니다. 두 번째에는 반대로 질문 합니다.

1. ¿Vives en un apartamento, en una residencia, en un estudio o en un dormitorio?
2. ¿Tu casa es grande, mediana o pequeña?
3. ¿Con quién vives ahí?
4. ¿Cuántas habitaciones tiene tu casa?
5. ¿Cuántos baños tiene tu casa?
6. ¿Tiene cocina?
7. ¿Tiene terraza?
8. ¿Tiene cuarto de lavado?
9. ¿Tiene jardín?
10. ¿Te gusta tu casa?

• Vocabulario 6.3 Las comodidades 시설 설비

1. El agua 수도
2. La electricidad = La luz 전기
3. El gas 가스
4. El/La Internet 인터넷
5. El/La wifi 와이파이
6. El teléfono 전화
7. El cable 유선방송
8. El aire acondicionado 에어컨
9. La calefacción 난방
10. El sistema contra incendio 화재경보시스템

¤ Según la RAE, el sustantivo Internet debe escribirse siempre con mayúscula inicial. Además, puede ser tanto masculino como femenino, pero recomienda el uso del "femenino", porque en español "*the net*" se dice "la red". Sin embargo, en general los nativos utilizan esta palabra sin artículo. Ejemplos:

왕립 스페인어 학술원에 따르면 명사 'Internet'은 항상 대문자로 시작해서 써야 한다. 게다가 이 명사는 남성도 될 수 있고 여성도 될 수 있다. 하지만 여성명사로 사용하는 것을 권장하는데 이는 'the net'이 스페인어에서 'la red'이기 때문이다. 그러나 일반적으로 원어민들은 이 단어를 관사 없이 사용한다. 예:

Encontré mucha información en Internet. 인터넷에서 많은 정보를 찾았어.
No hay Internet en mi oficina porque la compañía de Internet nos cortó el servicio. 인터넷 회사가 서비스를 중단해서 내 사무실에는 인터넷이 안 돼.

¤ En el caso de wifi, se utiliza "el" y "la" dependiendo del sustantivo al que se refiera: "la (zona) wifi" o "el (sistema) wifi". Ejemplos:

'Wifi'의 경우에는 가리키는 명사에 따라 'El'이 쓰이기도 하고 'La'가 쓰이기도 한다. (와이파이 존: 'la (zona) wifi' / 와이파이 시스템: 'el (sistema) wifi') 예:

La wifi es muy amplia en mi universidad. 나의 대학교에는 와이파이 존이 무척 넓다.
El wifi todavía no es conocido por algunas personas que viven en el campo.
시골에 지내는 일부 사람들에게는 와이파이 시스템이 아직 알려져 있지 않다.

¤ Sin embargo, en general los nativos utilizan esta palabra sin artículo. Ejemplo:

그러나 일반적으로 원어민들은 이 단어를 관사 없이 사용한다. 예:

No había wifi en el hotel donde me quedé. 내가 머물렀던 호텔에는 와이파이가 없었어.

¤ ¡Vamos a practicar!

Practica con tu compañero la siguiente pregunta dos veces. Recuerda que, en este caso, no es necesario poner los artículos en las comodidades. Ejemplo:

동료와 함께 다음의 질문들을 두 번씩 연습해 봅시다. 이 경우에는 설비 시설을 나타내는 단어에 관사를 쓸 필요가 없다는 것을 기억합시다. 예:

Esta casa nueva tiene agua, luz y gas. Sin embargo, todavía no tiene teléfono, Internet y cable.
이 새집은 수도, 전기, 가스가 있다. 하지만 아직 전화, 인터넷, 유선방송은 없다.

1. ¿Qué comodidades tiene tu casa?

• Vocabulario 6.4 Los muebles 가구

1. El escritorio 책상
2. El estante 선반
3. El librero = El estante de libros 책장
4. El piano 피아노
5. El ropero = El armario 옷장
6. El sillón 안락의자
7. El sofá 소파
8. La cama 침대
9. La cómoda 서랍장
10. La mesa 탁자
11. La mesita de noche 침실용 협탁
12. La silla 의자

◘ ¡Vamos a practicar!

Practica con tu compañero las siguientes preguntas dos veces. Recuerda que, en este caso, debes especificar la cantidad de cada mueble. Ejemplo:

동료와 함께 다음의 질문들을 두 번씩 연습해 봅시다. 이 경우에는 각 가구의 수량을 명시해야 한다는 것을 기억합시다. 예:

En mi habitación hay dos camas, una cómoda, un ropero, un librero, dos escritorios y dos sillas.
내 방에는 침대 두 개, 서랍장 한 개, 옷장 한 개, 책장 한 개, 책상 두 개, 의자 두 개가 있어.

1. ¿Qué muebles hay en tu habitación?
2. ¿Qué muebles hay en la sala de la casa de tus padres?

• Vocabulario 6.5 Las cosas en una habitación 방에 있는 물건들

1. El cajón 서랍
2. El colchón 매트리스
3. El control remoto 리모콘
4. El enchufe 콘센트
5. El gancho 옷걸이
6. La alfombra 깔개
7. La almohada 베개
8. La base de la cama 침대틀
9. La cobija 담요
10. La colcha 이불
11. La cortina 커튼
12. La extensión 멀티탭, 전기릴선
13. La lámpara 램프
14. La sábana 침대보

• Vocabulario 6.6 Las cosas en un baño, en una cocina o en un cuarto de lavado
욕실, 주방, 세탁실에 있는 물건들

1. El acondicionador 린스
2. El cepillo 브러시
3. El cepillo de dientes 칫솔
4. El champú 샴푸
5. El detergente 세제
6. El espejo 거울
7. El fregadero 싱크대
8. El grifo 수도꼭지
9. El inodoro 변기
10. El jabón líquido 액체비누
11. El jabón para platos 주방세제
12. El jabón 비누
13. El lavabo 세면대
14. El peine 빗
15. El suavizante de ropa 섬유유연제
16. El tendedero 빨래건조대, 빨랫줄
17. La bañera 욕조
18. La crema 크림
19. La esponja 스펀지
20. La loción 로션
21. La pasta de dientes 치약
22. La regadera 샤워기

¤ Para "cepillarse el pelo", se usa "el cepillo". → 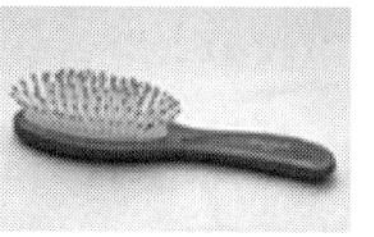

¤ Para "peinarse el pelo", se usa "el peine". → 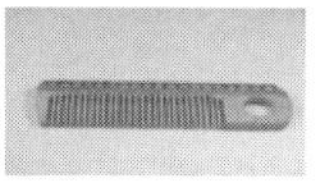

• Vocabulario 6.7 Los electrodomésticos 가전제품

1. El aire acondicionado 에어컨
2. El equipo de sonido 오디오세트
3. El horno eléctrico 전기오븐
4. El lavaplatos 식기세척기
5. El microondas 전자레인지
6. El refrigerador 냉장고
7. El reproductor de DVD DVD플레이어
8. La aspiradora 진공청소기
9. La cafetera 커피메이커
10. La caldera eléctrica 전기보일러
11. La estufa eléctrica 전기오븐렌지
12. La grabadora 녹음기, 카세트 플레이어
13. La lavadora 세탁기
14. La licuadora 믹서
15. La parrilla eléctrica 전기그릴
16. La plancha 다리미
17. La secadora 의류건조기
18. La secadora de pelo 헤어드라이어
19. La televisión 텔레비전
20. La tostadora 토스터

¤ En las casas hay aparatos que funcionan también con gas como estufa, horno, parrilla y caldera. Los hispanos no lo especifican cuando es así; es decir, no dicen "estufa de gas", solo "estufa". Ejemplo:

또한 가정에는 가스렌지, 오븐, 그릴, 보일러와과 같이 가스로 작동하는 기기들도 있다. 원어민들은 이런 것들을 구체적으로 명시하지 않는데, 말하자면, 가스렌지를 'estufa de gas'라고 부르지 않고 그냥 'estufa'라고 부른다. 예:

En mi casa hay una estufa y una caldera.
나의 집에는 가스렌지 한 대, 보일러 한 대가 있어.

En caso de que estos aparatos funcionen con electricidad, sí lo especifican. Ejemplo:

이런 기기들이 전기로 작동하는 경우에는 이를 구체적으로 명시한다. 예:

En mi casa hay una estufa eléctrica y una caldera eléctrica.
나의 집에는 전기렌지 한 개, 전기 보일러 한 대가 있어.

■ **¡Vamos a practicar!**

Practica con tu compañero las siguientes preguntas dos veces. Recuerda que, en este caso, debes especificar la cantidad de cada electrodoméstico existente. Ejemplo:

동료와 함께 다음의 질문들을 두 번씩 연습해 봅시다. 이 경우에는 존재하는 각 전자제품의 수량을 명시해야 한다는 것을 기억합시다. 예:

En mi casa hay un microondas, un refrigerador, dos aires acondicionados, tres televisiones…
나의 집에는 전자레인지 한 대, 냉장고 한 대, 에어컨 두 대, 텔레비전 세 대 등이 있어.

1. ¿Qué electrodomésticos hay en tu casa?
2. ¿Qué electrodomésticos no hay en tu casa?

Los verbos "deber", "tener que" y "hay que" para obligaciones y recomendaciones 의무와 권고를 나타내는 동사들 'deber/tener que/hay que(…해야 한다)'

¤ Para expresar alguna obligación o recomendación, se usa el verbo "deber" o el verbo "tener que" más un infinitivo.

어떤 의무나 권고를 나타내기 위해서 'deber'나 'tener que'동사에 동사원형을 붙여서 쓴다.

■ **¡Vamos a practicar!**

☼ **Modelo**

Los menores respetar a los mayores
Los menores deben respetar a los mayores.
나이가 적은 사람들은 나이가 많은 사람들을 공경해야 한다.
Los menores tienen que respetar a los mayores.

1. Tú estudiar con ahínco
2. Los trabajadores pagar sus impuestos (세금)
3. Vosotros obedecer (순종하다) a vuestros padres
4. Los chicos coreanos hacer su servicio militar (군복무)
5. El profesor ser amable y paciente con sus estudiantes
6. Las personas obedecer (…에 따르다) la Constitución (헌법)
7. Tú ayudar a tu mamá en casa
8. Los alumnos hacer sus tareas bien
9. Ud. decir la verdad siempre
10. Los empleados llegar a tiempo a su oficina

¤ Asimismo, en español se usa "hay que" para expresar el sentido "todos nosotros debemos" o "todos nosotros tenemos que". Ejemplo:

또한 스페인어에서는 '우리 모두가 …해야만 한다' 는 것을 나타내기 위해 'hay que'를 사용한다. 예:

Debemos hacer ejercicio regularmente. = Tenemos que hacer ejercicio regularmente. = Hay que hacer ejercicio regularmente.
우리 모두 규칙적으로 운동을 해야 한다.

◘ ¡Vamos a practicar!

☼ Modelo

Obedecer a los profesores
Debemos obedecer a los profesores. 우리는 교수님들의 말씀을 잘 들어야 한다.
Tenemos que obedecer a los profesores.
Hay que obedecer a los profesores.

• Vocabulario 6.8 Los quehaceres 집안일

1. Cocinar 요리하다
2. Poner la mesa 상을 차리다
3. Quitar la mesa 상을 치우다
4. Lavar los platos 설거지하다
5. Secar los platos 접시를 닦다
6. Lavar la ropa 빨래하다
7. Tender la ropa 빨래 널다
8. Planchar 다림질하다
9. Hacer la cama 이부자리를 정돈하다
10. Arreglar el cuarto 방을 정돈하다
11. Sacudir los muebles 가구의 먼지를 털다
12. Aspirar 청소기를 돌리다
13. Regar las plantas 식물에게 물주다
14. Separar la basura 쓰레기 분리수거 하다
15. Tirar la basura en el contenedor 쓰레기 수집용기에 쓰레기를 버리다
16. Limpiar el baño 화장실청소를 하다

El pretérito simple y el pretérito imperfecto 과거와 불완료과거

¡Vamos a conjugar en pretérito simple y pretérito imperfecto! 동사를 과거와 불완료과거로 활용시켜 봅시다!

• Vocabulario 6.9 Verbos para practicar conjugación de pretéritos 과거와 불완료과거 활용 연습을 위한 동사들

1. Deber …해야 한다, 빚지다
2. Disminuir 줄이다
3. Durar 지속하다
4. Empeorar 악화시키다
5. Entender 이해하다
6. Expresar 표현하다
7. Ganar 벌다, 이기다
8. Gastar 소비하다
9. Girar 돌다
10. Imaginar 상상하다

¡Vamos a practicar!

Conjuga los verbos en pretérito simple o en pretérito imperfecto según corresponda.

동사들을 과거나 불완료과거로 문맥에 어울리게 활용시켜 봅시다.

1. Antes el Sr. Pérez le deber mucho dinero al Sr. Gómez, pero ahora no le debe nada.
2. El precio del dólar aumentaba mientras el precio del peso disminuir.
3. La película durar dos horas y media.
4. La salud de mi abuelo empeorar porque él no tomó sus medicinas.
5. Los estudiantes entender bien porque la profesora explicó muy bien.
6. La señorita expresar sus ideas muy claramente.
7. Antes vosotros ganar poco dinero, pero ahora ganáis mucho.
8. Cuando Ana era joven, ella siempre gastar mucho dinero en ropa y zapatos.
9. El coche girar a la derecha en esa calle.
10. Cuando éramos jóvenes, nosotros siempre imaginar nuestro futuro.

¡Vamos a conjugar en pretérito simple y pretérito imperfecto! 동사를 과거와 불완료과거로 활용시켜 봅시다!

• Vocabulario 6.10 Verbos reflexivos para practicar conjugación de pretéritos 과거와 불완료과거 활용 연습을 위한 재귀동사들

1. Arrepentirse* (se arrepintió, se arrepintieron) 후회하다
2. Divertirse* (se divirtió, se divirtieron) 즐기다
3. Equivocarse 실수하다
4. Enfermarse 병이 나다
5. Encontrarse ...에 있다, (건강이)...한 상태이다
6. Enamorarse 사랑에 빠지다

¡Vamos a practicar!

Conjuga los verbos en pretérito simple o en pretérito imperfecto según corresponda.

동사들을 과거나 불완료과거로 문맥에 어울리게 활용시켜 봅시다.

1. Yo arrepentirse de lo que dije.
2. Cuando éramos niños, nosotros divertirse mucho en la escuela.
3. Juan equivocarse mucho en el examen porque no estudió.
4. Los niños enfermarse porque durmieron con la ventana abierta.
5. Ayer a esta hora tú encontrarse en tu casa.
6. Mi mamá enamorarse de mi papá en una fiesta.

¤ El pretérito imperfecto se usa para ubicar el tiempo en el que se llevó a cabo una acción. Ejemplos:

불완료과거는 어떤 행위가 이루어졌던 시간을 나타낼 때 사용된다. 예:

Era muy temprano cuando los chicos partieron a la escuela.
소년들이 학교로 출발했을 때는 매우 이른 시간이었다.

Eran las 10:00 p. m. cuando mi padre llegó a casa.
나의 아버지께서 집에 도착하셨을 때는 오후 10시였다.

Era verano cuando ellos vinieron a Corea.
그들이 한국에 왔을 때는 여름이었다.

Era domingo cuando Ana se casó.
아나가 결혼했을 때는 일요일이었다.

■ **¡Vamos a practicar!**

☼ **Modelo**

Uds. levantarse – las 7:00 a. m.

Pregunta: *¿Qué hora era cuando se levantaron?*
너희가 일어났을 때는 몇 시였어?

Respuesta: *Eran las 7:00 a. m. cuando nos levantamos.*
우리가 일어났을 때는 오전 7시였어.

1. Empezar a llover – las 4:00 p. m.
2. La película comenzar – las 8:30 p. m.
3. La clase terminar – las 5:30 p. m.
4. Vosotros acostarse – las 11:00 p. m.
5. El tren llegar – las 10:30 a. m.
6. El avión partir – las 6:15 p. m.
7. Uds. ir al restaurante – la 1:00 p. m.
8. La alarma sonar – las 6:00 a. m.
9. Tú dormirse – la 1:30 a. m.
10. Ud. despertarse – las 7:15 a. m.

¤ Cuando se encuentran ambos pretéritos en una misma oración, hay que tener en cuenta que el pretérito imperfecto expresa un periodo de tiempo en el pasado y el pretérito simple solo un punto en el pasado. Ejemplo:

한 문장에 두 가지의 과거시제가 같이 올 경우, 불완료과거는 과거에 있었던 일정 기간을 나타내고 과거는 오직 과거의 한 점을 나타낸다는 것을 유의해야 한다. 예:

Yo navegaba en Internet cuando la luz se fue.
정전이 됐을 때 나는 웹서핑을 하고 있었다.

Yo estaba navegando en Internet cuando la luz se fue.

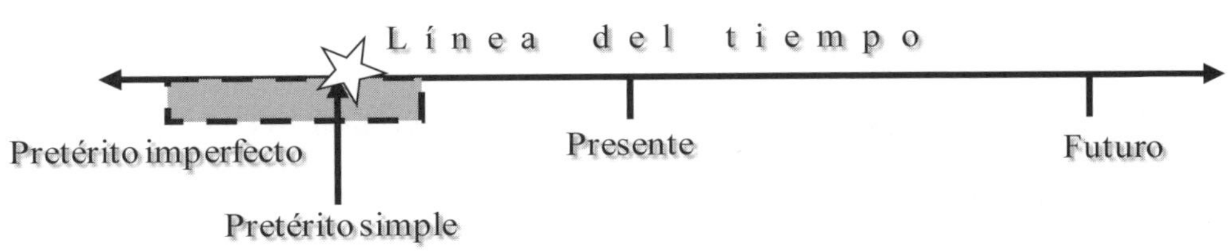

◘ ¡Vamos a practicar!

☼ **Modelo**

Llover cuando la boda comenzar

Llovía cuando la boda comenzó. 결혼식이 시작되었을 때는 비가 오고 있었다.
Estaba lloviendo cuando la boda comenzó.

1. Yo leer un libro en mi cuarto cuando mi papá tocar la puerta
2. Tú hacer tu tarea cuando tu madre te llamar
3. Mi mamá y yo ver una película en la sala cuando mis hermanos llegar a casa
4. Los empleados trabajar en la oficina cuando la luz irse
5. Nosotros ir a la escuela cuando empezar a nevar
6. Vosotros salir de la oficina cuando vuestro jefe llegar a la oficina
7. Llover cuando el partido de fútbol (축구경기) empezar
8. Los chicos jugar fútbol cuando empezar a llover
9. Yo chatear con mis amigos por KakaoTalk cuando yo recibir una llamada
10. Afortunadamente, mi familia y yo no vivir en la Ciudad de México cuando ocurrir el terremoto (지진이 발생하다)

◘ ¡Vamos a practicar!

☼ **Modelo**

Yo subirse al autobús cuando mi celular sonar, por eso yo no lo contestar

Yo me subía al autobús cuando mi celular sonó, por eso yo no lo contesté.
내 핸드폰이 울렸을 때 나는 버스에 타는 중이었어. 그래서 전화를 받지 않았어.
Yo me estaba subiendo al autobús cuando mi celular sonó, por eso yo no lo contesté.
Yo estaba subiéndome al autobús cuando mi celular sonó, por eso yo no lo contesté.

1. Mi padre dormir cuando mi madre tocar la puerta, por eso él despertarse
2. Tú preparar un reporte en tu computadora cuando la luz irse, por eso tú perder todo el reporte
3. Yo ducharse cuando Ud. me llamar, por eso yo no escuchar mi teléfono

■ **¡Vamos a practicar!**

☼ **Modelo**

Yo encontrarse en casa cuando mi padre llegar de la oficina

Yo me encontraba en casa cuando mi padre llegó de la oficina.
나의 아버지께서 사무실에서 도착하셨을 때 나는 집에 있었다.

1. Nosotros estar en la clase cuando empezar a nevar
2. Mis compañeros estar en la biblioteca cuando yo terminar el examen
3. Tú estar en el baño cuando el profesor llegar a la clase
4. Vosotros no estar en la parada de autobuses cuando el autobús pasar
5. Todos los teléfonos estar ocupados en la oficina cuando Ud. llamar, por eso nadie contestar su llamada
6. Todos los empleados encontrarse en la oficina cuando su jefe entrar en la oficina
7. Nosotros encontrarse en la montaña cuando comenzar a llover
8. Desafortunadamente, algunas personas encontrarse dentro del coche cuando ocurrir el accidente
9. Afortunadamente, nadie encontrarse dentro del edificio cuando ocurrir el terremoto
10. Mi familia y yo no encontrarse en casa cuando tú venir a mi casa, por eso nadie te abrir la puerta

El verbo "ir" en pretérito imperfecto para una intención no realizada 실현되지 못한 의도를 나타내는 'ir'동사의 불완료과거

¤ La estructura "ir (pretérito imperfecto) a + infinitivo" expresa la intención de hacer algo que se tuvo en el pasado, pero que no fue realizado. Ejemplos:

'ir동사(불완료과거) + a + 동사원형'의 구문은 과거에 있었던 어떤 행위를 하려는 의도가 실현되지 못한 것을 나타낸다. 예:

Yo iba a llamarte ayer. = Yo quería llamarte ayer, pero no te llamé.
어제 너에게 전화하려고 했었어. = 어제 너에게 전화하고 싶었지만 하지 않았어.

Ellos iban a ir al parque. = Ellos querían ir al parque, pero no fueron.
그들은 공원에 가려고 했었다. = 그들은 공원에 가고 싶었지만 가지 않았다.

¤ ¡Vamos a practicar!

☼ **Modelo**

Nosotros ver la película anoche
Nosotros íbamos a ver la película anoche.
우리는 어제 밤에 영화를 보려고 했었다.
Nosotros queríamos ver la película anoche, pero no la vimos.
우리는 어제 밤에 영화를 보고 싶었지만 보지 않았다.

Mis padres ir al centro comercial ayer por la tarde
Mis padres iban a ir al centro comercial ayer por la tarde.
나의 부모님은 어제 오후에 쇼핑센터에 가려고 하셨었다.
Mis padres querían ir al centro comercial ayer por la tarde, pero no fueron.
나의 부모님께서는 어제 오후에 쇼핑센터에 가고 싶으셨지만 가지 않으셨다.

1. Yo terminar mi tarea el fin de semana
2. Mi madre cocinar una sopa de kimchi con atún
3. Vosotros subir la montaña el sábado pasado
4. Tú comprar un celular nuevo
5. Nosotros nadar en la piscina el domingo pasado
6. Uds. ir a la fiesta de Roberto
7. Tú esquiar el invierno pasado en la montaña
8. Vosotros ir a Japón el verano pasado
9. Tú estar en casa el fin de semana pasado
10. Yo viajar a España el año pasado

El verbo "esperar" en pretérito imperfecto para una expectativa que se tenía 과거의 예상을 나타내는 'esperar' 동사의 불완료과거

¤ La estructura "ser (presente/pretérito simple) más/menos + adjetivo de lo que esperar (pretérito imperfecto)" expresa la comparación de una realidad con la expectativa que se tenía de la misma en el pasado. Ejemplos:

'ser(현재/과거) + más/menos + 형용사 + de lo que esperar(불완료과거)'의 구문은 어떤 사실과, 과거에 그 사실에 대해서 예상했던 것과의 비교를 나타낸다. 예:

Los chiles son más picantes de lo que yo esperaba.
고추들이 내가 예상했던 것보다 더 맵다.

El examen fue más difícil de lo que nosotros esperábamos.
시험은 우리가 예상했던 것보다 더 어려웠다.

¤ Generalmente, se utiliza "más" en esta estructura, aunque "menos" es también posible. Ejemplos:

이 구문에서 'menos'가 사용될 수 있음에도 불구하고 일반적으로 'más'가 더 많이 사용된다. 예:

Las frutas son menos dulces de lo que yo esperaba.
과일들이 내가 예상했던 것보다 덜 달다.

La tarea fue menos complicada de lo que vosotros esperabais.
과제는 너희들이 예상했던 것보다 덜 복잡했다.

¤ Asimismo, puede usarse el verbo "creer", el verbo "imaginar" o el verbo "pensar" en lugar del verbo "esperar" manteniendo el sentido de expectativa. Sin embargo, se recomienda el uso del verbo "esperar" para este caso. Ejemplos:

또한 'esperar'동사 대신에, 'creer(생각하다, 믿다)', 'imaginar(상상하다)', 'pensar(생각하다)'와 같은 동사들이 예상의 의미를 유지하며 사용될 수도 있다. 그러나 이 경우에 'esperar'의 사용이 가장 권장된다. 예:

El reloj es más caro de lo que yo esperaba.
시계는 내가 예상했던 것보다 더 비싸다.

La vida es más difícil de lo que Ana creía.
아나가 생각했던 것보다 인생은 더 어렵다.

Los jugadores de básquetbol son más altos de lo que nosotros imaginábamos.
농구선수들은 우리가 상상했던 것보다 더 키가 크다.

Las manzanas son más baratas de lo que mi madre pensaba.
사과들은 나의 어머니께서 생각하셨던 것보다 더 싸다.

¤ Hay que tener en cuenta que se usa "menor" en lugar de "más joven", "mayor" en lugar de "más viejo", "mejor" en lugar de "más bueno" y "peor" en lugar de "más malo". Ejemplos:

'más joven' 대신에 'menor(더 어린)', 'más viejo' 대신에 'mayor(더 나이가 많은)', 'más bueno' 대신에 'mejor(더 좋은)', 'más malo' 대신에 'peor(더 나쁜)'가 사용된다는 것을 유념해야 한다. 예:

Mis compañeros de trabajo son mayores de lo que esperaba.
나의 직장 동료들은 내가 예상했던 것보다 더 나이가 많다.

Los cantantes fueron peores de lo que nosotros imaginábamos.
그 가수들은 우리가 상상했던 것보다 더 형편없었다.

◘ ¡Vamos a practicar!

☼ **Modelo**

Encontrar un trabajo ser más complicado (yo) pensar
Encontrar un trabajo es más complicado de lo que pensaba.
일을 찾는 것은 내가 생각했던 것보다 더 복잡하다.

La profesora ser más joven (nosotros) creer
La profesora es menor de lo que creíamos.
교수님은 우리가 생각했던 것보다 더 어리시다.

1. La montaña ser menos alta (vosotros) esperar
2. Ganar dinero ser más difícil (yo) creer
3. Este libro ser más bueno (nosotros) esperar
4. Esta playa ser más hermosa (yo) imaginar
5. Los estudiantes de mi clase ser más buenos (los profesores) esperar
6. Este coche ser más rápido (tú) pensar
7. Las pizzas ser menos grandes (Uds.) esperar
8. La película ser más mala (yo) creer
9. La maestra de piano ser más vieja (yo) esperar
10. El español ser más difícil (nosotros) esperar, pero ser más divertido (nosotros) pensar

◘ ¡Vamos a practicar!

☼ **Modelo**

Llegar hasta aquí ser más complicado (yo) creer
Llegar hasta aquí fue más complicado de lo que creía.
여기까지 도착하는 것은 내가 생각했던 것보다 더 복잡했다.

El profesor llegar más temprano (nosotros) esperar
El profesor llegó más temprano de lo que esperábamos.
교수님께서는 우리가 예상했던 것보다 더 일찍 도착하셨다.

1. El concierto ser más bueno (nosotros) esperar
2. Los exámenes finales ser más fáciles (yo) creer
3. La tarea ser menos complicada (mis compañeros y yo) esperar
4. El hotel ser más malo (vosotros) imaginar
5. La comida ser más cara (yo) imaginar, pero ser más buena (yo) esperar
6. El bebé dormir más (su madre) esperar
7. Sofía beber más (nosotros) creer
8. Las chicas comer más (los chicos) esperar
9. La clase durar más (nosotros) pensar
10. Mis padres regresar a casa más tarde de lo que (mis hermanos y yo) pensar

Diálogos

Expresiones y vocabulario a tener en cuenta en los diálogos 대화문에 나오는 유의해야 할 표현과 어휘들

El cántaro 항아리
El consejo 충고
El musical 뮤지컬
El tiempo extra 초과 근무
El tráfico 교통량
La caña de cerveza 생맥주잔
La llamada 전화
La opinión 의견
La suerte 행운
Los aretes 귀걸이
Acogedor 아늑한
Propio 본인의, 고유의
Yo tengo mi cuarto propio. 나는 내 방을 가지고 있다.
El Sr. Kim tiene una casa propia. 김선생님은 본인의 집을 한 채 가지고 있다.
Cambiar de opinión 마음을 바꾸다
Estar a punto de + infinitivo 막 …하려고 하다
Estoy a punto de comer. 나는 막 식사를 할 참이다.
Cuando me llamaste, estaba a punto de acostarme.
네가 나에게 전화했을 때 나는 막 잠자리에 들려고 하고 있었어.
Acabar de + infinitivo 방금 …했다
Acabo de comer. 방금 밥을 먹었어.
Cuando me llamaste, acababa de acostarme.
네가 나에게 전화했을 때 나는 막 잠자리에 들었었어.
Llover a cántaros 비가 억수로 오다
Patinar 스케이트 타다
Pedir un consejo 조언을 구하다
Quedarse 머무르다
Me quedé en casa todo el fin de semana. 주말 내내 집에 있었어.
Regresar la llamada 다시 전화하다
Tomar una copa 술 한잔 하다
Cada quien 각개인
De repente = Repentinamente 갑자기
No tanto 그렇게 많지 않게, 별로
Pregunta: *¿Comiste mucho?* 많이 먹었니?
Respuesta: *No tanto.* 그렇게 많이는 안 먹었어.
Porque sí 그냥
¡Qué buena suerte! 정말 운이 좋았군!
¡Qué mala suerte! 정말 운이 나빴군!

🎧 **Diálogo #16 (En la oficina: Dambi y Julio son compañeros de trabajo.** 사무실에서, 담비와 훌리오는 직장 동료이다.)

Julio:	¡Hola, Dambi! Ayer por la tarde te llamé, pero no me contestaste.
Dambi:	Escuché tu llamada, pero no pude contestarla porque estaba conduciendo.
Julio:	¿Por qué no me regresaste la llamada?
Dambi:	Iba a regresarte la llamada, pero eran las 10:00 de la noche cuando llegué a casa.
Julio:	¡Madre santa! ¿Por qué llegaste tan tarde a casa?
Dambi:	Es que había muchísimo tráfico. ¿Por qué me llamaste?
Julio:	Es que unos compañeros de trabajo y yo fuimos a tomar una copa después del trabajo, y quería preguntarte si querías ir con nosotros.
Dambi:	¿Por qué no me dijiste antes?
Julio:	Es que, de hecho, no teníamos ningún plan. Ayer salíamos de la oficina y Roberto dijo de repente: "¡Vamos a tomar una copa, yo invito!".
Dambi:	¿Se divirtieron mucho?
Julio:	No tanto. Cada quien bebió solo una caña de cerveza. Estuvimos en el bar menos de una hora y después cada quien regresó a su casa.
Dambi:	¿A qué hora salieron del bar?
Julio:	Salimos a eso de las 9:30 de la noche.

1. ¿Por qué Dambi no contestó la llamada de Julio?

____

2. ¿Le regresó la llamada Dambi a Julio?

____

3. ¿Quién pagó la cuenta en el bar?

____

Julio:	담비야, 안녕! 어제 오후에 너한테 전화했었는데 안 받더라.
Dambi:	전화 온 거 들었는데 내가 운전하던 중이어서 못 받았어.
Julio:	왜 다시 전화 안 해줬어?
Dambi:	다시 전화하려고 했는데 집에 도착하니까 밤 10시였어.
Julio:	아이고! 집에 왜 그렇게 늦게 도착했어?
Dambi:	차가 너무 막혀서 말이야. 무슨 일로 전화했었어?
Julio:	나 어제 직장동료 몇 명이랑 일 끝나고 술 한잔 하러 갔는데 너도 우리랑 가고 싶은지 물어보고 싶어서 그랬지.
Dambi:	왜 진작 말하지 않았어?
Julio:	사실 전혀 계획에 없는 일이었거든. 어제 사무실에서 나가고 있는데 갑자기 로베르토가 "술 한잔 하러 가자, 내가 쏠게!" 라고 했어.
Dambi:	다들 실컷 즐겼어?
Julio:	아니, 별로. 각자 맥주 한 잔씩만 했어. 술집에서 한 시간도 채 머무르지 않고 그 후에는 각자 집에 돌아갔어.
Dambi:	술집에서 몇 시에 나왔는데?
Julio:	밤 9시30분 정도에 나왔어.

Diálogo #17 (En la universidad 대학교에서)

Minji:	¿Qué hiciste el sábado pasado?
Tomás:	Iba a ir a la montaña con mis padres.
Minji:	¿Por qué no fueron?
Tomás:	Porque llovía a cántaros. Por eso cambiamos de opinión y fuimos al cine.
Minji:	Es verdad, ¡cómo llovía el sábado! ¿Qué película vieron?
Tomás:	Íbamos a ver *Luna de miel en París*.
Minji:	¿Por qué no la vieron?
Tomás:	Es que, cuando llegamos al cine, ya no había boletos.
Minji:	¡Qué mala suerte! Entonces, ¿qué hicieron?
Tomás:	Fuimos a un restaurante italiano y ahí estuvimos toda la tarde. Y tú, ¿qué hiciste el sábado pasado?
Minji:	Iba a ir al parque para patinar. De hecho, estaba a punto de salir de casa cuando empezó a llover.
Tomás:	¡Qué mala suerte! Entonces, ¿qué hiciste?
Minji:	Me quedé en mi cuarto todo el sábado y vi la lluvia por la ventana. Llovió más de lo que esperaba.
Tomás:	Entonces, ¿te aburriste mucho?
Minji:	No tanto. Navegué en Internet, arreglé mi habitación y hablé por teléfono con unas amigas.

1. ¿Vio una película con sus padres Tomás el sábado?

____

2. ¿Quería ir al parque Minji el sábado?

____

3. ¿El sábado llovió menos de lo que Minji esperaba?

____

Minji:	지난 토요일에 뭐했어?
Tomás:	부모님이랑 산에 가려고 했었어.
Minji:	왜 안 갔어?
Tomás:	왜냐면 비가 억수로 쏟아졌어. 그래서 우리는 생각을 바꿔서 영화관에 갔지.
Minji:	맞아. 토요일에 비가 어찌나 오던지! 무슨 영화를 봤니?
Tomás:	파리에서의 허니문을 보려고 했었어.
Minji:	왜 그 영화를 안 봤어?
Tomás:	우리가 영화관에 도착했을 때는 이미 표가 없었어.
Minji:	정말 운이 없었구나! 그래서 뭐했어?
Tomás:	한 이탈리안 레스토랑에 가서 오후 내내 거기에 있었어. 그런데 너는? 지난 토요일에 뭐했어?
Minji:	공원에 스케이트 타러 가려고 했었어. 사실 비가 오기 시작했을 때 나는 막 집에서 나가려던 참이었어.
Tomás:	정말 운이 없었구나! 그래서 뭐했어?
Minji:	토요일 내내 내 방에 머무르며 창 밖으로 내리는 비를 봤지. 내가 예상했던 것보다 비가 더 많이 왔어.
Tomás:	그러면 엄청 지루했어?
Minji:	아니, 그렇게 많이 지루하지는 않았어. 웹서핑하고 방정리하고 친구들 몇 명이랑 전화통화도 했어.

🎧 Diálogo #18 (En un parque 공원에서)

Novio:	¿Qué hiciste ayer por la tarde?
Novia:	Fui a un almacén con mi mejor amiga. Vi unos aretes hermosos. Iba a comprarlos, pero eran más caros de lo que esperaba. Y tú, ¿qué hiciste?
Novio:	Trabajé en el café de la universidad. De hecho, terminé mi trabajo más tarde de lo que esperaba.
Novia:	¿Por qué?
Novio:	Es que había muchísimos clientes. Pero mi jefe me pagó tiempo extra.
Novia:	¡Pobrecito! Tomas clases por las mañanas, trabajas por las tardes y estudias por las noches. No tienes tiempo para descansar.
Novio:	No hay problema. Tu amor me da energía para hacer todo bien. Tengo una sorpresa para ti. Te compré esto.
Novia:	¡Dios mío! ¡Los aretes que vi en el almacén! ¿Cómo supiste?
Novio:	Yo he ahorrado dinero para comprarte un regalo y, esta mañana, le llamé a tu mejor amiga para pedirle un consejo.
Novia:	Muchas gracias, mi amor. Pero estos aretes son muy caros.
Novio:	No importa. Lo más importante para mí es verte feliz.
Novia:	Te quiero mucho, mi príncipe.
Novio:	Yo también.
Novia:	Pero yo te quiero más.
Novio:	No, yo te quiero más.
Novia:	No, yo te quiero más. ♥♥♥

1. ¿Por qué la chica no compró los aretes?

____

2. ¿Por qué el chico terminó su trabajo más tarde de lo que esperaba?

____

3. ¿Quién ayudó al novio a comprar el regalo de su novia?

____

Novio:	어제 오후에 뭐했어?
Novia:	제일 친한 친구랑 백화점에 갔어. 아름다운 귀걸이들을 몇 개 봤어. 그것들을 사려고 했는데 내가 예상했던 것보다 더 비싸더라. 너는? 뭐했어?
Novio:	나는 학교 카페에서 일했지. 사실 내가 예상했던 것보다 더 일을 늦게 끝냈어.
Novia:	왜?
Novio:	손님이 엄청 많았거든. 하지만 사장님께서 초과수당을 지급해주셨어.
Novia:	불쌍해라! 아침에는 수업 듣고 오후에는 일하고 밤에는 공부하네. 쉴 시간이 없구나.
Novio:	문제 없어. 너의 사랑이 내가 모든 것을 잘 해낼 수 있도록 힘을 주는걸. 너를 위한 깜짝 선물이 있어. 이걸 사왔어.
Novia:	이럴 수가! 내가 백화점에서 본 귀걸이들이잖아! 어떻게 알았어?
Novio:	너한테 선물을 사주기 위해서 돈을 모아왔는데 오늘 아침에 네 가장 친한 친구에게 조언을 좀 구하려고 전화했지.
Novia:	정말 고마워, 내 사랑. 하지만 이 귀걸이들 무척 비싼데.
Novio:	상관없어. 나에게 가장 중요한 건 네가 행복해 하는 것을 보는 거야.
Novia:	많이 사랑해, 내 왕자님.
Novio:	나도 사랑해.
Novia:	그렇지만 내가 더 사랑해.
Novio:	아냐, 내가 더 사랑해.
Novia:	아니야, 내가 더 사랑해. ♥♥♥

Preguntas para repasar 복습을 위한 질문들

1. ¿Quiénes viven en el colegio mayor normalmente?
2. ¿Por qué en Corea no hay muchas residencias?
3. ¿Puede vivir en un estudio una familia? (Sí/No) ¿Por qué?
4. ¿Viven en un apartamento o en una residencia tus padres?
5. ¿Vives con tus padres?
6. ¿Qué comodidades tiene la casa de tus padres?
7. ¿Qué comodidades tiene tu salón de clase?
8. ¿Qué muebles hay en una habitación generalmente?
9. ¿Qué electrodomésticos hay en una cocina normalmente?
10. ¿Qué electrodomésticos hay en un cuarto de lavado comúnmente?
11. ¿Qué electrodomésticos hay en una habitación generalmente?
12. ¿Qué electrodomésticos hay en una sala generalmente?
13. ¿La estufa de la casa de tus padres es de gas o es eléctrica?
14. ¿Qué hay que hacer para tener una buena salud?
15. ¿Qué hay que hacer para ganar dinero?

16. ¿Qué hay que hacer para hablar español, fluentemente, como un nativo?

17. ¿Qué tienes que hacer para obtener buenas notas?

18. ¿Qué no debes hacer en clase?

19. ¿Qué quehaceres hace tu mamá en casa?

20. ¿Qué quehaceres tiene que hacer tu papá en casa?

21. ¿Qué quehaceres debes hacer en casa?

22. ¿Qué quehacer odias más?

23. ¿Cuánto tiempo duró la clase pasada?

24. ¿Entendiste lo que el profesor/la profesora te explicó en la clase pasada?

25. ¿Cuánto dinero gastaste el mes pasado?

26. ¿Te divertiste en tus vacaciones pasadas?

27. ¿Dónde te encontrabas ayer a esta hora?

28. ¿Con quién te encontrabas ayer a esta hora?

29. ¿Qué hacías cuando la alarma de tu celular sonó esta mañana?

30. ¿Qué estabas haciendo la última vez que tu teléfono sonó?

31. ¿Dónde estabas la última vez que tu teléfono sonó?

32. ¿Qué hacías cuando tu profesor/profesora entró en el salón de clase la clase pasada?

33. ¿Puedes mencionar alguna actividad que ibas a hacer el fin de semana pasado?

34. ¿Puedes mencionar alguna actividad que ibas a hacer en tus vacaciones pasadas?

35. ¿El español es más divertido de lo que esperabas?

Lectura #6

¡Hola! Me llamo Insoo y voy a hablar acerca de mi casa. Vivo en Yongin, una ciudad muy bonita y tranquila que está en la provincia de Gyeonggi. Vivo con mis padres y con mi abuelita en un apartamento mediano. Mi apartamento tiene tres habitaciones, dos baños, una terraza, una cocina, una sala, un comedor, un estudio y un cuarto de lavado. El edificio donde vivo tiene 20 pisos. Yo vivo en el décimo noveno piso. Yo tengo mi cuarto propio. Mi cuarto es pequeño pero acogedor. En mi cuarto hay una cama, un ropero, una cómoda, un escritorio y una silla. En verano no me gusta estar en mi habitación porque no tiene aire acondicionado, por eso es muy caliente. En mi casa solo hay un aire acondicionado y este está en la sala, por eso en verano a mi familia y a mí nos gusta estar ahí. Mi barrio es muy moderno, silencioso, limpio y agradable. Sin embargo, está lejos del centro de la ciudad, por eso es un poco aburrido.

안녕! 나는 인수라고 해. 우리집에 대해서 얘기해 볼게. 나는 경기도에 있는 아름답고 조용한 도시, 용인에 살아. 나는 부모님과 할머니와 함께 중형아파트에 살아. 내 아파트에는 세 개의 방, 두 개의 욕실, 테라스 하나, 부엌 하나, 거실 하나, 다이닝 룸 하나, 서재 하나, 세탁실 하나가 있어. 내가 사는 건물에는 20층이 있어. 나는 19층에 살아. 나는 내 방이 있어. 내 방은 작지만 아늑해. 내 방에는 침대 한 개, 옷장 한 개, 서랍장 한 개, 책상 한 개, 의자 한 개가 있어. 여름에는 에어컨이 없기 때문에 너무 더워서 내 방에 있는 것을 좋아하지 않아. 우리집에는 에어컨이 한 대밖에 없는데 거실에 있어. 그래서 여름에 우리가족과 나는 거실에 있는 것을 좋아해. 우리 동네는 현대적이고 조용하고 깨끗하고 즐거워. 하지만 시내랑 멀리 떨어져 있어서 조금 지루해.

▫ Actividad de la lectura

Escribe, detalladamente, cómo es tu casa, tu cuarto y tu barrio como Insoo lo ha hecho en la redacción anterior. No olvides usar el vocabulario aprendido en esta lección.

인수가 위에서 한 것처럼 나의 집, 나의 방, 나의 동네가 어떠한 지 상세하게 써 봅시다. 이번 과에서 배운 어휘를 사용하는 것을 잊지 맙시다.

Información de interés

El origen de los nombres de los países hispanos

스페인어 문화권 나라이름들의 유래

A continuación vamos a analizar el origen de los nombres de los países hispanos. Algunos de estos provienen de personajes famosos, otros de palabras indígenas usadas por los nativos, otros de las características geográficas propias de la región y otros de la religión católica. Todos estos nombres tienen un origen muy interesante y hasta curioso como es el caso de Argentina, Colombia y Bolivia. Asimismo, cabe destacar que se desconoce aún el origen exacto de algunos de ellos.

다음으로는 스페인어 문화권 나라들의 이름의 기원을 알아보도록 할 것이다. 일부 나라이름들은 위인들의 이름에서, 원주민들에 의해 사용되었던 토착어들에서, 그 지역의 고유한 지형적 특징에서, 또 일부 나라이름은 가톨릭 신앙에서 비롯한다. 이 모든 나라이름들은 아르헨티나, 콜롬비아, 볼리비아처럼 흥미롭고 더 나아가 신기하기까지 한 기원을 가지고 있다. 또한, 이들 중 일부는 아직도 정확한 기원이 알려져 있지 않다는 것을 기억할 필요가 있다.

1. Argentina: Proviene del latín *argentum* que significa "plata". De hecho, Ag es el símbolo químico de este metal. Este país se llama así no porque tuviera mucha plata, sino porque a través de su territorio los españoles hicieron una ruta natural para transportar este metal procedente del centro de Sudamérica.

아르헨티나: '은'을 의미하는 라틴어 'argentum'에서 유래한다. 사실 Ag는 이 금속의 화학기호이다. 이 나라에 은이 많아서 이렇게 불리는 것이 아니라 에스파냐인들이 남아메리카 중앙에서 생산되는 이 금속을 운반해 가기 위해서 이 나라의 영토를 통해 자연스러운 운반경로를 만들었기 때문이다.

2. Bolivia: En honor a Simón Bolívar, militar que luchó contra los españoles por la independencia de varios países sudamericanos. Simón Bolívar no nació en Bolivia, sino en Venezuela.

볼리비아: 남아메리카의 여러 나라들의 독립을 위해 에스파냐인들에 대항하며 투쟁했던 군인, 시몬 볼리바르를 기리는 이름이다. 시몬 볼리바르는 볼리비아가 아니라 베네수엘라에서 태어났다.

3. Chile: Hay varias teorías acerca del origen del nombre de este país. Lo que es cierto es que antes de la llegada de los españoles, los indígenas ya llamaban *Chilli* a esa región. Algunos dicen que este nombre proviene del aimara *Chilli* que significa "el confín del mundo".

칠레: 이 나라이름의 기원에 대해서는 여러 설이 있다. 명확한 것은 에스파냐인들이 도착하기 전에 토착민들은 이미 이 지역을 'Chilli'라고 불러왔다는 사실이다. 혹자는 이 이름이 '세상의 경계'를 뜻하는 아이마라어 Chilli에서 기원한다고 말한다.

4. Colombia: En honor a Cristóbal Colón, primer marinero europeo en América. Sin embargo, se tiene evidencia de que nunca estuvo en ese país.

콜롬비아: 아메리카대륙에 처음으로 도착한 선원인 크리스토발 콜론을 기리는 이름이다. 하지만 분명한 것은 그가 한 번도 그 나라에 가 본 적이 없다는 사실이다.

5. Costa Rica: Llamada así por los conquistadores españoles porque la región fue percibida por ellos como "una costa muy rica en recursos naturales".

코스타리카: 직역하면 '풍요로운 해안'인 이 나라의 이름은 이 지역이 스페인 정복자들에게 천연 자원이 매우 풍부한 해안으로 인식되었기 때문에 그들에 의해 그렇게 불렸다.

6. Cuba: Proviene del taíno *Cubao* que significa "gran lugar".

쿠바: '위대한 곳'을 뜻하는 타이노어 Cubao에서 유래한다.

7. Ecuador: Proviene de la posición geográfica de este país, el cual se encuentra justo en el ecuador terrestre.

에콰도르: 정확히 지구의 적도에 위치한 이 나라의 지형적 위치에서 기원한다.

8. El Salvador: Nombre dado por los católicos españoles en honor a Jesucristo el Salvador.

엘살바도르: 가톨릭신자들이었던 에스파냐인들이 구원자 예수를 기리며 붙인 이름이다.

9. España: Proviene del fenicio *I-spn-ya* que significa "tierra de conejos".

에스파냐: '토끼들의 땅'을 뜻하는 페니키아어 I-spn-ya에서 유래한다.

10. Guatemala: Proviene del náhuatl *Quauhtlemallan* que significa "tierra de muchos árboles".

과테말라: '많은 나무들의 땅'을 뜻하는 나우아뜰어 Quauhtlemallan에서 기원한다.

11. Guinea Ecuatorial: Llamado así porque su territorio está localizado en el golfo de Guinea y cerca del ecuador terrestre. La palabra Guinea proviene del bereber *aguinaoui* que significa "negro".

기니 적도: 이 나라는 적도에 가까운 기니만에 위치하고 있기 때문에 이렇게 불린다. Guinea 라는 단어는 '검은색'을 뜻하는 베르베르어 aguinaoui에서 유래되었다.

12. Honduras: Proviene del adjetivo español "hondo". Los españoles le dieron este nombre a dicha región porque sus costas eran muy "hondas" (muy profundas) y, por eso, tenían muchos problemas para fondear los barcos.

온두라스: 스페인어의 형용사 'hondo(깊은)'에서 유래한다. 에스파냐인들은 이 지역의 해안가들이 매우 깊었기 때문에 이러한 이름을 붙였는데 또한 이로 인해 그들은 배를 정박하는 데에 많은 어려움을 겪었다.

13. México: Proviene del náhuatl *Mēxihco* que era el nombre de la capital de los aztecas. Hasta ahora se desconoce el verdadero significado de dicha palabra: algunos dicen que significa "el ombligo de la luna" y otros "lugar de Mexihtli". En este último caso, Mexihtli sería un dios muy adorado por los aztecas.

멕시코: 아즈텍인들의 수도의 이름이었던 나우아뜰어 Mēxihco에서 유래한다. 오늘날까지도 언급된 단어의 정확한 의미는 알려져 있지 않다. 혹자는 이 단어가 '달의 배꼽' 을, 혹자는 '멕시뜰리가 있는 곳' 을 뜻한다고 말한다. 후자의 멕시뜰리는 아즈텍인들에게 무척 경배되었던 신의 이름이다.

14. Nicaragua: En honor a Nicarao, jefe de los indígenas de la región cuando llegaron los españoles para conquistar ese territorio.

니카라과: 스페인정복자들이 그 땅을 정복하기 위해 도착했을 당시 그 지역 토착민들의 우두머리였던 니카라오를 기리기 위해 지어진 이름이다.

15. Panamá: Hay varias teorías sobre el origen de este nombre. Sin embargo, la más generalizada sería que proviene de un término indígena que significa en castellano "lugar de abundantes peces y mariposas".

파나마: 이 이름의 기원에 대한 여러 가지 설이 있다. 하지만 가장 일반화 되어있는 설은 스페인어로 '많은 물고기와 나비가 있는 곳'을 뜻하는 한 토착어 단어에서 기원한다는 것이다.

16. Paraguay: Proviene del guaraní *Paraguay* que, supuestamente, significaría "río que origina un mar".

파라과이: '바다를 만들어 내는 강'을 뜻할 것으로 추정되는 과라니어 Paraguay에서 유래한다.

17. Perú: Existen varias teorías. Una de ellas afirma que el nombre del país proviene del término indígena *Virú*, que era como los nativos llamaban al lugar al llegar los primeros españoles. Otra afirma que proviene del nombre de un cacique de una tribu panameña llamado Biru. Los españoles trataron de preguntarle cómo se llamaba el lugar, pero este cacique no comprendió bien la pregunta y respondió con su nombre.

페루: 여러 설이 존재한다. 그 중 하나는 이 나라이름이 스페인정복자들이 처음 도착했을 때 원주민들이 그 곳을 부르던 이름이었던 토착어 용어, Virú에서 유래한다고 말한다. 또 다른 설은 Biru라고 불렸던 한 파나마 부족의 족장의 이름으로부터 유래한다고 말한다. 에스파냐인들이 그 족장에게 그 곳의 이름이 무엇인지 물어보려고 했지만 이 족장은 질문을 잘 이해하지 못해 자신의 이름을 대답했다는 것이다.

18. Puerto Rico: Nombre dado por los españoles en referencia a las grandes riquezas que partían desde un puerto de esta isla con destino a España.

푸에르토리코: 풍부한 자원들이 이 섬의 항구에서 출발해 스페인을 향해 가는 것과 관련해 에스파냐인들이 붙인 이름이다.

19. República Dominicana: En honor a Santo Domingo de Guzmán, sacerdote español y fundador de la orden dominicana.

도미니카공화국: 에스파냐인 사제이자 가톨릭 종파 중 하나인 'Orden Dominicana'의 창시자인 산토 도밍고 데 구스만을 기리기 위해 지어진 이름이다.

20. Uruguay: Proviene del guaraní *Uruguay* cuyo significado, presuntamente, sería "río de pájaros".

우루과이: '새들의 강'을 의미한다고 추측되는 과라니어 Uruguay에서 유래한다.

21. Venezuela: Sería el diminutivo de Venecia en castellano y equivaldría a "Pequeña Venecia". Dicho nombre fue dado por los exploradores europeos en referencia a la mencionada ciudad italiana. Lo anterior debido a que una población indígena de la región, en la cual había cabañas construidas sobre el agua, les pareció similar a Venecia.

베네수엘라: 스페인어로 베니스의 축소사 형태로 '작은 베니스'와 같은 뜻이다. 위 이름은 언급된 이탈리아 도시와 관련하여 유럽인 모험가들에 의해서 붙여졌다. 이는 그 지역의 한 토착민 거주지로 인한 것이었는데 그 곳에는 물 위에 지어진 오두막들이 있었고 이것이 그들에게 베니스처럼 보였기 때문이었다.

¡Actividad especial!

Vamos a repasar el vocabulario aprendido en esta lección

이번 과에서 배운 어휘들을 복습해 봅시다

Completa la siguiente tabla con el vocabulario correspondiente que se encuentra en la siguiente página. Este ejercicio te servirá para clasificar mejor el vocabulario y así lo podrás memorizar más fácilmente.

다음 표를 다음 페이지에 있는 동사들 중 일치하는 동사를 찾아 완성해 봅시다. 이 연습문제는 어휘를 더 잘 분류하도록 도와줄 것이므로 여러분은 어휘를 더 쉽게 외울 수 있을 것입니다.

	Los muebles y las cosas comunes	**Los electrodomésticos**	**Los quehaceres**
La habitación	1. El ______, la ______ y el ______ 2. El ______ 3. La ______ 4. La ______ 5. La ______ de ______		1. ______ el ______ 2. ______ la ______
La cocina	1. El ______ 2. El ______ para ______	1. El______ ______ 2. El ______ 3. El ______ 4. El ______ 5. La ______ 6. La ______ ______ 7. La ______ 8. La ______ ______ 9. La ______	1. ______ 2. ______ los ______ 3. ______ los ______
El comedor	1. La ______ y las ______		1. ______ la ______ 2. ______ la ______
La sala	1. El ______ 2. El ______ y el ______	1. El ______ ______ 2. El ______ de ______ 3. El ______ de ______ 4. La ______	
El baño	1. El ______ de ______ y la ______de ______ 2. El ______ y el ______ 3. El ______ y el ______ 4. El ______ y el ______ 5. El ______ 6. El ______ 7. La ______ y la ______ 8. La ______ y la ______	1. La ______ de ______	1. ______ el ______
El cuarto de lavado	1. El ______ 2. El ______ de ______ 3. El ______	1. La ______ 2. La ______ 3. La ______	1. ______ la ______ 2. ______ la ______ 3. ______

Los muebles y las cosas comunes

El cepillo de dientes y la pasta de dientes
El cepillo y el peine
El champú y el acondicionador
El detergente
El escritorio, la silla y el librero
El espejo y el lavabo
El fregadero
El inodoro
El jabón
El jabón para platos
El piano
El ropero
El sillón y el sofá
El suavizante de ropa
El tendedero
La bañera y la regadera
La cama
La cómoda
La crema y la loción
La mesa y las sillas
La mesita de noche

Los electrodomésticos

El aire acondicionado
El equipo de sonido
El horno eléctrico
El lavaplatos
El microondas
El refrigerador
El reproductor de DVD
La cafetera
La estufa eléctrica
La lavadora
La licuadora
La parrilla eléctrica
La plancha
La secadora
La secadora de pelo
La televisión
La tostadora

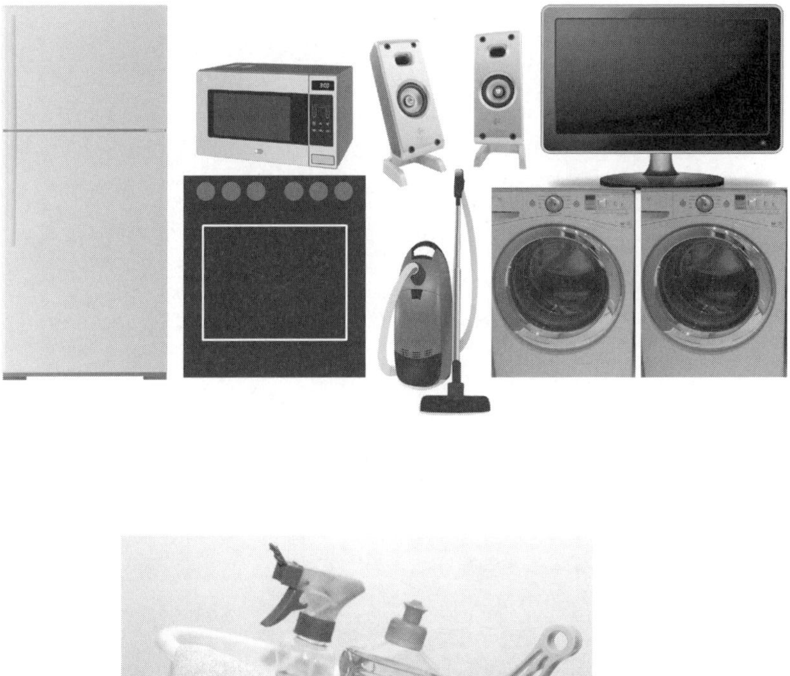

Los quehaceres

Arreglar el cuarto
Cocinar
Hacer la cama
Lavar la ropa
Lavar los platos
Limpiar el baño
Planchar
Poner la mesa
Quitar la mesa
Secar los platos
Tender la ropa

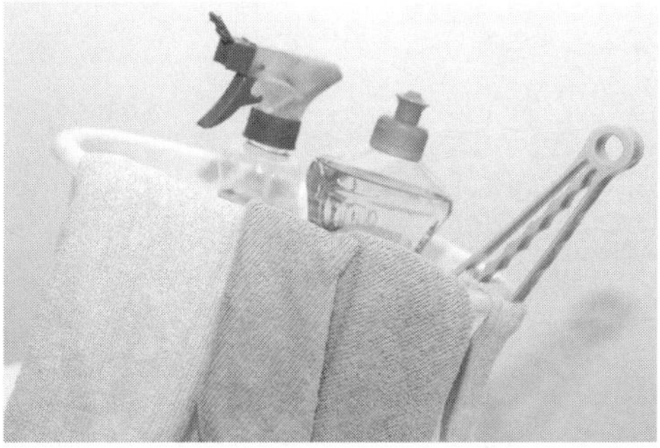

Notas

Listas de vocabularios para memorizar

• Vocabulario 6.1 Los tipos de viviendas 주거지의 종류	
La casa	집
El hogar	가정
El apartamento = El departamento = El piso	아파트
La residencia	저택
El dormitorio = El colegio mayor	기숙사
El estudio	원룸, 오피스텔

• Vocabulario 6.2 Las partes de una casa 집의 구성요소	
El dormitorio = El cuarto = La habitación	방, 침실
La cocina	부엌
El baño	화장실, 욕실
La sala = La sala de estar	거실
La terraza	테라스
El comedor	다이닝 룸
El jardín	정원
El garaje	차고
El estudio = La biblioteca	서재
El cuarto de juegos	놀이방
El cuarto de lavado	세탁실
El patio	마당
El sótano	지하실
El piso = La planta	층
El techo	지붕, 천장

• Vocabulario 6.3 Las comodidades 시설 설비	
El agua	수도
La electricidad = La luz	전기
El gas	가스
El/La Internet	인터넷
El/La wifi	와이파이
El teléfono	전화
El cable	유선방송
El aire acondicionado	에어컨
La calefacción	난방
El sistema contra incendio	화재경보시스템

• Vocabulario 6.4 Los muebles 가구	
El escritorio	책상
El estante	선반
El librero = El estante de libros	책장
El piano	피아노
El ropero = El armario	옷장
El sillón	안락의자
El sofá	소파
La cama	침대
La cómoda	서랍장
La mesa	탁자
La mesita de noche	침실용 협탁
La silla	의자

• Vocabulario 6.5 Las cosas en una habitación 방에 있는 물건들	
El cajón	서랍
El colchón	매트리스
El control remoto	리모콘
El enchufe	콘센트
El gancho	옷걸이
La alfombra	깔개
La almohada	베개
La base de la cama	침대틀
La cobija	담요
La colcha	이불
La cortina	커튼
La extensión	멀티탭, 전기릴선
La lámpara	램프
La sábana	침대보

• Vocabulario 6.6 Las cosas en un baño, en una cocina o en un cuarto de lavado 욕실, 주방, 세탁실에 있는 물건들	
El acondicionador	린스
El cepillo	브러시
El cepillo de dientes	칫솔
El champú	샴푸
El detergente	세제
El espejo	거울
El fregadero	싱크대
El grifo	수도꼭지
El inodoro	변기
El jabón líquido	액체비누
El jabón para platos	주방세제
El jabón	비누
El lavabo	세면대
El peine	빗
El suavizante de ropa	섬유유연제
El tendedero	빨래건조대, 빨랫줄
La bañera	욕조
La crema	크림
La esponja	스펀지
La loción	로션
La pasta de dientes	치약
La regadera	샤워기

• Vocabulario 6.7 Los electrodomésticos 가전제품	
El aire acondicionado	에어컨
El equipo de sonido	오디오세트
El horno eléctrico	전기오븐
El lavaplatos	식기세척기
El microondas	전자레인지
El refrigerador	냉장고
El reproductor de DVD	DVD플레이어
La aspiradora	진공청소기
La cafetera	커피메이커
La caldera eléctrica	전기보일러
La estufa eléctrica	전기오븐렌지
La grabadora	녹음기, 카세트 플레이어
La lavadora	세탁기
La licuadora	믹서
La parrilla eléctrica	전기그릴
La plancha	다리미
La secadora	의류건조기
La secadora de pelo	헤어드라이어
La televisión	텔레비전
La tostadora	토스터

• Vocabulario 6.8 Los quehaceres 집안일	
Cocinar	요리하다
Poner la mesa	상을 차리다
Quitar la mesa	상을 치우다
Lavar los platos	설거지하다
Secar los platos	접시를 닦다
Lavar la ropa	빨래하다
Tender la ropa	빨래 널다
Planchar	다림질하다
Hacer la cama	이부자리를 정돈하다
Arreglar el cuarto	방을 정돈하다
Sacudir los muebles	가구의 먼지를 털다
Aspirar	청소기를 돌리다
Regar las plantas	식물에게 물주다
Separar la basura	쓰레기 분리수거 하다
Tirar la basura en el contenedor	쓰레기 수집용기에 쓰레기를 버리다
Limpiar el baño	화장실청소를 하다

• Vocabulario 6.9 Verbos para practicar conjugación de pretéritos 과거와 불완료과거 활용 연습을 위한 동사들	
Deber	...해야 한다, 빚지다
Disminuir	줄이다
Durar	지속하다
Empeorar	악화시키다
Entender	이해하다
Expresar	표현하다
Ganar	벌다, 이기다
Gastar	소비하다
Girar	돌다
Imaginar	상상하다

• Vocabulario 6.10 Verbos reflexivos para practicar conjugación de pretéritos 과거와 불완료과거 활용 연습을 위한 재귀동사들	
Arrepentirse* (se arrepintió, se arrepintieron)	후회하다
Divertirse* (se divirtió, se divirtieron)	즐기다
Equivocarse	실수하다
Enfermarse	병이 나다
Encontrarse	...에 있다, (건강이)...한 상태이다
Enamorarse	사랑에 빠지다

• Expresiones y vocabulario a tener en cuenta en los diálogos 대화문에 나오는 유의해야 할 표현과 어휘들	
El cántaro	항아리
El consejo	충고
El musical	뮤지컬
El tiempo extra	초과 근무
El tráfico	교통량
La caña de cerveza	생맥주잔
La llamada	전화
La opinión	의견
La suerte	행운
Los aretes	귀걸이
Acogedor	아늑한
Propio	본인의, 고유의
Cambiar de opinión	생각을 바꾸다
Estar a punto de + infinitivo	막 ...하려고 하다

Acabar de + infinitivo	방금 …했다
Llover a cántaros	비가 억수로 오다
Patinar	스케이트 타다
Pedir un consejo	조언을 구하다
Quedarse	머무르다
Regresar la llamada	다시 전화하다
Tomar una copa	술 한잔 하다
Cada quien	각개인
De repente = Repentinamente	갑자기
No tanto	그렇게 많지 않게
Porque sí	그냥
¡Qué buena suerte!!	정말 운이 좋았군!
¡Qué mala suerte!	정말 운이 나빴군!

Notas

LECCIÓN 7

¿Cuánto tiempo se tarda desde Seúl hasta Madrid?

Práctica oral de estructuras gramaticales
〉〉〉〉문법 구조 말로 연습하기〈〈〈〈

Los sustantivos compuestos por un verbo y un sustantivo 동사와 명사로 이루어진 명사들

¤ En el español hay unos sustantivos muy peculiares que se forman por un verbo y un sustantivo. Por ejemplo, "el abrelatas" que está formado por el verbo "abrir" y el sustantivo "lata". En estos casos el sustantivo siempre es masculino y termina en "s", por eso su terminación no cambia al ser plural (el abrelatas, los abrelatas).

스페인어에는 동사와 명사로 구성된 독특한 명사들이 있다. 예를 들어 'el abrelatas(통조림 따개)'는 동사'abrir(열다)' 와 명사'lata(통조림)'으로 이루어져있다. 이런 경우에 명사는 항상 남성이며 's'로 끝난다. 그래서 복수일 때 어미가 변하지 않는다. (el abrelatas, los abrelatas)

• Vocabulario 7.1 Los sustantivos compuestos por un verbo y un sustantivo 동사와 명사로 이루어진 명사들

1. El abrecartas (abrir, la carta) 편지봉투칼 (열다, 편지)
2. El abrelatas (abrir, la lata) 통조림 따개 (열다, 통조림)
3. El correcaminos (correr, el camino) 로드러너 (달리다, 길) 빠르게 뛰어다니며 벌레를 잡아먹고 사는 새
4. El cortaúñas (cortar, la uña) 손톱깎이 (자르다, 손톱)
5. El espantapájaros (espantar, el pájaro) 허수아비 (놀라게 하다, 새)
6. El guardabosques (guardar, el bosque) 삼림감시원 (보호하다, 숲)
7. El guardaespaldas (guardar, la espalda) 경호원 (보호하다, 등)
8. El lavaplatos (lavar, el plato) 식기세척기 (씻다, 접시)
9. El matamoscas (matar, la mosca) 파리채 (죽이다, 파리)
10. El parabrisas (parar, la brisa) (자동차 등의) 앞 유리 (멈추다, 산들바람)
11. El paracaídas (parar, la caída) 낙하산 (멈추다, 낙하)
12. El paraguas (parar, el agua) 우산 (멈추다, 물)
13. El pararrayos (parar, el rayo) 피뢰침 (멈추다, 번개)

14. El portaaviones (portar, el avión) 항공모함 (운반하다, 비행기)
15. El portafolios (portar, el folio) 서류가방 (운반하다, 종잇장)
16. El posavasos (posar, el vaso) 컵받침 (살짝 놓다, 컵)
17. El quitamanchas (quitar, la mancha) 얼룩제거제 (없애다, 얼룩)
18. El rascacielos (rascar, el cielo) 마천루 (할퀴다, 하늘)
19. El rompecabezas (romper, la cabeza) 퍼즐 (부수다, 머리)
20. El sacacorchos (sacar, el corcho) 코르크따개 (꺼내다, 코르크)
21. El sacapuntas (sacar, la punta) 연필깎이 (꺼내다, 뾰족한 끝)
22. El saltamontes (saltar, el monte) 메뚜기 (뛰어오르다, 산)
23. El salvavidas (salvar, la vida) 구명대, 구명기구 (살리다, 생명)
24. El tocadiscos (tocar, el disco) 레코드 플레이어 (실행시키다, 레코드판)
25. El trabalenguas (trabar, la lengua) 발음하기 어려운 말 (꼬이게 하다, 혀)

¤ Al final de esta lección, en la sección de "Actividad especial", podrás encontrar algunos trabalenguas populares en los países hispanos.
이번 과 끝에 있는 '특별 활동'부분에서 스페인어 문화권 나라들에서 흔한 발음하기 어려운 말들을 만나볼 수 있다.

◘ ¡Vamos a practicar!

Completa, correctamente, las siguientes oraciones con el vocabulario propuesto y después léelas en voz alta.
다음의 문장들을 제시된 어휘를 사용하여 맞게 완성시키고 난 후 큰 소리로 읽어 봅시다.

1. El mesero abre la botella con el ________________.
2. El niño nada con el ________________.
3. Las señoritas se cortan las uñas con el ________________.
4. Los campesinos protegen sus plantas con el ________________.
5. Los cocineros abren las latas con el ________________.
6. Mi mamá mata las moscas con el ________________.
7. Los niños se divierten toda la tarde con el ________________.
8. Yo mejoro mi pronunciación con los ________________.
9. Mi padre abre las cartas con el ________________.
10. Mi mamá quita las manchas con el ________________.

abrecartas
abrelatas
cortaúñas
espantapájaros
matamoscas
quitamanchas
rompecabezas
sacacorchos
salvavidas
trabalenguas

1. A veces el _______________ de mi coche está cubierto de nieve en invierno.
2. El _______________ del presidente cubre al presidente con un _______________ porque está lloviendo.
3. El _______________ está en la cocina.
4. El abogado trae muchos documentos en su _______________, pero no puede usar su lápiz porque no tiene un _______________.
5. El coyote siempre va detrás del _______________.
6. En el campo los _______________ hacen mucho ruido por la noche y no dejan dormir al _______________.
7. En la sala de la casa de mi abuelo hay un _______________ muy antiguo.
8. En Nueva York hay muchos _______________ con _______________ en el techo.
9. Los aviones están en el _______________ y dentro de ellos hay muchos _______________.
10. Sobre la mesa del restaurante hay algunos _______________ para poner las copas.

correcaminos
guardabosques
guardaespaldas
lavaplatos
parabrisas
paracaídas
paraguas
pararrayos
portaaviones
portafolios
posavasos
rascacielos
sacapuntas
saltamontes
tocadiscos

La voz pasiva 수동태

¤ En español la voz pasiva se forma con el verbo "ser" más un verbo en participio. Por lo general, la voz pasiva es usada en medios escritos como los periódicos y no es muy común en el lenguaje hablado. Se usa cuando se quiere enfatizar la acción realizada y se quiere disminuir la importancia del sujeto original de la voz activa. Ejemplo:

스페인어에서 수동태는 'ser + 과거분사'로 이루어진다. 일반적으로 수동태는 신문과 같은 활자매체에서 사용되며 구어로 사용되는 경우는 그리 흔하지 않다. 실현된 행위를 강조하고 행위자의 중요성을 줄이고 싶을 때 사용된다. 예:

Voz activa (능동태):	*Juan Pérez robó el banco.* 후안 뻬레스가 은행을 털었다.
Voz pasiva (수동태):	*El banco fue robado por Juan Pérez.* 은행은 후안 뻬레스에 의해 털렸다.

¤ En este caso se resalta el hecho de que el banco fue robado; es decir, lo importante es lo que sucedió y no tanto el sujeto de la voz activa. De hecho, se puede reducir al máximo la importancia del sujeto de la voz activa al eliminarlo por completo. Ejemplo:

이 경우에는 은행이 털렸다는 사실이 강조된다. 즉, 중요한 것은 일어난 일이고 행위자는 그다지 중요하지 않다는 것이다. 사실상 행위자를 완전히 삭제함으로써 이 능동주어인 행위자의 중요성을 최대한으로 줄일 수 있다. 예:

El banco fue robado. 은행이 털렸다.

¤ En este sentido, la voz pasiva también se usa cuando no se quiere señalar el sujeto de la voz activa o no se sabe el mismo. Ejemplos:

이런 의미에서 수동태는 또한 행위자를 표시하고 싶지 않거나 행위자를 아예 모를 때에 사용될 수 있다. 예:

La iglesia fue destruida durante la guerra.
성당은 전쟁 동안 파괴되었다.
El avión fue inventado hace muchos años.
비행기는 수년 전에 발명되었다.
Los rascacielos son construidos en el centro de la ciudad.
마천루들은 시내의 중심에 세워졌다.

■ **¡Vamos a practicar!**

☼ **Modelo**

Psy componer (pretérito) la canción *Gangnam Style*
Voz activa (능동태): *Psy compuso la canción Gangnam Style.*
싸이가 강남스타일이라는 곡을 작곡했다.
Voz pasiva (수동태): *La canción Gangnam Style fue compuesta por Psy.*
강남스타일이라는 곡은 싸이에 의해 작곡되었다.

1. Cristóbal Colón descubrir (pretérito) América
2. Leonardo da Vinci pintar (pretérito) *La Mona Lisa*
3. Miguel de Cervantes Saavedra escribir (pretérito) *Don Quijote de la Mancha*
4. Antonio Gaudí diseñar (pretérito) la Sagrada Familia
5. Benjamin Franklin inventar (pretérito) el pararrayos
6. Muchos albañiles (미장이) construir (presente) la Sagrada Familia
7. Los panaderos preparar (presente) unos pasteles
8. Muchos turistas visitar (presente) México
9. Samsung producir (futuro) un nuevo modelo de celular
10. El Papa (교황) visitar (futuro) la Sagrada Familia

¤ El Templo Expiatorio de la Sagrada Familia, mejor conocido simplemente como la Sagrada Familia, es la obra maestra del arquitecto español Antoni Gaudí. Es una basílica católica que se encuentra en Barcelona, España. Su construcción fue iniciada en 1882 y todavía (2015) no está terminada.

성가족성당으로 더 잘 알려져 있는 사그라다 파밀리아는 스페인 건축가인 안토니 가우디의 대표작이다. 스페인어 공식명칭의 뜻을 풀이하면 '성스러운 가족에게 봉헌된 속죄의 교회' 이다. 스페인의 바르셀로나에 있는 가톨릭 대성당이다. 이 성당의 건축은 1882년에 시작되어 아직도 완공되지 않고 있다. (2015년 기준)

La voz pasiva refleja 수동의 se

¤ La voz pasiva refleja se forma poniendo "se" antes de un verbo en tercera persona del singular o del plural según el sujeto. Dicho sujeto aparece después del verbo por lo general.

재귀대명사 se가 수동태의 'ser + 과거분사' 구문을 대신해서 쓰일 수 있는데 이 경우는 주어에 따라 동사의 3인칭 단수나 복수형태 앞에 se를 써서 구성된다. 언급된 주어는 일반적으로 동사 뒤에 온다.

Estructura (구조):
<u>Se + verbo 3ª persona del singular/plural + sujeto</u>
<u>Se + 단/복수 3인칭 동사 + 주어</u>

Ejemplos (예):

Se vende la casa. 집이 팔린다.
Se venden las frutas. 과일들이 팔린다.
Se habla el alemán en Alemania. 독일에서는 독일어가 말해진다.
Se hablan el inglés y el francés en Canadá. 캐나다에서는 영어와 불어가 말해진다.
Se usa el abrelatas para abrir las latas. 통조림을 따기 위해서는 통조림따개가 사용된다.
Se usan las tijeras para cortar el papel. 종이를 자르기 위해서 가위가 사용된다.
Se bebe el café helado en verano. 여름에는 냉커피가 마셔진다.
Se beben las bebidas calientes en invierno. 겨울에는 따뜻한 음료가 마셔진다.

¤ Se puede decir que la función de "se" en la voz pasiva refleja es bloquear totalmente al sujeto activo. Por eso este desaparece y deja de ser importante enfatizando solo la acción realizada. Ejemplo:

수동의 se의 기능은 행위자를 완전히 차단하는 것이라고 할 수 있다. 그래서 행위자는 사라지고 실현된 행위만이 강조될 수 있게 한다. 예:

Voz activa (능동태):	*Los coreanos usan el won en Corea.* 한국에서 한국인들은 원을 쓴다.
Voz pasiva (수동태):	*El won es usado en Corea por los coreanos.* 원은 한국에서 한국인들에 의해 사용된다.
Voz pasiva refleja (수동의 se):	*Se usa el won en Corea.* 한국에서는 원이 사용된다.

¤ Debido a que el propósito de la voz pasiva refleja es enfatizar al máximo la acción realizada sin importar el sujeto activo, esta forma pasiva es usada por los hispanos en los anuncios. Con el fin de hacer el anuncio más práctico, los hispanos omiten por lo general el artículo (el, la, un, una, etc.) o el adjetivo demostrativo (este, esta, etc.) en el sujeto de la pasiva refleja. Ejemplos:

수동의 se의 사용목적이 행위자에 관심을 두지 않고 실현된 행위를 최대한 강조한 것이기 때문에 이 수동태는 원어민들에 의해 광고나 알림에 많이 사용된다. 광고나 알림을 더 실용적으로 만들기 위해 원어민들은 se를 사용한 수동구문에 일반적으로 관사(el, la, un, una 등)나 지시형용사(este, esta 등)을 생략한다. 예:

Se vende (esta) casa. 집이 팔립니다. (=집 매매합니다.)
Se rentan (los) coches. 차들이 임대됩니다. (=차 렌트 합니다.)

¤ En las ciudades hispanas se pueden ver anuncios en voz pasiva refleja como estos:

스페인어권 도시들에서는 수동의 se를 사용한 다음과 같은 사용한 알림판들을 볼 수 있다.

• Vocabulario 7.2 Los anuncios más comunes en voz pasiva refleja 수동태의 se가 사용된 가장 흔한 알림들

1. Se vende 팔립니다 (=판매합니다)
2. Se renta = Se alquila 임대됩니다 (=임대합니다)
3. Se solicita empleado 직원 모집됩니다 (=직원 모집합니다)
4. Se prohíbe fumar 흡연이 금지됩니다 (=금연입니다)
5. Se aceptan tarjetas de crédito 신용카드가 허용됩니다 (=신용카드 받습니다)
6. Aquí se habla español 이곳에서는 스페인어가 말해집니다 (=이곳에서는 스페인어를 씁니다)

¤ ¡Vamos a practicar!

☼ Modelo

Edison inventar (pretérito) la bombilla hace mucho tiempo

Voz activa (능동태):	*Edison inventó la bombilla hace mucho tiempo.* 에디슨은 오래 전에 전구를 발명했다.
Voz pasiva (수동태):	*La bombilla fue inventada por Edison hace mucho tiempo.* 전구는 에디슨에 의해 오래 전에 발명됐다.
Voz pasiva refleja (수동의 se):	*Se inventó la bombilla hace mucho tiempo.* 전구는 오래 전에 발명됐다.

1. El niño romper (pretérito) la ventana
2. Los niños terminar (pretérito) los refrescos
3. Juan vender (pretérito) estas casas
4. María vender (presente) este coche
5. Los empleados no aceptar (presente) las tarjetas de crédito
6. Los canadienses hablar (presente) dos idiomas en Canadá
7. Los empleados cerrar (presente) a las 5:00 de la tarde el banco
8. El mecánico reparar (futuro) estos coches
9. Los niños decir (futuro) la verdad
10. Los panaderos cocinar (futuro) 100 pasteles

• Vocabulario 7.3 Algunos idiomas europeos 일부 유럽어

1. El alemán 독일어
2. El francés 프랑스어
3. El griego 그리스어
4. El italiano 이탈리아어
5. El neerlandés 네덜란드어
6. El polaco 폴란드어
7. El portugués 포르투갈어
8. El rumano 루마니아어
9. El ruso 러시아어
10. El turco 터키어

◘ ¡Vamos a practicar!

☼ Modelo

Reino Unido - el inglés
Pregunta: *¿Qué idioma se habla en Reino Unido?* 영국에서는 어떤 언어가 사용돼?
Respuesta: *En Reino Unido se habla el inglés.* 영국에서는 영어가 사용돼.

1. Alemania y Austria - el alemán
2. Francia - el francés
3. Grecia - el griego
4. Italia - el italiano
5. Países Bajos (네덜란드) - el neerlandés
6. Polonia - el polaco
7. Portugal - el portugués
8. Rumania - el rumano
9. Rusia - el ruso
10. Turquía - el turco

◘ ¡Vamos a practicar!

☼ Modelo

Canadá - el dólar
Pregunta: *¿Qué moneda se usa en Canadá?* 캐나다에서는 무슨 화폐가 사용되지?
Respuesta: *En Canadá se usa el dólar.* 캐나다에서는 캐나다달러가 사용돼.

1. España - el euro
2. India - la rupia
3. Inglaterra - la libra
4. Suiza (스위스) - el franco
5. Bolivia - el boliviano
6. Brasil - el real
7. Chile - el peso
8. Guatemala - el quetzal
9. Paraguay - el guaraní
10. Perú - el sol

Al final de esta lección, en la sección de “Información de interés”, podrás encontrar más información de las monedas que se usan en los países hispanos.
이번 과 끝에 있는 ‘흥미를 위한 정보’부분에서 스페인어 문화권 나라들에서 사용되는 화폐에 대한 정보를 더 만나볼 수 있다.

◘ ¡Vamos a practicar!

☼ Modelo

México - El español / El peso / Los tacos / El tequila

Pregunta: *¿Qué idioma se habla en México?* 멕시코에서는 어떤 언어가 사용되니?
Respuesta: *En México se habla el español.* 멕시코에서는 스페인어가 사용돼.
Pregunta: *¿Qué moneda se usa en México?* 멕시코에서는 어떤 화폐가 사용되니?
Respuesta: *En México se usa el peso.* 멕시코에서는 멕시코 페소가 사용돼.
Pregunta: *¿Qué comida se come en México?* 멕시코에서는 어떤 음식을 먹니?
Respuesta: *En México se comen los tacos.* 멕시코에서는 따꼬를 먹어.
Pregunta: *¿Qué licor se bebe en México?* 멕시코에서는 무엇을 마시니?
Respuesta: *En México se bebe el tequila.* 멕시코에서는 떼낄라를 마셔.

1. Corea - El coreano / El won / El kimchi / El soju
2. Japón - El japonés / El yen / El sushi / El sake
3. China - El chino / El yuan / El arroz / El baijiu
4. EE. UU. - El inglés / El dólar / Las hamburguesas / El whisky
5. Francia - El francés / El euro / El queso / El coñac

• Vocabulario 7.4 Los desastres naturales 자연재해

1. El huracán 허리케인
2. El incendio 화재
3. El terremoto 지진
4. El tifón 태풍
5. El tsunami 쓰나미
6. La avalancha 눈사태
7. La erupción 화산폭발
8. La inundación 홍수
9. La sequía 가뭄
10. La tormenta 폭풍

¡Vamos a practicar!

☼ **Modelo**

전쟁 - guerra
Pregunta: *¿Cómo se dice "전쟁" en español?* 스페인어로 전쟁을 어떻게 말하니?
Respuesta: *Se dice "guerra".* 'guerra'라고 해.

1. 허리케인 - huracán
2. 지진 - terremoto
3. 폭풍 - tormenta
4. 홍수 - inundación
5. 눈사태 - avalancha

¡Vamos a practicar!

☼ **Modelo**

Inundación
Pregunta: *¿Cómo se escribe "inundación"?* 'inundación(홍수)'는 어떻게 쓰니?
Respuesta: *Inundación: "i" de iglesia, "n" de naranja, "u" de uva, "n" de naranja, "d" de dedo, "a" de arroz, "c" de casa", "i" de iglesia, "o" de oso, "n" de naranja. Con tilde en la "o".*

1. Erupción
2. Incendio
3. Sequía
4. Tifón
5. Tsunami

La forma impersonal 비인칭의 se

¤ Las oraciones impersonales son llamadas así porque no tienen sujeto gramatical. Se forman poniendo "se" antes de un verbo conjugado siempre en tercera persona del singular.
비인칭 문장들은 문법적인 주어를 가지지 않기 때문이 이렇게 불린다. 언제나 3인칭 단수로 활용된 동사 앞에 se를 써서 구성된다.

Estructura (구조):
Se + verbo 3ª persona del singular
Se + 단수 3인칭 동사

Ejemplos:

Se come bien en este restaurante. 이 식당에서는 (사람들이) 잘 먹는다.
Se busca a los delincuentes. 범죄자들을 수배한다.

Incorrecto (틀린 경우):
*Se busca**n** a los delincuentes.* *동사는 언제나 3인칭 단수형태로 와야 한다.

¤ Para distinguir la forma impersonal de la voz pasiva refleja, solo hay que hacer la prueba de voz pasiva; es decir, tratar de cambiar la oración en cuestión a voz pasiva. Si es posible cambiarla, será "pasiva refleja". Ejemplo:
수동의 se와 비인칭의 se를 구분하기 위해서는 수동태검사를 해보면 된다. 즉, 문장을 수동태로 바꾸어 보는 것이다. 문제 없이 바꿀 수 있다면 수동의 se이다. 예:

Oración:	*Se necesita un empleado.* 직원이 한 명 필요합니다.
Prueba de voz pasiva:	*Un empleado es necesitado.* 직원이 한 명 필요합니다.√

Si no es posible cambiarla, será "impersonal". Ejemplo:
바꿀 수 없다면 비인칭의 se이다. 예:

Oración:	*Se busca al ladrón.* 도둑을 찾습니다.
Prueba de voz pasiva:	*Al ladrón es buscado.* 도둑을 찾아집니다. ×

◘ ¡Vamos a practicar!

☼ Modelo

Las personas trabajar mucho en Corea

Oración en voz activa (능동태):	*Las personas trabajan mucho en Corea.* 한국에서는 사람들이 많이 일한다.
Oración en impersonal (비인칭의 se):	*Se trabaja mucho en Corea.* 한국에서는 많이 일한다.

1. Las personas vivir bien en México
2. Las personas comer bien en Argentina
3. Las personas almorzar a las 2:00 de la tarde en España
4. Las personas cenar a las 8:00 de la noche en Colombia
5. La gente ser felices en Canadá
6. Las personas trabajar con ahínco en esta oficina
7. Las personas no fumar en este hotel
8. Las personas dormir mucho en el fin de semana
9. Las personas desayunar bien en Chile
10. La gente descansar poco en Corea

¤ Hay un caso polémico para la forma impersonal y la voz pasiva refleja que ha causado mucha confusión y mucha discusión. Dicho caso está relacionado con el verbo "tardar". Ejemplo:

비인칭의 se와 수동의 se가 많은 혼란과 토론을 야기한 논쟁거리가 된 경우가 있다. 앞에 언급된 경우는 'tardar(시간이 걸리다)'동사와 관련되어 있다. 예:

Voz pasiva refleja (수동의 se): *Se tardan dos horas desde aquí hasta mi casa.*
여기서 나의 집까지는 두 시간이 걸린다.

Forma impersonal (비인칭의 se): *Se tarda dos horas desde aquí hasta mi casa.*
여기서 나의 집까지는 두 시간이 걸린다.

¤ Para algunos especialistas este caso debería ser clasificado como voz pasiva refleja, por lo que "se tardan" es correcto. Sin embargo, para otros debería ser catalogado como impersonal, por lo que "se tarda" es correcto.

일부 전문가들에게는 'se tardan'이 맞는 표현이므로 이 경우는 수동의 se로 분류되어야 할 것이다. 그러나 또 다른 전문가들에게는 'se tarda'이 맞는 표현이므로 이 경우는 비인칭의 se로 분류되어야 할 것이다.

¤ El Diccionario panhispánico de dudas indica que ambas maneras son apropiadas. Este diccionario, abreviado como DPD, es una obra oficial realizada por la Real Academia Española y la Asociación de Academias de la Lengua Española con el propósito de resolver dudas relacionadas con el uso del idioma español. Puede ser consultado en Internet en la siguiente dirección:

'범스페인어 의문사전'은 두 방법 모두가 맞는다고 표기한다. 약칭 DPD로 불리는 이 사전은 스페인어 사용에 있어 관련된 의문점들을 해결하기 위하여 왕립스페인어학술원(RAE)과 스페인어한림원 연합회가 출간한 공식 저서이다. 다음 주소에서 참고할 수 있다.
http://www.rae.es/recursos/diccionarios/dpd

◘ ¡Vamos a practicar!

☼ Modelo

Desde Seúl hasta Madrid en avión - 13 horas
Pregunta: *¿Cuánto tiempo se tarda desde Seúl hasta Madrid en avión?*
서울에서 마드리드까지 몇 시간이나 걸려?
Respuesta en voz pasiva refleja (수동의 se를 사용한 대답):
Se tardan 13 horas desde Seúl hasta Madrid en avión.
서울에서 마드리드까지는 13시간이 걸려.
Respuesta en forma impersonal (비인칭의 se를 사용한 대답):
Se tarda 13 horas desde Seúl hasta Madrid en avión.
서울에서 마드리드까지는 13시간이 걸려.

1. Desde Seúl hasta Ulsan en tren de alta velocidad - dos horas y media
2. Desde Busan hasta Jeju en barco - 12 horas
3. Desde Seúl hasta Gwangju en autobús - tres horas y media
4. Desde Gangnam hasta Jamsil en metro - 13 minutos
5. Desde el dormitorio hasta el salón de clase a pie - 15 minutos

La expresión de involuntariedad 무의지의 se

¤ En el español hay una construcción usada para expresar involuntariedad, en la cual se usa "se". Estructura:

스페인어에서 무의지를 나타내기 위한 구문이 있는데 se가 사용된다. 구조:

Se + me, te, le, nos, os, les + verbo 3ª persona del singular/plural + sujeto
Se + 간접목적대명사(me, te, le, nos, os, les) + 3인칭 단/복수 동사 + 주어

¤ En esta construcción el sujeto activo pasa a ser un complemento, dando la idea de que él no realiza la acción y que esta sucede de manera inesperada, accidental o involuntaria. Ejemplos:

이 구조에서는 행위자가 행위를 실현시키는 것이 아니고 그 행위가 예상치 못하게, 우연히, 무의식적으로 일어난다는 인상을 주며 능동주어가 목적어가 된다. 예:

Oración en voz activa (능동태 문장):
Ana olvida las cosas sin intención. = 아나는 일들을 의도치 않게 잊어버린다.
Oración expresando involuntariedad (무의지를 나타내는 문장):
Se le olvidan las cosas. 그녀는 일들을 잊어버린다.
Oración en voz activa (능동태 문장):
Tú rompiste el vaso accidentalmente. = 네가 실수로 컵을 깨뜨려 버렸다.
Oración expresando involuntariedad (무의지를 나타내는 문장):
Se te rompió el vaso. 네가 컵을 깨뜨려 버렸다.

¡Vamos a practicar!

☼ **Modelo**

Yo olvidar hacer la tarea sin intención
Yo olvidé hacer la tarea sin intención. = Se me olvidó hacer la tarea.
의도치 않게 숙제 하는 것을 잊어 버렸어요. = 숙제 하는 것을 잊어 버렸어요.

1. Tú descomponer la computadora accidentalmente
2. El niño descomponer el celular sin intención
3. Yo perder mi cartera sin intención
4. Vosotros perder vuestros pasaportes sin intención
5. El mesero romper una copa accidentalmente
6. Uds. romper los vasos accidentalmente
7. Nosotros olvidar tu cumpleaños sin intención
8. Tú olvidar traer el libro sin intención
9. Yo perder las llaves sin intención
10. Mi mamá romper un plato accidentalmente

La explicación de propósitos 목적 설명

¤ Como sabemos, en español se usa la preposición "para" seguida de un verbo en infinitivo para expresar un propósito. De esta manera, para preguntar el propósito de algo, se usa la pregunta "¿para qué?". Ejemplos:

우리가 아는 것처럼, 스페인어에서는 목적을 표현하기 위하여 '전치사para + 동사원형'을 쓴다. 그러므로 어떤 것의 목적을 묻기 위해서는 '¿para qué? (무엇을 위해서?)'가 사용된다. 예:

Pregunta: *¿Para qué sirve esto?* 이것은 무엇을 위해 쓰이는 거야?
Respuesta: *Esto sirve para limpiar el piso.* 이것은 바닥을 청소하기 위해 쓰여.

Pregunta: *¿Para qué viniste aquí?* 무엇을 위해 여기에 왔니?
Respuesta: *Vine aquí para verte.* 너를 보러 왔어.

◘ ¡Vamos a practicar!

☼ Modelo

El destapador servir - destapar las botellas

Pregunta: *¿Para qué sirve el destapador?* 병따개는 무엇을 위해 쓰이지?
Respuesta: *El destapador sirve para destapar las botellas.* 병따개는 병을 따는 데 쓰여.

1. El abrelatas servir - abrir las latas
2. El cortaúñas servir - cortar las uñas
3. El espantapájaros servir - espantar a los pájaros
4. El lavaplatos servir - lavar los platos
5. El matamoscas servir - matar a las moscas
6. El quitamanchas servir- quitar las manchas
7. El sacacorchos servir - sacar los corchos
8. Ud. estudiar español - viajar por España
9. Tú tomar fotos - recordar los momentos felices
10. Vosotros hacer ejercicio - tener buena salud

La explicación de causas o razones 원인이나 이유 설명

¤ Hay dos maneras para explicar causas o razones. Una es usando "porque" más una explicación con un verbo conjugado. Otra es usando "a causa de", "debido a" o "por" más un sustantivo. Ejemplos:

원인이나 이유를 설명하기 위해서는 두 가지 방법이 있다. 하나는 'porque(왜냐하면)' 뒤에 동사를 활용한 설명을 쓰는 것이다. 다른 하나는 'a causa de /debido a/por(… 때문에)' 뒤에 명사를 쓰는 방법이다. 예:

El bebé se despertó porque los perros hacían mucho ruido.
아기는 개들이 매우 시끄럽게 했기 때문에 잠에서 깼다.
El bebé se despertó a causa del ruido de los perros. = El bebé se despertó debido al ruido de los perros.= El bebé se despertó por el ruido de los perros.
아기는 개들의 소음때문에 잠에서 깼다.

• Vocabulario 7.5 Lista de sustantivos para practicar I 연습을 위한 명사들 I

1. El accidente 사고
2. El ruido 소음
3. El tráfico 교통량
4. La arena amarilla 황사
5. La crisis económica 경제 위기
6. La epidemia 전염병
7. La guerra 전쟁
8. La lluvia 비
9. La manifestación 시위
10. La nieve 눈

¤ ¡Vamos a practicar!

☼ **Modelo**

Los estudiantes no llegar a tiempo a clase - llover mucho / la lluvia
Pregunta: *¿Por qué no llegan a tiempo a clase los estudiantes?*
왜 학생들이 제 시간에 수업에 도착하지 않지?
Respuesta a) *Los estudiantes no llegan a tiempo a clase porque llueve mucho.*
비가 많이 오기 때문에 학생들은 제 시간에 수업에 도착하지 않아.
Respuesta b) *Los estudiantes no llegan a tiempo a clase a causa de la lluvia.*
비 때문에 학생들은 제 시간에 수업에 도착하지 않아.
Respuesta c) *Los estudiantes no llegan a tiempo a clase debido a la lluvia.*
Respuesta d) *Los estudiantes no llegan a tiempo a clase por la lluvia.*

1. Carlos no venir a la fiesta - estar enfermo / su enfermedad
2. Las personas no salir a la calle - haber una epidemia / la epidemia
3. La gente no gastar dinero - haber una crisis económica en el país / la crisis económica
4. Haber muchos accidentes en invierno - nevar mucho / la nieve
5. Haber mucho tráfico - haber una manifestación / la manifestación

• Vocabulario 7.6 Lista de verbos compuestos con el verbo "hacer" 동사 'hacer' 를 포함하는 합성동사들의 목록

1. Hacer amigos 친구를 사귀다
2. Hacer dinero 돈을 벌다
3. Hacer ejercicio 운동을 하다
4. Hacer caca/popó 똥 싸다
5. Hacer pipí 오줌 싸다
6. Hacer ruido 시끄럽게 하다
7. Hacer la cama 이부자리를 정돈하다
8. Hacer un favor 부탁을 들어주다
9. Hacer un viaje 여행을 하다
10. Hacer una reverencia 고개 숙여 인사하다

¤ Algunas veces se puede contestar la pregunta "por qué" con un propósito. Para ello se debe usar la preposición "para" seguida de un verbo en infinitivo.

가끔은 'por qué'를 사용한 질문에 목적으로 대답할 수 있다. 이를 위해서는 전치사para 뒤에 동사원형을 써야 한다.

¤ ¡Vamos a practicar!

☼ Modelo

Tú estudiar con ahínco - obtener buenas notas
Pregunta: *¿Por qué estudias con ahínco? 왜 열심히 공부하니?*
Respuesta a) *Porque quiero obtener buenas notas. 왜냐하면 좋은 점수를 받고 싶으니까.*
Respuesta b) *Para obtener buenas notas. 좋은 점수를 받기 위해서.*

1. Vosotros trabajar mucho - hacer mucho dinero
2. Ud. quedarse en casa los domingos - descansar
3. Ellos ir al baño - hacer pipí
4. Él hacer la cama - ayudar a su mamá
5. Uds. comprar unos tenis (운동화) - hacer ejercicio
6. Tú ir a la fiesta - hacer amigos
7. Ellos hacer un viaje a Egipto - conocer las pirámides de Egipto
8. Vosotros no fumar - tener buena salud
9. Ud. ahorrar dinero ahora - hacer un viaje a Perú el próximo año
10. Tú levantarse temprano - no llegar tarde a clase

Expresiones y vocabulario a tener en cuenta en los diálogos 대화문에 나오는 유의해야 할 표현과 어휘들

El aceite de oliva 올리브유
La aceituna 올리브
El aparato 기계, 장치
El flash 플래시
El jamón 햄
El muchacho 소년
El tesoro 보물
La alarma 알람
La alta tecnología 첨단기술
La demora 지연, 지체
La humedad 습기
La oportunidad 기회
La pintura 그림
La Primera Guerra Mundial 제1차 세계대전
La Segunda Guerra Mundial 제2차 세계대전
Los audífonos 이어폰
Anoche 어젯밤
Maldito 지긋지긋한, 저주받을
Puntual ≠ Impuntual 시간을 잘 지키는 ≠ 시간을 지키지 않는
Estar en buen estado 좋은 상태이다

Mi abuela es vieja, pero está en buen estado.
나의 할머니께서는 연세가 많으시지만 정정하셔.
Estas pirámides son muy antiguas, pero están en buen estado.
이 피라미드들은 무척 오래되었지만 상태가 좋아.

Entregar 제출하다
Exportar ≠ Importar 수출하다 ≠ 수입하다
Dormir la siesta 낮잠 자다
Reconstruir 재건축하다
Reprobar 낙제시키다, 떨어지다

La maestra reprobó al estudiante porque no vino a clase.
그 학생이 수업에 오지 않아서 교수님께서 그 학생을 낙제시키셨어.
Algunos alumnos reprobaron Gramática porque no estudiaron.
일부 학생들은 공부하지 않았기 때문에 문법에서 낙제했다.

Robar 훔치다
Originalmente 원래, 처음에는
Profundamente 깊게
Puntualmente = A tiempo 제 때, 제 시간에
Al menos 적어도

Hay que beber al menos dos litros de agua al día.
하루에 적어도 2리터의 물을 마셔야 한다.
Hay que dormir al menos seis horas al día.
하루에 적어도 여섯 시간은 자야 한다.

Así es = Correcto 그렇습니다, 맞습니다
¿Está claro? 알았어?
Perdón por + sustantivo/verbo en infinitivo …때문에 죄송합니다

Perdón por la demora. 지연되어서 죄송합니다.
Perdón por llegar tarde. 늦게 도착해서 죄송합니다.

Diálogo #19 (En el salón de clase 강의실에서)

Estudiante: Profesora, perdón por llegar tarde. ¿Puedo pasar?
Profesora: ¿Por qué llegas tarde?
Estudiante: Es que me levanté tarde.
Profesora: ¿Por qué te levantaste tarde?
Estudiante: Porque estaba profundamente dormido y no escuché la alarma de mi celular.
Profesora: Está bien, puedes pasar. Pero esta (vez) es la última vez que te dejo entrar. La próxima (vez) no te dejaré entrar. ¿Está claro?
Estudiante: Sí, profesora. Lo siento mucho.
Profesora: ¿Tienes tu libro?
Estudiante: Lo siento, profesora. Se me perdió.
Profesora: ¿Cuándo se te perdió?
Estudiante: Hace una semana. Pero le prometo que compraré otro.
Profesora: ¡Madre santa! Bueno, ¿al menos hiciste la tarea?
Estudiante: Sí, profesora. La hice anoche, pero se me olvidó en casa.
Profesora: ¡Maldito muchacho! Te voy a reprobar.
Estudiante: ¡No, por favor! Le prometo que llegaré temprano, traeré mi libro a la clase y entregaré a tiempo mis tareas.
Profesora: Está bien. Voy a darte otra oportunidad, pero será la última (oportunidad).
Estudiante: Gracias, profesora. La quiero mucho.
Profesora: Yo te odio, maldito muchacho.

1. ¿Por qué no escuchó la alarma de su celular el chico?
   ____
2. ¿Por qué no tiene su libro el chico?
   ____
3. ¿Qué pasará si el chico no entrega su tarea a tiempo una vez más?
   ____

Estudiante: 교수님, 늦어서 죄송합니다. 들어가도 될까요?
Profesora: 왜 늦게 도착했니?
Estudiante: 늦게 일어나서요.
Profesora: 왜 늦게 일어났는데?
Estudiante: 왜냐하면 깊이 잠들어서 휴대폰 알람을 듣지 못했거든요.
Profesora: 좋아, 들어와도 돼. 하지만 너를 들여보내 주는 것은 이번이 마지막이야. 다음엔 들여보내지 않을 거야. 알겠니?
Estudiante: 네, 교수님. 정말 죄송합니다.
Profesora: 책은 있니?
Estudiante: 죄송합니다, 교수님. 잃어버렸어요.
Profesora: 언제 잃어버렸니?
Estudiante: 일주일 전에요. 그렇지만 다른 책을 산다고 약속 드릴게요.
Profesora: 나 참! 좋아, 적어도 숙제는 했겠지?
Estudiante: 네, 교수님. 어젯밤에 했어요. 그런데 집에 두고 왔어요.
Profesora: 이 못된 녀석! 너 낙제 시켜버릴 거야.
Estudiante: 제발, 안돼요! 일찍 도착하고 수업시간에 책 가져오고 숙제 제 때 내겠다고 약속 드릴게요.
Profesora: 알았다. 너에게 다른 기회를 주마. 하지만 이번이 마지막이 될 거야.
Estudiante: 감사합니다, 교수님. 사랑해요.
Profesora: 난 네가 미워, 이 지긋지긋한 녀석아.

Diálogo #20 (En el chat: Gain está en Seúl y Jordi está en Barcelona. 대화방 에서, 가인은 서울에 있고 조르디는 바르셀로나에 있다.**)**

Jordi: Se bebe mucho el té en Corea, ¿verdad?
Gain: Antes se bebía mucho el té aquí, pero ahora se bebe mucho el café.
Jordi: ¿De verdad? ¿Se produce el café en Corea?
Gain: No, se importa todo el café. ¿Qué productos se producen en España?
Jordi: En España se producen el aceite de oliva, la aceituna, el vino y el jamón. De hecho, se exportan estos productos a todo el mundo.
Gain: Es verdad, he visto esos productos españoles aquí.
Jordi: ¿Qué productos se producen en Corea?
Gain: En Corea se producen muchos electrónicos de alta tecnología y coches. Estos productos son exportados a todo el mundo.
Jordi: Es verdad. De hecho, mis padres tienen un coche coreano. Además, mi celular y mi ordenador portátil son coreanos.
Gain: Jordi, ¿en España se duerme la siesta?
Jordi: Antes se dormía la siesta pero ahora no. Antes se vivía muy bien en España, pero ahora tenemos que trabajar mucho porque hay una crisis económica.
Gain: ¿Qué idiomas se hablan en Barcelona?
Jordi: En Barcelona se hablan el castellano y el catalán. ¿Quieres aprender catalán?
Gain: Sí, tengo muchas ganas de aprenderlo.

1. ¿En Corea se bebe más el té que el café?

____

2. ¿Qué productos se producen en España?

____

3. ¿Por qué tienen que trabajar mucho los españoles ahora según Jordi?

____

Jordi: 한국에서는 차를 많이 마시지, 그렇지?
Gain: 예전에 이곳에서는 차를 무척 많이 마셨었지만 이제는 커피를 많이 마셔.
Jordi: 정말? 한국에서 커피가 생산 돼?
Gain: 아니, 전부 수입돼. 스페인에서는 어떤 제품들이 생산돼?
Jordi: 스페인에서는 올리브유, 올리브, 와인, 햄이 생산돼. 사실 이 제품들은 전 세계로 수출돼.
Gain: 맞아. 나 여기에서 그 스페인산 제품들을 본 적이 있어.
Jordi: 한국에서는 어떤 제품들이 생산돼?
Gain: 한국에서는 첨단기술로 만들어진 많은 가전제품들과 자동차들이 생산돼. 이 제품들은 전 세계에 수출돼.
Jordi: 맞아. 사실 나의 부모님께서도 한국제 차를 가지고 계셔. 게다가 내 휴대폰이랑 노트북도 한국제야.
Gain: 조르디, 스페인에서는 낮잠을 자?
Jordi: 예전에 이곳에서는 (사람들이) 낮잠을 잤었는데 이제는 아니야. 예전에는 스페인에서 (사람들이) 매우 잘 살았었지만 이제는 경제위기가 있어서 일을 많이 해야 해.
Gain: 바르셀로나에서는 어떤 언어가 사용돼?
Jordi: 바르셀로나에서는 까스떼야노와 까딸란이 사용돼. 까딸란 배우고 싶니?
Gain: 응, 무척 배워보고 싶어.

Diálogo #21 (En la entrada de un museo 한 박물관 입구에서)

***Empleada*:**	¡Bienvenido, señor!
***Turista*:**	Muchas gracias, señorita. ¿Para qué sirve este aparato?
***Empleada*:**	Este aparato sirve para escuchar las explicaciones de las pinturas que Ud. verá.
***Turista*:**	Tengo que ponerme estos audífonos en los oídos para usarlo, ¿verdad?
***Empleada*:**	Sí, así es. Este museo fue construido hace 100 años, fue destruido durante la Segunda Guerra Mundial y fue reconstruido en 1960.
***Turista*:**	¿Cuántas pinturas tiene este museo?
***Empleada*:**	Originalmente, tenía 195 pinturas. Desafortunadamente, 80 fueron robadas durante la guerra.
***Turista*:**	¡Qué lástima! ¿Puedo tomar fotos?
***Empleada*:**	Claro, pero se prohíbe usar flash. También se prohíbe fumar y comer dentro del museo.
***Turista*:**	Se pintaron las pinturas hace más de 100 años, ¿verdad?
***Empleada*:**	Así es. Por eso son un tesoro de la nación y no se venden.
***Turista*:**	¿Todas están en buen estado?
***Empleada*:**	Casi todas. Cuatro no están en buen estado debido a la humedad.
***Turista*:**	¿Cuánto tiempo se tarda en ver todas las pinturas?
***Empleada*:**	Se tarda una hora más o menos.
***Turista*:**	Muchas gracias por la información. Es Ud. muy amable.

1. ¿Cuántas pinturas tiene el museo actualmente?

____

2. ¿Cuándo fueron pintadas las pinturas del museo?

____

3. ¿Los turistas pueden comprar pinturas en ese museo?

____

Empleada:	환영합니다, 선생님!
Turista:	감사합니다, 아가씨. 이 장치는 무엇에 쓰입니까?
Empleada:	이 장치는 선생님이 보게 되실 그림들의 설명을 듣는 데에 쓰입니다.
Turista:	이것을 사용하려면 제가 이 이어폰을 착용해야 하겠네요, 그렇죠?
Empleada:	네, 그렇습니다. 이 박물관은 100년 전에 건축되었다가 제2차 세계대전 동안에 파괴되었고 1960년에 다시 지어졌어요.
Turista:	이 박물관에 그림이 몇 점 있습니까?
Empleada:	처음에는 195점의 그림이 있었습니다. 불행히도 전쟁중에 80점이 도난 당했지요.
Turista:	정말 안타깝군요! 사진을 찍어도 될까요?
Empleada:	물론이죠. 하지만 플래시를 사용하는 것은 금지되어 있습니다. 마찬가지로 박물관내에는 흡연과 취식이 금지되어 있습니다.
Turista:	이 그림들은 100년도 전에 그려졌지요, 그렇죠?
Empleada:	그렇습니다. 그래서 이 그림들은 국보이고 판매되지 않습니다.
Turista:	모든 그림이 상태가 좋나요?
Empleada:	거의 모든 그림이 그렇습니다. 네 점은 습기 때문에 상태가 좋지 않습니다.
Turista:	그림을 전부 보려면 시간이 얼마나 걸립니까?
Empleada:	약 한 시간이 걸립니다.
Turista:	알려주셔서 정말 감사합니다. 참 친절하시네요.

Preguntas para repasar 복습을 위한 질문들

1. ¿En qué barrio de Seúl hay rascacielos?
2. ¿Tienes un sacapuntas ahora?
3. ¿Cuándo usas tu paraguas?
4. ¿Por quién fue compuesta la canción de piano *Para Elisa*?
5. ¿Por quién fue inventado el teléfono?
6. ¿Por quién fue diseñada la Sagrada Familia?
7. ¿En qué año se inició la construcción de la Sagrada Familia?
8. ¿En qué ciudad se construye la Sagrada Familia?
9. ¿Las pirámides aztecas fueron construidas por los mayas?
10. ¿En qué fecha fue descubierta América según los españoles?
11. ¿En qué ciudad surcoreana se producen los coches de Hyundai?
12. ¿En qué país europeo se producen muchos vinos famosos?
13. ¿En qué país se habla el polaco?
14. ¿Qué idioma se habla en Países Bajos?
15. ¿Qué idioma se habla en Turquía?
16. ¿Qué moneda se usa en Reino Unido?
17. ¿Qué moneda se usa en Alemania?
18. ¿Qué comida se come en Italia?
19. ¿Qué comida se come en España?
20. ¿Qué licor se bebe en Rusia?

21. ¿Qué fruta se come en verano en Corea?

22. ¿Cómo se dice "쓰나미" en español? ¿Cómo se escribe esa palabra?

23. ¿Cómo se dice "지진" en español? ¿Cómo se escribe esa palabra?

24. ¿A qué hora se almuerza en Corea?

25. ¿A qué hora se almuerza en España?

26. ¿A qué hora se cena en Corea?

27. ¿En qué lugares no se fuma en Corea?

28. ¿Se vive bien en Corea?

29. ¿Cuánto tiempo se tarda desde Seúl hasta Busan en autobús?

30. ¿Cuánto tiempo se tarda desde Seúl hasta Jeju en avión?

31. ¿Para qué sirve un lápiz?

32. ¿Por qué estudias español?

33. ¿Por qué algunos estudiantes llegan tarde a clase?

34. ¿Por qué en Corea los estudiantes de preparatoria estudian con mucho ahínco?

35. ¿Por qué se trabaja mucho en Corea?

Lectura #7

¡Hola! Me llamo Yunho, soy coreano y voy a hablar acerca del Día de la Cosecha en mi país. En Corea se celebra el Día de la Cosecha en otoño; exactamente, el 15 de agosto según el calendario lunar. Las personas van a su tierra natal para pasar ese día con sus familiares. En mi caso, yo soy de Gwangju, pero vivo en Seúl porque mi universidad está ahí. Generalmente, se tarda tres horas y media desde Seúl hasta Gwangju en autobús. Sin embargo, durante el Día de la Cosecha, se tarda más de cinco horas porque hay mucho tráfico. En Corea se come mucho y se bebe mucho en este día, pero también se recuerda a los ancestros. No se trabaja oficialmente y se cierran casi todos los negocios. Especialmente, en el Día de la Cosecha se come el songpyeon que es un pastelito de arroz muy delicioso. Los coreanos disfrutan mucho este día porque no tienen muchas oportunidades para divertirse con sus familiares.

안녕! 나는 윤호라고 해. 나는 한국 사람이야. 우리나라의 추석에 대해서 얘기해 볼게. 한국에서는 가을에 추석을 지내는데 정확하게는 음력으로 8월 15일이야. 사람들은 친척들과 명절을 지내러 고향에 가. 나의 경우, 나는 광주 출신이지만 대학교가 서울에 있어서 거기에 살아. 일반적으로 서울에서 광주까지 버스로 세시간 반이 걸려. 하지만 추석연휴 동안에는 교통량이 워낙 많아서 다섯 시간이 넘게 걸려. 이 날 한국에서 사람들은 많이 먹고 많이 마시는데 또한 조상님을 기리지. 공식적으로 일하지 않고 거의 모든 상점들이 문을 닫아. 특히 추석 때는 엄청 맛있는 떡인 송편을 먹어. 한국인들은 이 날을 매우 즐기는데 친척들과 즐겁게 시간을 보낼 수 있는 기회가 많지 않기 때문이야.

▫ Actividad de la lectura

Escribe, detalladamente, qué hiciste en el pasado Día de la Cosecha. Usa los verbos en pretérito simple.

지난 추석에 무엇을 했는지 자세하게 적어 봅시다. 과거시제를 사용해 봅시다.

Información de interés

Las capitales y las monedas de los países hispanos

스페인어 문화권 국가들의 수도와 화폐

A continuación vamos a mencionar las capitales y las monedas de los países hispanos. Hay que tener en cuenta que la moneda de Argentina, Chile, Colombia, Cuba, México, República Dominicana y Uruguay se llama peso. Sin embargo, no se trata del mismo peso, puesto que en Argentina se usa el peso argentino, en Chile el peso chileno, etc. De esta manera, cada peso tiene su propio tipo de cambio.

이어서 스페인어 문화권 국가들의 수도들과 화폐들에 대해 이야기할 것이다. 아르헨티나, 칠레, 콜롬비아, 쿠바, 멕시코, 도미니카공화국, 우루과이의 화폐는 모두 '페소' 라고 불린다는 것을 유의해야 한다. 그러나 똑같은 페소를 말하는 것이 아니다. 왜냐하면 아르헨티나에서는 아르헨티나 페소, 칠레에서는 칠레 페소를 쓰기 때문이다. 이렇게 각 나라의 페소는 각각 고유의 환율을 가지고 있다.

Asimismo, algunos países hispanos usan el dólar estadounidense. En Ecuador y en El Salvador se usa el dólar como una medida estratégica para estabilizar la economía. En Puerto Rico también se usa esta moneda por la estrecha relación que tiene con Estados Unidos. Panamá tiene como moneda oficial el balboa, pero el dólar es una moneda de curso legal por conveniencia, debido a que el comercio internacional es una actividad muy importante de este país.

또한, 일부 스페인어 문화권 나라들에서는 미국의 달러를 사용한다. 에콰도르와 엘살바도르에서는 경제를 안정화시키기 위한 전략적 대책으로 사용된다. 또한 푸에르토리코에서 이 화폐는 미국과의 긴밀한 관계로 인해 사용된다. 파나마에는 '발보아'라는 공식적인 화폐가 있지만 국제무역이 이 국가의 매우 중요한 영역이기 때문에 편의상 달러가 법정화폐이다.

Otro caso especial es el de Guinea Ecuatorial donde se usa el Franco CFA de África Central. Esta moneda es emitida por el Banco de los Estados de África Central y es usada por seis países independientes de África Central: Camerún, Chad, Gabón, Guinea Ecuatorial, República Centroafricana y República del Congo.
다른 특별한 경우는 중앙아프리카 CFA 프랑을 사용하는 적도 기니이다. 이 화폐는 중앙아프리카 은행에 의해 발행되고 중앙 아프리카의 독립국 6개국(카메룬, 차드, 가봉, 기니 적도, 중앙아프리카 공화국, 콩고 공화국)에 의해 사용된다.

Todos los nombres de las monedas tienen un origen especial. Sin embargo, resaltan dos por su carácter indígena: el quetzal y el guaraní. El primero se refiere a un pájaro hermoso con largas plumas en su cola, el cual es muy importante en la mitología precolombina (anterior a los viajes a América de Cristóbal Colón). El quetzal se encuentra en México y Centro América, pero es considerado como símbolo nacional de Guatemala. De hecho, se puede apreciar en la bandera de dicho país.
모든 화폐들의 이름은 특별한 기원을 가진다. 그러나 토착적인 특징으로 인한 두 가지 화폐가 두드러지는데 깨짤과 과라니의 경우가 그러하다. 전자는 길다란 꼬리깃을 가진 아름다운 새와 관련돼 있는데 이 새는 콜롬버스 이전(크리스토발 콜론의 아메리카 대륙 탐험 전)의 신화에서 아주 중요한 새이다. 멕시코, 중앙아메리카에도 있지만 과테말라의 국가적 상징으로 여겨진다. 사실 전에 언급된 나라의 국기에서 이 새를 감상할 수 있다.

El guaraní se refiere al nombre de una importante cultura indígena precolombina que se ubica principalmente en Paraguay, pero que también abarca algunas partes del norte de Argentina, del sur de Brasil y del sur de Bolivia.
과라니는 주로 파라과이와 또 아르헨티나 북쪽의 일부 지방, 브라질과 볼리비아 남부를 포함하는 지역에 있던 콜롬버스 이전의 한 중요한 토착 문화의 이름과 관련되어 있다.

	País	Capital	Moneda
1	**Argentina**	Buenos Aires	Peso
2	**Bolivia**	La Paz	Boliviano
3	**Chile**	Santiago	Peso
4	**Colombia**	Bogotá	Peso
5	**Costa Rica**	San José	Colón
6	**Cuba**	La Habana	Peso
7	**Ecuador**	Quito	Dólar (estadounidense)
8	**El Salvador**	San Salvador	Dólar (estadounidense)
9	**España**	Madrid	Euro
10	**Guatemala**	Guatemala	Quetzal
11	**Guinea Ecuatorial**	Malabo	Franco CFA de África Central
12	**Honduras**	Tegucigalpa	Lempira
13	**México**	Ciudad de México	Peso
14	**Nicaragua**	Managua	Córdoba
15	**Panamá**	Panamá	Balboa y dólar (estadounidense)
16	**Paraguay**	Asunción	Guaraní
17	**Perú**	Lima	Sol
18	**Puerto Rico**	San Juan	Dólar (estadounidense)
19	**República Dominicana**	Santo Domingo	Peso
20	**Uruguay**	Montevideo	Peso
21	**Venezuela**	Caracas	Bolívar

¡Actividad especial!

Vamos a practicar algunos trabalenguas en español

스페인어의 발음하기 어려운 말들을 연습해 봅시다

A continuación podrás ver los trabalenguas más populares en los países hispanos. Practícalos hasta que puedas decirlos correctamente y con fluidez. Después memoriza cada uno de ellos y grábate en video con tu teléfono inteligente diciendo cada uno de ellos con los ojos cerrados. La próxima clase enseña a tu profesor/profesora los seis videos que grabaste.

다음으로 스페인어권 국가들에서 가장 흔한 발음하기 어려운 말들을 볼 수 있습니다. 유창하고 정확하게 말할 수 있을 때까지 연습하세요. 그리고 이 말들을 하나씩 외우세요. 그리고 눈을 감고 이 말들을 각각 하는 모습을 스마트폰으로 촬영하세요. 다음 수업 때 교수님께 촬영한 여섯 개의 동영상을 보여드리세요.

- Cuando cuentes cuentos, cuenta cuántos cuentos cuentas; porque nunca cuentas cuántos cuentos cuentas cuando cuentas cuentos.
  네가 이야기를 할 때, 몇 개의 이야기를 하는지 세어라. 왜냐하면 너는 이야기를 할 때 절대 몇 개의 이야기를 하는 지 세지 않으니까.

- Pancha plancha con muchas planchas, pero nadie sabe con cuántas planchas Pancha plancha exactamente.
  빤차는 많은 다리미로 다림질을 한다. 하지만 빤차가 정확히 몇 개의 다리미로 다림질을 하는 지는 아무도 모른다.

- Pepe pecas pica papas con un pico. Con un pico Pepe pecas pica papas.
  주근깨 뻬뻬가 곡괭이로 감자를 찍는다. 곡괭이로 주근깨 뻬뻬가 감자를 찍는다.

- Tres tristes tigres tragaban trigo en tres trastos en un trigal. En un trigal en tres trastos tres tristes tigres tragaban trigo.
  슬픈 호랑이 세 마리가 밀 밭에서 세 접시에 밀을 정신 없이 먹고 있었다. 밀 밭에서 슬픈 호랑이 세 마리가 밀을 정신 없이 먹고 있었다.

- Pablito clavó un clavito chiquito. Un clavito chiquito clavó Pablito. ¿Qué clavo clavó Pablito?
  파블리또가 작은 못을 박았다. 작은 못은 파블리또가 박았다. 파블리또가 어떤 못을 박았나?

- Erre con erre cigarro, erre con erre barril. Rápido corren los carros cargados de azúcar del ferrocarril.
  에레(R)는 담배의 에레, 에레는 통의 에레. 철길에서는 설탕을 실은 차들이 빠르게 달리네.

Listas de vocabularios para memorizar

• Vocabulario 7.1 Los sustantivos compuestos por un verbo y un sustantivo
동사와 명사로 이루어진 명사들

El abrecartas (abrir, la carta)	편지봉투칼 (열다, 편지)
El abrelatas (abrir, la lata)	통조림 따개 (열다, 통조림)
El correcaminos (correr, el camino)	로드러너 (달리다, 길)
El cortaúñas (cortar, la uña)	손톱깎이 (자르다, 손톱)
El espantapájaros (espantar, el pájaro)	허수아비 (놀라게 하다, 새)
El guardabosques (guardar, el bosque)	삼림감시원 (보호하다, 숲)
El guardaespaldas (guardar, la espalda)	경호원 (보호하다, 등)
El lavaplatos (lavar, el plato)	식기세척기 (씻다, 접시)
El matamoscas (matar, la mosca))	파리채 (죽이다, 파리)
El parabrisas (parar, la brisa)	(자동차 등의) 앞 유리 (멈추다, 산들바람)
El paracaídas (parar, la caída)	낙하산 (멈추다, 낙하)
El paraguas (parar, el agua)	우산 (멈추다, 물)
El pararrayos (parar, el rayo)	피뢰침 (멈추다, 번개)
El portaaviones (portar, el avión)	항공모함 (운반하다, 비행기)
El portafolios (portar, el folio)	서류가방 (운반하다, 종잇장)
El posavasos (posar, el vaso)	컵받침 (살짝 놓다, 컵)
El quitamanchas (quitar, la mancha)	얼룩제거제 (없애다, 얼룩)
El rascacielos (rascar, el cielo)	마천루 (할퀴다, 하늘)
El rompecabezas (romper, la cabeza)	퍼즐 (부수다, 머리)
El sacacorchos (sacar, el corcho)	코르크따개 (꺼내다, 코르크)
El sacapuntas (sacar, la punta)	연필깎이 (꺼내다, 뾰족한 끝)
El saltamontes (saltar, el monte)	메뚜기 (뛰어오르다, 산)
El salvavidas (salvar, la vida)	구명대, 구명기구 (살리다, 생명)
El tocadiscos (tocar, el disco)	레코드 플레이어 (실행시키다, 레코드판)
El trabalenguas (trabar, la lengua)	발음하기 어려운 말 (꼬이게 하다, 혀)

• Vocabulario 7.2 Los anuncios más comunes en voz pasiva refleja
수동태의 se가 사용된 가장 흔한 알림들

Se vende	팔립니다 (=판매합니다)
Se renta = Se alquila	임대됩니다 (=임대합니다)
Se solicita empleado	직원 모집됩니다 (=직원 모집합니다)
Se prohíbe fumar	흡연이 금지됩니다 (=금연입니다)
Se aceptan tarjetas de crédito	신용카드가 허용됩니다 (=신용카드 받습니다)
Aquí se habla español	이곳에서는 스페인어가 말해집니다 (=이곳에서는 스페인어를 씁니다)

• Vocabulario 7.3 Algunos idiomas europeos 일부 유럽어

El alemán	독일어
El francés	프랑스어
El griego	그리스어
El italiano	이탈리아어
El neerlandés	네덜란드어
El polaco	폴란드어
El portugués	포르투갈어
El rumano	루마니아어
El ruso	러시아어
El turco	터키어

• Vocabulario 7.4 Los desastres naturales 자연재해	
El huracán	허리케인
El incendio	화재
El terremoto	지진
El tifón	태풍
El tsunami	쓰나미
La avalancha	눈사태
La erupción	화산폭발
La inundación	홍수
La sequía	가뭄
La tormenta	폭풍

• Vocabulario 7.5 Lista de sustantivos para practicar I 연습을 위한 명사들 I	
El accidente	사고
El ruido	소음
El tráfico	교통량
La arena amarilla	황사
La crisis económica	경제 위기
La epidemia	전염병
La guerra	전쟁
La lluvia	비
La manifestación	시위
La nieve	눈

• Vocabulario 7.6 Lista de verbos compuestos con el verbo "hacer" 'hacer'동사를 포함하는 합성동사들의 목록	
Hacer amigos	친구를 사귀다
Hacer dinero	돈을 벌다
Hacer ejercicio	운동을 하다
Hacer caca/ popó	똥 싸다
Hacer pipí	오줌 싸다
Hacer ruido	시끄럽게 하다
Hacer la cama	이부자리를 정돈하다
Hacer un favor	부탁을 들어주다
Hacer un viaje	여행을 하다
Hacer una reverencia	고개 숙여 인사하다

• Expresiones y vocabulario a tener en cuenta en los diálogos 대화문에 나오는 유의해야 할 표현과 어휘들	
El aceite de oliva	올리브유
La aceituna	올리브
El aparato	기계, 장치
El flash	플래시
El jamón	햄
El muchacho	소년
El tesoro	보물
La alarma	알람
La alta tecnología	첨단기술
La demora	지연, 지체
La humedad	습기
La oportunidad	기회

La pintura	그림
La Primera Guerra Mundial	제1차 세계대전
La Segunda Guerra Mundial	제2차 세계대전
Los audífonos	이어폰
Anoche	어젯밤
Maldito	지긋지긋한, 저주받을
Puntual ≠ Impuntual	시간을 잘 지키는 ≠ 시간을 지키지 않는
Estar en buen estado	좋은 상태이다
Entregar	제출하다
Exportar ≠ Importar	수출하다 ≠ 수입하다
Dormir la siesta	낮잠 자다
Reconstruir	재건축하다
Reprobar	낙제시키다, 떨어지다
Robar	훔치다
Originalmente	원래, 처음에는
Profundamente	깊게
Puntualmente = A tiempo	제 때, 제 시간에
Al menos	적어도
Así es = Correcto	그렇습니다, 맞습니다
¿Está claro?	알았어?
Perdón por + sustantivo/verbo en infinitivo	(명사/동사원형) ...때문에 죄송합니다

Notas

LECCIÓN 8

¿Qué quieres que haga?

Práctica oral de estructuras gramaticales

〉〉〉〉문법 구조 말로 연습하기〈〈〈〈

Los verbos regulares en presente de subjuntivo 접속법 현재형이 규칙적인 동사들

¤ El subjuntivo es un modo verbal especial que expresa la acción del verbo con un sentido de duda, posibilidad o desconocimiento de cuándo se lleve a cabo en el futuro. Asimismo, se usa para expresar el deseo de un sujeto a otro distinto. Antes de ver los usos del subjuntivo, vamos a aprender su conjugación correcta.

스페인어에서 직설법은 객관적이고 확실한 것을 나타내는 반면 접속법은 주절의 주어가 종속절의 어떤 행위의 실현 여부에 대해 불분명하다고 느끼는 경우에 사용된다. 따라서 희망, 의심, 모르는 것, 추상적인 것, 감정 등 대체로 불확실한 것을 나타낸다. 또한 주어가 다른 사람에 대한 바람을 나타낼 때도 사용된다. 접속법의 용법을 보기 전에 접속법의 올바른 활용 형태를 알아보자.

…ar	…er/…ir
…e	…a
…es	…as
…e	…a
…emos	…amos
…éis	…áis
…en	…an

Estudiar	Aprender	Escribir
estudi**e**	aprend**a**	escrib**a**
estudi**es**	aprend**as**	escrib**as**
estudi**e**	aprend**a**	escrib**a**
estudi**emos**	aprend**amos**	escrib**amos**
estudi**éis**	aprend**áis**	escrib**áis**
estudi**en**	aprend**an**	escrib**an**

¡Vamos a conjugar en presente de subjuntivo!
동사를 접속법 현재로 활용시켜 봅시다!

• Vocabulario 8.1 Verbos para practicar conjugación regular en presente de subjuntivo 접속법 현재 규칙활용 연습을 위한 동사들

1. Estornudar 재채기하다
2. Intentar 시도하다
3. Invitar 초대하다, 대접하다
4. Jalar 끌어당기다
5. Levantar 일으키다
6. Llamar 부르다
7. Llenar 채우다
8. Llorar 울다
9. Manejar 다루다, 관리하다
10. Comprender 이해하다
11. Esconder 숨기다
12. Prometer 약속하다
13. Responder 대답하다
14. Toser 기침하다
15. Asistir 참석하다
16. Decidir 결정하다
17. Describir 묘사하다
18. Imprimir 인쇄하다
19. Permitir 허락하다
20. Recibir 받다

Los verbos irregulares en presente de subjuntivo 접속법 현재형이 불규칙한 동사들

¤ Hay que tener en cuenta que los verbos irregulares en presente de indicativo tienen también una conjugación irregular en presente de subjuntivo.
직설법 현재형이 불규칙한 동사들은 접속법 현재형에서도 마찬가지로 불규칙한 활용형을 가진다는 것에 유의해야 한다.

¤ Para el primer tipo de irregulares, la forma de la conjugación es relativamente fácil: se toma como base la raíz de la conjugación de la primera persona del singular en presente de indicativo y se cambia solo la terminación de la conjugación para subjuntivo según corresponda. Ejemplo:
첫 번째 유형의 불규칙동사들의 경우에는 활용형이 비교적 쉽다. 직설법 현재 동사의 1인칭 단수 활용형을 기본바탕으로 해서 상응하는 접속법 활용형의 어미만 바꾸면 된다. 예:

Tener (presente de indicativo)	**Conjugación para subjuntivo en verbos "er"**	**Tener** (presente de subjuntivo)
tengo	…a	teng**a**
tienes	…as	teng**as**
tiene	…a	teng**a**
tenemos	…amos	teng**amos**
tenéis	…áis	teng**áis**
tienen	…an	teng**an**

◘ ¡Vamos a conjugar en presente de subjuntivo!

동사를 접속법 현재로 활용시켜 봅시다!

• Vocabulario 8.2 Verbos para practicar conjugación irregular en presente de subjuntivo 접속법 현재 불규칙활용 연습을 위한 동사들

1. Caber (quepa) 들어가다, …의 용량을 가지고 있다
2. Caer (caiga) 떨어지다
3. Conducir (conduzca) 운전하다
4. Conocer (conozca) (사람이나 장소를 경험적으로) 알다
5. Construir (construya) 건축하다
6. Decir (diga) 말하다
7. Escoger (escoja) 고르다
8. Hacer (haga) 하다, 만들다
9. Huir (huya) 도망치다
10. Nacer (nazca) 태어나다
11. Obtener (obtenga) 획득하다
12. Oír (oiga) 듣다
13. Poner (ponga) 놓다
14. Salir (salga) 나가다
15. Traducir (traduzca) 번역하다
16. Traer (traiga) 가지고 오다
17. Valer (valga) 보호하다, 값이 나가다
18. Venir (venga) 오다
19. Ver (vea) 보다
20. Pedir (pida) 요청하다
21. Seguir (siga) 따르다
22. Competir (compita) 경쟁하다
23. Servir (sirva) 시중들다, 쓸모가 있다
24. *Freír (fría) 기름에 튀기다
25. *Reír (ría) 웃다
26. *Sonreír (sonría) 미소 짓다

¤ Hay que tener cuidado con las tildes en los verbos con terminación “eír”.
‘eír’로 끝나는 동사들의 경우에 띨데에 유의해야 한다.

Freír	Reír	Sonreír
fría	ría	sonría
frías	rías	sonrías
fría	ría	sonría
friamos	riamos	sonriamos
friáis	riáis	sonriáis
frían	rían	sonrían

¤ Como se sabe, si la "z" va seguida de una "e", se deberá cambiar por "c". Es por ello que los sustantivos que terminan en "z" cambian a "c" en su forma plural.

알려진 바와 같이, 'z'가 'e'앞에 오면 'c'로 바뀌어야 한다. 이것이 'z'로 끝나는 명사들이 복수형에서 'z'가 'c' 로 변하는 이유이다.

• Vocabulario 8.3 Sustantivos terminados en "z" irregulares en plural 복수형이 불규칙한 'z'로 끝나는 명사들

1. El aprendiz - Los aprendices 제자, 견습생
2. El disfraz - Los disfraces 변장
3. El juez - Los jueces 판사
4. El lápiz - Los lápices 연필
5. El pez - Los peces 물고기
6. La actriz - Las actrices 여배우
7. La cicatriz - Las cicatrices 상처
8. La codorniz - Las codornices 메추라기
9. La cruz - Las cruces 십자가
10. La lombriz - Las lombrices 지렁이
11. La luz - Las luces 빛, 전등
12. La nariz - Las narices 코
13. La nuez - Las nueces 호두
14. La vez - Las veces 번, 회
15. La voz - Las voces 목소리

¤ Dada la regla gramatical anterior, los verbos terminados en "zar" serán irregulares en subjuntivo; puesto que habrá que cambiar "z" por "c" en la conjugación.

이전의 문법 규칙으로 볼 때, 'zar'로 끝나는 동사들은 활용할 때 'z'를 'c'로 바꾸어야 하므로 접속법에서 불규칙하다.

¤ ¡Vamos a conjugar en presente de subjuntivo!

동사를 접속법 현재로 활용시켜 봅시다!

• Vocabulario 8.4 Verbos con terminación "zar" en presente de subjuntivo 'zar'로 끝나는 동사들의 접속법 현재

1. Abrazar (abrace) 껴안다
2. Adelgazar (adelgace) 날씬해지다
3. Alcanzar (alcance) 도달하다
4. Analizar (analice) 분석하다
5. Cazar (cace) 사냥하다
6. Colonizar (colonice) 식민지화하다
7. Estabilizar (estabilice) 안정시키다
8. Cruzar (cruce) 가로지르다
9. Danzar (dance) 춤추다
10. Organizar (organice) 조직하다
11. Hospitalizar (hospitalice) 입원시키다
12. Lanzar (lance) 던지다, 발사하다
13. Memorizar (memorice) 암기하다
14. Rezar (rece) 기도하다
15. Utilizar (utilice) 사용하다
16. Reutilizar (reutilice) 재사용하다
17. Tranquilizar (tranquilice) 진정시키다

¤ Asimismo, los verbos con terminación "car" serán irregulares en presente de subjuntivo; puesto que habrá que cambiar "c" por "qu" en la conjugación para mantener el sonido correspondiente.

또한, 'car'로 끝나는 동사들은 해당하는 소리를 유지하지 위해 활용할 때 'c'를 'qu'로 바꾸어야 하므로 접속법 현재에서 불규칙하다.

¡Vamos a conjugar en presente de subjuntivo!

동사를 접속법 현재로 활용시켜 봅시다!

• Vocabulario 8.5 Verbos con terminación "car" en presente de subjuntivo 'car' 로 끝나는 동사들의 접속법 현재

1. Aparcar (aparque) 주차하다
2. Aplicar (aplique) 붙이다, 적용하다
3. Atacar (ataque) 공격하다
4. Brincar (brinque) 펄쩍 뛰다
5. Buscar (busque) 찾다
6. Chocar (choque) 부딪히다
7. Complicar (complique) 복잡하게 하다
8. Criticar (critique) 비난하다
9. Educar (eduque) 교육시키다
10. Fabricar (fabrique) 제조하다
11. Identificar (identifique) 식별하다
12. Justificar (justifique) 정당화하다
13. Roncar (ronque) 코골다
14. Sacar (saque) 꺼내다
15. Secar (seque) 말리다

¤ De igual manera, los verbos con terminación "gar" serán irregulares en presente de subjuntivo; puesto que habrá que cambiar "g" por "gu" en la conjugación para mantener el sonido correspondiente.

마찬가지로, 'gar'로 끝나는 동사들은 해당하는 소리를 유지하지 위해 활용할 때 'g'를 'gu' 로 바꾸어야 하므로 접속법 현재에서 불규칙하다.

¡Vamos a conjugar en presente de subjuntivo!

동사를 접속법 현재로 활용시켜 봅시다!

• Vocabulario 8.6 Verbos con terminación "gar" en presente de subjuntivo 'gar' 로 끝나는 동사들의 접속법 현재

1. Apagar (apague) 끄다
2. Cargar (cargue) (짐을) 싣다, 충전하다
3. Castigar (castigue) 벌하다
4. Conjugar (conjugue) 활용하다
5. Descargar (descargue) (짐을) 내리다, 다운로드하다
6. Despegar (despegue) 떼어내다, 이륙하다
7. Dialogar (dialogue) 대화하다
8. Divulgar (divulgue) 폭로하다
9. Entregar (entregue) 제출하다, 넘기다
10. Fumigar (fumigue) 훈연 소독하다
11. Investigar (investigue) 조사하다
12. Madrugar (madrugue) 새벽에 일어나다
13. Pagar (pague) 지불하다
14. Pegar (pegue) 붙이다, 때리다

¤ Los verbos irregulares en presente de indicativo con terminación "ar" o "er" y con cambio de "ie" serán irregulares en presente de subjuntivo. Ejemplos:

'ar'나 'er'로 끝나고 'ie'변화를 가지는, 직설법 현재형이 불규칙한 동사들은 접속법 현재형이 불규칙하다. 예:

Cerrar	Encender
c**ie**rre	enc**ie**nda
c**ie**rres	enc**ie**ndas
c**ie**rre	enc**ie**nda
cerremos	encendamos
cerréis	encendáis
c**ie**rren	enc**ie**ndan

¤ ¡Vamos a conjugar en presente de subjuntivo!

동사를 접속법 현재로 활용시켜 봅시다!

• Vocabulario 8.7 Verbos con "ar"/"er" y cambio "ie" irregulares en presente de subjuntivo 'ar'/'er'로 끝나고 'ie'변화를 가지는, 접속법 현재형이 불규칙한 동사들

1. Atender (atienda, atendamos) 기다리다, 대접하다
2. Cerrar (cierre, cerremos) 닫다
3. Comenzar (comience, comencemos) 시작하다
4. Defender (defienda, defendamos) 방어하다
5. Empezar (empiece, empecemos) 시작하다
6. Encender (encienda, encendamos) 불을 붙이다, 스위치를 켜다
7. Entender (entienda, entendamos) 이해하다
8. Gobernar (gobierne, gobernemos) 통치하다
9. Recomendar (recomiende, recomendemos) 추천하다, 권장하다
10. Sembrar (siembre, sembremos) 파종하다

¤ Los verbos irregulares en presente de indicativo con terminación "ar" o "er" y cambio de "ue" serán irregulares en presente de subjuntivo. Ejemplos:

'ar'나 'er'로 끝나고 'ue'변화를 가지는, 직설법 현재형이 불규칙한 동사들은 접속법 현재형이 불규칙하다. 예:

Contar	Poder
c**ue**nte	p**ue**da
c**ue**ntes	p**ue**das
c**ue**nte	p**ue**da
contemos	podamos
contéis	podáis
c**ue**nten	p**ue**dan

■ **¡Vamos a conjugar en presente de subjuntivo!**
동사를 접속법 현재로 활용시켜 봅시다!

• Vocabulario 8.8 Verbos con "ar"/"er" y cambio "ue" irregulares en presente de subjuntivo 'ar'/'er'로 끝나고 'ue'변화를 가지는, 접속법 현재형이 불규칙한 동사들

1. Almorzar (almuerce, almorcemos) 점심 먹다
2. Contar (cuente, contemos) 이야기하다, 세다
3. Devolver (devuelva, devolvamos) 돌려주다
4. Jugar (juegue, juguemos) 놀다
5. Mostrar (muestre, mostremos) 보여주다
6. Poder (pueda, podamos) 할 수 있다
7. Promover (promueva, promovamos) 장려하다, 야기하다
8. Recordar (recuerde, recordemos) 기억하다
9. Soñar (sueñe, soñemos) 꿈꾸다
10. Volver (vuelva, volvamos) 돌아오다

¤ Los verbos irregulares en presente de indicativo con terminación "ir" y con cambio de "ie" o "ue" serán irregulares en presente de subjuntivo. Ejemplos:
'ir'로 끝나고 'ie'나 'ue'변화를 가지는, 직설법 현재형이 불규칙한 동사들은 접속법 현재형이 불규칙하다. 예:

Adquirir	Preferir	Dormir	Morir
adqu**ie**ra	pref**ie**ra	d**ue**rma	m**ue**ra
adqu**ie**ras	pref**ie**ras	d**ue**rmas	m**ue**ras
adqu**ie**ra	pref**ie**ra	d**ue**rma	m**ue**ra
adqu**i**ramos	pref**i**ramos	d**u**rmamos	m**u**ramos
adqu**i**ráis	pref**i**ráis	d**u**rmáis	m**u**ráis
adqu**ie**ran	pref**ie**ran	d**ue**rman	m**ue**ran

¤ ¡Vamos a conjugar en presente de subjuntivo!

동사를 접속법 현재로 활용시켜 봅시다!

• Vocabulario 8.9 Verbos con "ir" y cambio "ie"/"ue" irregulares en presente de subjuntivo 'ir'로 끝나고 'ie'/'ue'변화를 가지는, 접속법 현재형이 불규칙한 동사들

1. Adquirir (adquiera, adquiramos) 얻다
2. Convertir (convierta, convirtamos) 변환하다
3. Herir (hiera, hiramos) 상처 입히다
4. Hervir (hierva, hirvamos) 끓다
5. Invertir (invierta, invirtamos) 투자하다
6. Mentir (mienta, mintamos) 거짓말 하다
7. Preferir (prefiera, prefiramos) 선호하다
8. Sentir (sienta, sintamos) 느끼다
9. Sugerir (sugiera, sugiramos) 제안하다, 암시하다
10. Transferir (transfiera, transfiramos) 양도하다, 송금하다
11. Dormir (duerma, durmamos) 자다
12. Morir (muera, muramos) 죽다

¤ Hay algunos verbos en español con terminación "uar" e "iar", además de los verbos "prohibir" y "reunir", que son un poco irregulares tanto en presente de indicativo como en presente de subjuntivo, dado que llevan tildes gramaticales para mantener el sonido adecuado. Ejemplos:
스페인어에는 적합한 소리를 유지하기 위해 사용되는 문법적 띨데로 인하여 직설법 현재형뿐만 아니라 접속법 현재형도 약간 불규칙한 동사들이 있는데, 'prohibir(금지하다)', 'reunir(모이다)'를 비롯해 'uar'와 'iar'로 끝나는 동사들이 그러하다. 예:

Actuar		Enviar		Prohibir		Reunir	
Presente de indicativo	Presente de subjuntivo	Presente de indicativo	Presente de subjuntivo	Presente de indicativo	Presente de subjuntivo	Presente de indicativo	Presente de subjuntivo
act**ú**o	act**ú**e	env**í**o	env**í**e	proh**í**bo	proh**í**ba	re**ú**no	re**ú**na
act**ú**as	act**ú**es	env**í**as	env**í**es	proh**í**bes	proh**í**bas	re**ú**nes	re**ú**nas
act**ú**a	act**ú**e	env**í**a	env**í**e	proh**í**be	proh**í**ba	re**ú**ne	re**ú**na
actuamos	actuemos	enviamos	enviemos	prohibimos	prohibamos	reunimos	reunamos
actu**á**is	actu**é**is	envi**á**is	envi**é**is	prohib**í**s	prohib**á**is	reun**í**s	reun**á**is
act**ú**an	act**ú**en	env**í**an	env**í**en	proh**í**ben	proh**í**ban	re**ú**nen	re**ú**nan

◘ ¡Vamos a conjugar en presente de indicativo y en presente de subjuntivo!

동사를 직설법 현재와 접속법 현재로 활용시켜 봅시다!

• Vocabulario 8.10 Verbos con tildes irregulares en presente 현재형에서 불규칙한 떨데를 가지는 동사들

1. Actuar 연기하다
2. Atenuar 약하게 하다
3. Continuar 계속하다
4. Devaluar 평가절하하다
5. Efectuar 실행하다
6. Evaluar 평가하다
7. Insinuar 넌지시 말하다
8. Interactuar 상호작용하다
9. Situar 배치하다
10. Tatuar 문신을 새기다
11. Valuar 견적을 내다, 가치를 매기다
12. Confiar 신뢰하다
13. Criar 키우다
14. Enfriar 차갑게 하다
15. Enviar 보내다
16. Espiar 스파이 노릇을 하다
17. Esquiar 스키 타다
18. Guiar 안내하다
19. Prohibir 금지하다
20. Reunir 모이다

◘ ¡Vamos a practicar!

☼ Modelo

Yo <u>continuar</u> estudiando español durante las vacaciones
Yo continúo estudiando español durante las vacaciones.
나는 방학 동안 스페인어를 공부하는 것을 계속 한다.

1. Las actrices y los actores <u>actuar</u> en el teatro
2. El aire acondicionado <u>atenuar</u> el calor en el verano
3. Los empleados <u>continuar</u> trabajando en la oficina durante el fin de semana
4. La crisis económica de México <u>devaluar</u> el peso mexicano
5. Los ingenieros <u>efectuar</u> el proyecto
6. El profesor <u>evaluar</u> el nivel de español de los estudiantes
7. ¿Tú <u>insinuar</u> que yo robé esa cartera?
8. Algunos extranjeros no <u>interactuar</u> con los coreanos porque no hablan coreano
9. La señorita <u>situar</u> la maceta (화분) junto a la ventana
10. El señor <u>tatuar</u> al chico un tatuaje (문신) en el brazo
11. Los especialistas <u>valuar</u> el apartamento en ₩200.000.000 (doscientos millones **de** wones)
12. Mis padres <u>confiar</u> en mí
13. Las madres coreanas <u>criar</u> bien a sus hijos
14. Yo <u>enfriar</u> los refrescos en el refrigerador
15. El chico le <u>enviar</u> un mensaje de texto a su novia antes de dormir♥
16. Ana <u>espiar</u> a su novio porque no confiar en él
17. Vosotros <u>esquiar</u> en las montañas en invierno
18. El guía de turistas (관광 가이드) nos <u>guiar</u> por la ciudad
19. El policía me <u>prohibir</u> fumar en la parada de autobuses
20. Tú <u>reunir</u> a tus amigos para organizar una fiesta

¤ Especialmente, hay seis verbos irregulares en presente de subjuntivo que no siguen ninguno de los patrones anteriormente mencionados: “dar”, “estar”, “haber”, “ir”, “saber” y “ser”. Particularmente, hay que tener cuidado con las tildes en la conjugación de “dar” y “estar”.

특별히 앞에 언급된 어느 패턴도 따르지 않는 여섯 개의 불규칙 동사(‘dar’, ‘estar’, ‘haber’, ‘saber’, ‘ser’)가 있다. 특히, ‘dar’와 ‘estar’ 의 활용형에 사용되는 띨데에 주의해야 한다.

¤ ¡Vamos a conjugar en presente de subjuntivo!

동사를 접속법 현재로 활용시켜 봅시다!

• Vocabulario 8.11 Verbos irregulares especiales en presente de subjuntivo 특수한 접속법 현재 불규칙 동사들

1. Dar (dé) 주다
2. Estar (esté) (상태가) ...이다, ...에 있다
3. Haber (haya) 있다
4. Ir (vaya) 가다
5. Saber (sepa) 알다
6. Ser (sea) ...이다

Dar	Estar	Haber	Ir	Saber	Ser
d**é**	est**é**	haya	vaya	sepa	sea
des	est**é**s	hayas	vayas	sepas	seas
d**é**	est**é**	haya	vaya	sepa	sea
demos	estemos	hayamos	vayamos	sepamos	seamos
deis	est**é**is	hay**á**is	vay**á**is	sep**á**is	se**á**is
den	est**é**n	hayan	vayan	sepan	sean

¤ ¡Vamos a conjugar en presente de subjuntivo!

동사를 접속법 현재로 활용시켜 봅시다!

• Vocabulario 8.12 Verbos reflexivos para practicar conjugación en presente de subjuntivo 접속법 현재 활용 연습을 위한 재귀동사들

1. Acostarse (me acueste, nos acostemos) 잠자리에 들다
2. Ahogarse (me ahogue) 숨막히다
3. Arrodillarse (me arrodille) 무릎을 꿇다
4. Dedicarse (me dedique) ...에 헌신하다, ...에 종사하다
5. Despertarse (me despierte, nos despertemos) 깨어나다
6. Dormirse (me duerma, nos durmamos) 잠들다
7. Equivocarse (me equivoque) 실수하다
8. Graduarse (me gradúe) 졸업하다
9. Levantarse (me levante) 일어나다
10. Sentarse (me siente, nos sentemos) 앉다

La probabilidad expresada con el subjuntivo 접속법으로 표현된 가능성

¤ Siempre que se quiere expresar alguna probabilidad, se usa subjuntivo automáticamente. Es decir, siempre que se use "quizá", "quizás", "tal vez", "probablemente", "posiblemente", "es probable que" o "es posible que", se tendrá que usar subjuntivo. Hay que tener en cuenta que todos estos adverbios y frases para expresar probabilidad son sinónimos.

가능성을 표현하고 싶을 때는 언제나 자동적으로 접속법이 사용된다. 즉, 'quizá', 'quizás', 'tal vez', 'probablemente', 'posiblemente', 'es probable que', 'es posible que'와 같은 표현이 사용되면 접속법을 사용해야 할 것이다. 이 가능성을 나타내기 위한 부사들과 어구들은 전부 같은 의미를 가진다.

• Vocabulario 8.13 Los adverbios y las frases para expresar probabilidad 가능성을 나타내는 부사와 어구들

1. Quizá 아마
2. Quizás 아마
3. Tal vez 아마
4. Probablemente 아마
5. Posiblemente 아마
6. Es probable que 아마 …할 것이다
7. Es posible que 아마 …할 것이다

¤ ¡Vamos a practicar!

☼ **Modelo**

Quizás Juan no venir a clase hoy
Quizás Juan no venga a clase hoy. 오늘은 아마 후안이 수업에 오지 않을 것이다.

1. Quizá hoy llover
2. Quizás ahora hacer calor en Argentina
3. Tal vez este invierno nevar mucho
4. Probablemente, ellos no ir al bar esta noche
5. Posiblemente, hoy hacer buen tiempo
6. Es probable que el presidente de España visitar Corea del Sur
7. Es posible que este fin de semana hacer sol
8. Quizá mis compañeros le traer un pastel al profesor
9. Quizás mi padre no volver a casa hoy
10. Tal vez ellos llegar tarde al aeropuerto
11. Probablemente, vosotros no pasar el examen de conducir
12. Posiblemente, mis amigos me dar unos regalos en mi cumpleaños
13. Es probable que ella ser la nueva profesora
14. Es posible que la actriz estar en EE. UU. ahora

15. Quizá esos chicos <u>ser</u> chinos
16. Quizás algunas chicas <u>llorar</u> con esta película tan triste
17. Tal vez mis padres <u>estar</u> en el supermercado ahora
18. Probablemente, mi madre me <u>llamar</u> por la noche
19. Posiblemente, <u>haber</u> pocas personas en la conferencia
20. Es probable que él <u>ser</u> el Sr. Park

¤ El presente de subjuntivo tiene un sentido de probabilidad, pero al mismo tiempo uno de futuro. En este caso, el presente de subjuntivo aplicaría tanto para una probabilidad en este momento como para una en el futuro. Ejemplos:
접속법 현재는 가능성의 의미를 가지고 있지만 동시에 미래의 의미도 가지고 있다. 이 경우에, 접속법 현재는 현재의 가능성과 마찬가지로 미래의 가능성에도 적용될 수 있다. 예:

Quizás llueva ahora. 어쩌면 지금 비가 내릴 수도 있어.
Quizás llueva mañana por la mañana. 어쩌면 내일 아침에 비가 내릴 수도 있어.

¤ Existe un tiempo especial que es el presente continuo de subjuntivo que enfatiza que la acción probablemente se realice en este preciso momento o en estos días. Dicho tiempo se forma con el verbo "estar" en presente de subjuntivo más un gerundio. Ejemplos:
어떤 행위가 어떤 특정한 순간이나 근래에 일어나고 있다는 것을 강조하는 특별한 시제가 있는데 이는 접속법 현재진행이다. 앞에 언급된 시제는 'estar'동사의 접속법 현재에 현재분사를 더해 구성된다. 예:

Tal vez esté lloviendo.
비가 오고 있는지도 모르겠어.
Es probable que los abuelos estén durmiendo en su habitación.
아마 할머니, 할아버지께서는 방에서 주무시고 계실 거야.
Quizá los niños estén comiendo muchos caramelos estos días.
아마 아이들은 요새 사탕을 많이 먹고 있을 거야.

◘ ¡Vamos a practicar!

☼ Modelo

Quizás los trabajadores <u>manejar</u> las máquinas
Quizás los trabajadores estén manejando las máquinas.
아마 직원들이 기계를 작동시키고 있을 거야.

1. Quizá <u>llover</u> en Seúl
2. Quizás el empleado <u>imprimir</u> su reporte
3. Tal vez las chicas <u>enviar</u> mensajes de texto
4. Probablemente, ellos <u>venir</u> a clase ahora
5. Posiblemente, mi padre <u>conducir</u> su coche
6. Es probable que mi madre <u>cocinar</u> en la cocina
7. Es posible que vosotros no <u>dormir</u> bien estos días
8. Quizá Juan no <u>asistir</u> a sus clases estos días
9. Quizás mis compañeros <u>almorzar</u> ahora
10. Tal vez ahora <u>hacer</u> fresco afuera

¤ Cuando estamos totalmente seguros de que una acción sucede, se usa la frase "es seguro que" o el adverbio "definitivamente" con el presente de indicativo.

우리가 어떤 일이 일어날 것이라는 것을 완전히 확신할 때에는 직설법 현재와 함께 어구 'es seguro que(필시 ...이다)'나 부사 'definitivamente(확정적으로)'가 사용된다.

¤ ¡Vamos a practicar!

☼ Modelo

Quizás Laura adelgazar porque ella hacer mucho ejercicio
Quizás Laura adelgace porque ella hace mucho ejercicio.
라우라는 운동을 많이 하니까 아마 날씬해 질지도 몰라.

1. Es seguro que mis compañeros estar en el dormitorio ahora
2. Es posible que nosotros no utilizar dólares en nuestro viaje a Japón
3. Definitivamente, ahora haber una crisis económica en Europa
4. Probablemente, no caber toda la comida en el refrigerador
5. Quizás yo no ir a la fiesta esta noche
6. Es seguro que el niño decir la verdad
7. Definitivamente, Ana y José ser novios
8. Tal vez tú no saber cuántos años yo tener
9. Posiblemente, ellos salir temprano de su oficina porque no haber mucho trabajo
10. Es probable que el bebé nacer pronto porque su madre estar muy gorda
11. Definitivamente, el chico no responder a la pregunta porque no la entender
12. Quizás mis hermanos volver a casa tarde porque hoy ser viernes
13. Es posible que vosotros no cantar porque estar enfermos
14. Tal vez hoy nosotros regresar tarde a casa porque tener muchas tareas
15. Quizá el profesor me dar una buena nota porque yo estudiar con ahínco siempre
16. Es seguro que no nevar porque ahora ser verano
17. Tal vez mi madre me hacer una fiesta porque hoy ser mi cumpleaños
18. Es probable que la clase empezar muy tarde porque el profesor todavía no llegar
19. Quizás él ser casado porque llevar un anillo (반지) en su dedo
20. Tal vez el doctor hospitalizar a mi abuela porque ella estar muy enferma

El uso de "ojalá" más el subjuntivo 'ojalá+ 접속법(부디 ...하기를)'의 용법

¤ La palabra "ojalá" es una interjección con la que se expresa el fuerte deseo de que algo suceda. Asimismo, es un arabismo que proviene de la expresión لو شاء الله (*law šá lláh*) que significa "si Dios quiere". Como se ha mencionado, uno de los sentidos del subjuntivo es expresar deseo de que una acción se realice. Es por eso que los verbos se conjugan en subjuntivo cuando aparece "ojalá" en una oración. Ejemplos:

'ojalá'라는 말은 어떤 일이 일어나기를 바라는 간절한 소망을 나타내는 감탄사이다. 또한, 이 말은 '신께서 원하신다면'을 뜻하는 표현인 لو شاء الله (law šá lláh)에서 유래된 아랍어차용어이다. 앞에 언급된 것처럼, 접속법의 용법들 중 하나는 어떤 일이 일어나기를 바라는 소망을 나타내는 것이다. 이것이 문장에 **'ojalá'**가 있는 경우에 동사들이 접속법으로 활용되는 이유이다. 예:

Ojalá haya paz en el mundo. 부디 세계에 평화가 깃들기를.
Ojalá mi profesora me dé A+. 교수님께서 내게 A+를 주시면 좋으련만.
Ojalá el otoño dure mucho tiempo. 가을이 오랫동안 지속되면 좋을 텐데.

¤ Algunos hispanohablantes suelen añadir "que" después de "ojalá", lo cual es aceptable hasta cierto punto. Sin embargo, no es necesario el uso de "que" en estos casos. Ejemplos:

일부 원어민들은 'ojalá' 뒤에 'que'를 붙여 넣곤 하는데, 이는 어느 정도까지 허용된다. 그러나 이 경우들에서 'que'의 사용이 필수적인 것은 아니다. 예:

Ojalá (que) Corea del Sur gane la Copa del Mundo algún día.
대한민국이 언젠가 월드컵에서 승리하기를.
Ojalá (que) Santa Claus me traiga muchos regalos esta Navidad.
이번 크리스마스에 산타클로스가 나에게 선물을 많이 가져다 주면 좋을 텐데.

¤ ¡Vamos a practicar!

☼ Modelo

Ojalá mi padre ganar la lotería algún día
Ojalá mi padre gane la lotería algún día.
나의 아버지께서 언젠가 복권에 당첨되시면 좋으련만.

1. Ojalá el profesor no venir hoy ☺
2. Ojalá la primavera llegar pronto y durar mucho tiempo
3. Ojalá llover mucho este verano
4. Ojalá no nevar mucho este invierno
5. Ojalá hacer sol mañana
6. Ojalá los campesinos cosechar mucho arroz este año
7. Ojalá hacer buen tiempo el fin de semana
8. Ojalá nosotros obtener buena nota
9. Ojalá los estudiantes pasar sus exámenes
10. Ojalá ella casarse con un chico rico
11. Ojalá vosotros graduarse pronto
12. Ojalá Ud. dormir bien esta noche
13. Ojalá mi familia siempre estar junta
14. Ojalá Paco encontrar su celular
15. Ojalá los japoneses les pedir perdón (사과하다) a los coreanos algún día
16. Ojalá Corea del Sur y Corea del Norte vivir en paz algún día
17. Ojalá yo ir a España algún día
18. Ojalá nosotros conocer las pirámides mayas algún día
19. Ojalá tú viajar por Latinoamérica algún día
20. Ojalá no haber hambre en Corea del Norte algún día

El deseo expresado con el subjuntivo 접속법으로 표현된 소망

¤ Otro de los sentidos del subjuntivo es expresar el deseo de que alguien realice una determinada acción. Es por eso que se usa el subjuntivo con los verbos "esperar que", "desear que" y "querer que" de manera automática.

접속법의 의미들 중에 하나는, 누군가가 특정한 행위를 하기를 바라는 마음을 나타내는 것이다. 이것이 'esperar que', 'desear que', 'querer que'와 같은 동사들에 자동적으로 접속법이 사용되는 이유이다.

¡Vamos a practicar!

☼ **Modelo**

Yo querer que tú me decir la verdad
Yo quiero que tú me digas la verdad. 나는 네가 나에게 진실을 말해주길 원해.

1. El profesor querer que nosotros estudiar con ahínco
2. Las madres desear que sus hijos crecer mucho
3. La chica esperar que su novio le comprar un anillo (반지)
4. El jefe querer que sus empleados hacer un reporte
5. Nosotros desear que Uds. venir a nuestra casa
6. Vosotros querer que nosotros ir a vuestra fiesta
7. Los padres de Ana desear que ella graduarse el próximo año
8. Los profesores querer que los alumnos llegar a tiempo a las clases
9. La señora querer que sus hijos acostarse temprano
10. Los coreanos esperar que la economía del país mejorar (개선하다, 좋아지다)
11. Mis padres querer que yo ir a España para mejorar mi español
12. Vosotros esperar que vuestro profesor os dar una buena nota
13. Nosotros querer que nuestro padre no fumar tanto
14. El Sr. Kim desear que su hija casarse con un hombre bueno
15. Yo esperar que mi padre tener buena suerte en sus negocios (사업)
16. Los maestros querer que los estudiantes repasar las lecciones
17. Los padres de José esperar que él obtener una beca (장학금)
18. Yo desear que no haber guerras en el mundo
19. Los niños querer que los padres estar más tiempo con ellos
20. Yo desear que tú hablar español fluentemente
21. Mi madre esperar que yo tener muchos hijos
22. Nosotros desear que Ud. hacer mucho dinero
23. Yo desear que tú obtener un buen trabajo después de graduarte
24. Los niños querer que sus padres jugar con ellos en el fin de semana
25. Yo esperar que Ud. saber la verdad
26. Nosotros querer que haber muchos peces en el río (강)
27. Las personas esperar que los jueces ser justos (공정한)

28. Mi madre querer que yo volver a casa temprano
29. El profesor desear que sus estudiantes traer el libro a clase siempre
30. Yo esperar que Ud. no tener problemas en su viaje

¤ Los hispanohablantes usan mucho "espero que", "deseo que" y "quiero que" más un verbo en subjuntivo para expresar su deseo a otras personas. Dado que estas expresiones son muy comunes, los hispanohablantes solamente dicen "que" más un verbo en subjuntivo. Ejemplos:
원어민들은 다른사람에게 자신의 바람을 나타내기 위해 'espero que', 'deseo que', 'quiero que' 뒤에 접속법 동사를 더해서 많이 사용한다. 이 표현들은 매우 일반적이기 때문에 원어민들은 앞의 동사를 생략하고 'que' 뒤에 접속법 동사만 더해서 쓴다. 예:

Oración completa: *Yo espero que duermas bien.* 나는 네가 잘 자길 바라.
Oración abreviada: *Que duermas bien.* 잘 자길.

Oración completa: *Yo deseo que descanses bien el fin de semana.*
나는 네가 주말에 푹 쉬기를 바라.
Oración abreviada: *Que descanses bien el fin de semana.* 주말에 푹 쉬기를.

• Vocabulario 8.14 Los deseos más comunes para otra persona 다른 사람을 위한 바람들

1. Que tengas un buen día. 좋은 하루 보내길.
2. Que tengas un buen fin de semana. 좋은 주말 보내길.
3. Que tengas un buen inicio de semana. 좋은 한 주의 시작이 되기를.
4. Que tengas un buen viaje. 즐거운 여행 하기를.
5. Que tengas unas buenas vacaciones. 즐거운 방학 보내길.
6. Que tengas unos dulces sueños. 달콤한 꿈을 꾸길.
7. Que sueñes con los angelitos. 천사들의 꿈을 꾸길.
8. Que duermas bien. 잘 자길.
9. Que disfrutes la comida. 맛있게 먹길.
10. Que estés bien. 네가 괜찮기를.

¤ A veces, los hispanohablantes no dicen el artículo indefinido ("un", "una", "unos" o "unas") en este tipo de oraciones para hacerlas todavía más cortas y prácticas. Ejemplos:
종종 원어민들은 이런 유형의 문장에서 이 문장들은 더 짧고 실용적으로 만들기 위해 부정관사(un, una, unos, unas)를 말하지 않는다. 예:

Que tengas (un) buen día. 좋은 하루 보내길.
Que tengas (un) buen fin de semana. 좋은 주말 보내길.
Que tengas (un) buen inicio de semana. 좋은 한 주의 시작이 되기를.
Que tengas (un) buen viaje. 즐거운 여행 하기를.
Que tengas (unas) buenas vacaciones. 즐거운 방학 보내길.
Que tengas (unos) dulces sueños. 달콤한 꿈을 꾸길.

¤ La frase "que sueñes con los angelitos" es usada por los hispanohablantes para expresar cariño hacia una persona.♥ Por lo general, se les dice a los niños.

원어민들은 누군가에게 애정을 표현하기 위해 'Que sueñes con los angelitos(천사들의 꿈을 꾸길)'의 어구를 사용한다. 일반적으로 아이들에게 말할 때 사용한다.

◘ ¡Vamos a practicar!

☼ Modelo

Yo esperar/desear/querer que volver a mi casa pronto

Mi deseo para ti (너를 향한 나의 바람):	*Que vuelvas a mi casa pronto.* 네가 집에 빨리 돌아오기를.
Mi deseo para Ud. (당신을 향한 나의 바람):	*Que vuelva a mi casa pronto.* 당신이 집에 빨리 돌아오시기를.
Mi deseo para vosotros (너희들을 향한 나의 바람):	*Que volváis a mi casa pronto.* 너희들이 집에 빨리 돌아오기를.
Mi deseo para Uds. (너희들/당신들을 향한 나의 바람):	*Que vuelvan a mi casa pronto.* 여러분이 집에 빨리 돌아오시기를.

1. Yo esperar/desear/querer que tener un buen día
2. Yo esperar/desear/querer que tener un buen fin de semana
3. Yo esperar/desear/querer que tener un buen inicio de semana
4. Yo esperar/desear/querer que tener un buen viaje
5. Yo esperar/desear/querer que tener unas buenas vacaciones
6. Yo esperar/desear/querer que tener unos dulces sueños
7. Yo esperar/desear/querer que soñar con los angelitos
8. Yo esperar/desear/querer que dormir bien
9. Yo esperar/desear/querer que disfrutar la comida
10. Yo esperar/desear/querer que estar bien

Diálogos

Expresiones y vocabulario a tener en cuenta en los diálogos 대화문에 나오는 유의해야 할 표현과 어휘들

El anillo 반지
El pronóstico del tiempo 기상예보
El paquete 패키지
El paquete incluye hotel, avión y comidas. 패키지는 호텔, 비행기, 음식을 포함한다.
La bandera 국기
Anoche 어젯밤
Aparecer ≠ Desaparecer 나타나다 ≠ 사라지다
Enojarse con + alguien ...에게 화나다
Ana se enojó con su novio anoche. 아나는 어제 그녀의 남자친구에게 화가 났어.
Escribir una composición 작문을 하다
Estar a dieta 다이어트 하다
Incluir 포함하다
Molestar 방해하다, 귀찮게 하다
Pasar por + alguien …를 데리러 가다
La madre pasa por sus hijos a la escuela todos los días.
어머니는 매일 학교로 그녀의 아이들을 데리러 갑니다.
Quedarse en casa 집에 머무르다
Salir con + alguien ...와 사귀다, 데이트하다
Mi hermana mayor está saliendo con un empleado de Samsung.
나의 누나는 삼성 직원과 사귀고 있어.
Él es soltero y no está saliendo con nadie ahora.
그는 싱글이고 지금은 누구와도 사귀고 있지 않아.
Inmediatamente = Enseguida = Ahora mismo 지금 당장, 바로
Claro que no 당연히 아니다
Lo más + adjetivo posible 되도록, 가능한 한...
Quiero una computadora portátil lo más delgada posible.
가능한 한 얇은 노트북을 가지고 싶다.
Juana quiere unos zapatos lo más cómodos posible.
후아나는 되도록 편한 신발을 가지고 싶어한다.
Lo más pronto posible 가능한 한 빨리
No es necesario. 그럴 필요 없어.
Para siempre 영원히
Estaremos juntos para siempre.♥ 우리는 영원히 함께할 거야.
Por cierto 그런데, 그건 그렇고
Por si acaso 만일을 위해, 혹시 모르니
Llevaré más dinero por si acaso. 혹시 모르니 돈을 더 챙겨 갈게.
Siempre es bueno tener unas latas de atún en la cocina por si acaso.
만일을 위해 부엌에 참치 통조림을 몇 개 놔두는 것은 늘 좋다.
Sin falta 틀림없이, 반드시, 꼭
Te daré mi reporte sin falta mañana por la mañana.
내일 아침에 너에게 내 보고서를 꼭 줄게.
Yo te llamaré esta noche sin falta. 오늘 밤에 네게 틀림 없이 전화할게.
Ya me voy. 이제 갈게.
Ya no 더 이상 ...지 않다
Ya no quiero estar contigo. 더 이상 너와 있고 싶지 않아.
Ya no voy a fumar. 더 이상 담배 피우지 않을거야.

🎧 Diálogo #22 (En un café 카페에서)

Novio:	¡Hola, princesita! ¿Cómo estás?
Novia:	Muy mal. ¿Qué hiciste anoche?
Novio:	Fui a un bar con mis amigos y bebí un poco con ellos.
Novia:	¡Maldito! ¿Por qué no me llamaste?
Novio:	Es que salí muy tarde del bar. Iba a llamarte, pero no quise molestarte.
Novia:	Tus amigos son más importantes que yo, ¿verdad?
Novio:	Claro que no. ¡Cómo dices eso!
Novia:	Siempre desapareces los viernes por la noche. Tal vez salgas con otra chica o quizá tengas otra novia.
Novio:	No, mi amor. ¡Cómo puedes pensar eso!
Novia:	Ya no quiero verte. Quiero que te vayas ahora. Quiero que ya no me llames. Quiero que ya no me busques. Quiero que desaparezcas de mi vida para siempre.
Novio:	Está bien. Pero antes de eso, yo quiero que abras este regalo que te compré ayer.
Novia:	¿Me compraste algo? ¿Qué es?
Novio:	Es algo pequeño, pero te lo doy con todo mi amor.
Novia:	¡Guau! ¡Qué bonito anillo! ¡Gracias, mi príncipe!
Novio:	Por favor, no quiero que te enojes conmigo otra vez.
Novia:	Pero yo quiero que me llames todas las noches sin falta.
Novio:	Está bien, desde hoy te llamaré todas las noches sin falta. Te amo. ♥♥♥
Novia:	Yo también te amo. ♥♥♥

1. ¿Por qué no llamó el novio a su novia anoche?

____

2. ¿Qué quiere el novio que su novia abra?

____

3. ¿Qué quiere la novia que su novio haga todas las noches?

____

Novio:	안녕, 공주님. 잘 지내?
Novia:	전혀 잘 못 지내, 어젯밤에 뭐 했어?
Novio:	친구들이랑 술집에 가서 조금 마셨어.
Novia:	나쁜놈! 왜 나한테 전화 안했어?
Novio:	술집에서 엄청 늦게 나왔어. 네게 전화하려고 했는데, 귀찮게 하고 싶지 않았어.
Novia:	너는 친구들이 나보다 더 중요하지, 그렇지?
Novio:	당연히 아니지. 어떻게 그런 말을 해!
Novia:	넌 금요일 밤이면 항상 사라지잖아. 아마 다른 여자랑 데이트 하거나 다른 여자 친구가 있는 거겠지.
Novio:	아니야, 내 사랑. 어떻게 그런 생각을 할 수가 있어!
Novia:	이제 더 이상 널 보고싶지 않아. 지금 당장 네가 갔으면 좋겠어. 이제 전화도 안했으면 좋겠어. 이제 날 찾지 않았으면 좋겠어. 내 인생에서 영원히 사라져 줬으면 좋겠어.
Novio:	알았어. 하지만 그 전에 내가 어제 네게 사 온 이 선물을 열어봐 줬음 좋겠어.
Novia:	나한테 뭘 사왔어? 뭐야?
Novio:	작은 거지만 나의 사랑을 몽땅 담아서 네게 주는 거야.
Novia:	우와! 정말 예쁜 반지네! 고마워, 내 왕자님!
Novio:	제발 다시는 나에게 화내지 말아줘.
Novia:	그렇지만 난 네가 매일 밤 꼭 나에게 전화했으면 좋겠단 말이야.
Novio:	좋아. 오늘부터 매일 밤 꼭 네게 전화할게. 사랑해. ♥♥♥
Novia:	나도 사랑해. ♥♥♥

Diálogo #23 (En casa 집에서)

Hijo:	Mamá, ya me voy a la universidad. ¡Chao!
Mamá:	Hijo, ¿llevas un paraguas? Es probable que llueva hoy.
Hijo:	¿De verdad? ¿Cómo sabes?
Mamá:	Está nublado. Aquí tienes mi paraguas por si acaso. Debes llevarlo porque quizás lo necesites.
Hijo:	Gracias, mamá. Por cierto, es posible que vuelva tarde a casa hoy.
Mamá:	¿Por qué?
Hijo:	Porque tengo que preparar una presentación con mis amigos. Probablemente, la termine tarde.
Mamá:	¡Pobrecito! Ojalá la termines temprano. ¿Quieres que yo pase por ti a la universidad?
Hijo:	No, no es necesario. Pero tendré hambre por la noche. ¿Puedes dejarme comida en la cocina?
Mamá:	Claro que sí. ¿Qué quieres que cocine?
Hijo:	Quiero que cocines una sopa de kimchi con atún.
Mamá:	Dejaré tu sopa en el microondas sin falta. Te quiero mucho, mi bebé hermoso.
Hijo:	Mamá, ya tengo 20 años.
Mamá:	Entonces, ya no cocinaré para ti y tú prepararás tu comida.
Hijo:	… Mamita, yo siempre seré tu bebé. Ya me voy a la universidad. ¡Chao!
Mamá:	¡Chao! ¡Que tengas un buen día!

1. ¿Por qué quizás regrese tarde a casa el chico hoy?

____

2. ¿Quiere el chico que su madre pase por él a la universidad hoy?

____

3. ¿Qué quiere el chico que su madre le prepare?

____

Hijo:	엄마, 저 이제 학교 가요. 다녀 올게요!
Mamá:	아들, 우산 가져가니? 오늘 아마 비가 올 거야.
Hijo:	정말요? 어떻게 아세요?
Mamá:	구름이 끼었잖니. 여기 혹시 모르니 내 우산 가져가거라. 혹시 필요할 지도 모르니 가져가야 해.
Hijo:	고마워요, 엄마. 그런데 아마 오늘 집에 늦에 돌아올 거에요.
Mamá:	왜?
Hijo:	친구들이랑 프레젠테이션을 하나 준비해야 하거든요. 아마 늦게 끝날 것 같아요.
Mamá:	안쓰러워라! 부디 일찍 끝났으면 좋겠구나. 내가 학교에 널 데리러 갔으면 좋겠니?
Hijo:	아뇨, 그러실 필요 없어요. 하지만 밤이 되면 배가 고플 거에요. 부엌에 음식을 좀 남겨주실 수 있어요?
Mamá:	물론이지. 내가 무엇을 요리했으면 좋겠니?
Hijo:	참치김치찌개를 해주셨으면 좋겠어요.
Mamá:	네 찌개를 전자레인지에 꼭 남겨둘게. 사랑한다, 내 아름다운 아가야.
Hijo:	엄마, 저 이제 스무살이에요.
Mamá:	그럼 난 이제 너에게 요리 안 해주련다. 네가 먹을 건 네가 요리해.
Hijo:	사랑하는 엄마, 언제나 엄마의 아가가 될게요. 이제 학교 가요. 다녀올게요!
Mamá:	안녕! 좋은 하루 보내렴!

Diálogo #24 (Conversación telefónica 전화 통화)

***Empleada*:**	Agencia de viajes Aztecatours. Le atiende Elena.
***Cliente*:**	Buenas tardes, señorita. Habla Julio Pérez. ¿Me recuerda?
***Empleada*:**	Claro que sí, Sr. Pérez. ¿En qué puedo servirle?
***Cliente*:**	Tengo este fin de semana libre y quiero viajar con mi esposa. ¿Qué paquetes tiene?
***Empleada*:**	Tengo un paquete a Acapulco. Pero este fin de semana quizás haga mal tiempo porque tal vez un huracán pase por ese lugar.
***Cliente*:**	¡Qué lástima! ¿Qué otras opciones tiene?
***Empleada*:**	Tengo un paquete a Cancún para dos personas que cuesta 700 dólares.
***Cliente*:**	¿Qué incluye el paquete?
***Empleada*:**	Incluye avión, hotel y comidas durante tres días y dos noches. Uds. pueden salir este viernes por la mañana y pueden regresar el domingo por la tarde.
***Cliente*:**	¿Qué tiempo hará este fin de semana en Cancún?
***Empleada*:**	Un momento, por favor... Según el pronóstico del tiempo, es posible que haga buen tiempo y es probable que no llueva.
***Cliente*:**	Ojalá el pronóstico del tiempo sea correcto.
***Empleada*:**	Ojalá. ¿Quiere Ud. que yo haga su reservación?
***Cliente*:**	Sí, por favor. También quiero que Ud. me envíe la información de la reservación por correo electrónico lo más pronto posible.
***Empleada*:**	Claro que sí, inmediatamente. Que tenga un buen viaje a Cancún.
***Cliente*:**	Muchas gracias, señorita. ¡Hasta la vista!

1. ¿Qué tiempo hará en Acapulco este fin de semana?

____

2. ¿Qué quiere el cliente que la empleada le envíe por correo electrónico?

____

3. ¿Qué le desea la empleada al cliente?

____

Empleada:	아스떼까투어 여행사입니다. 엘레나입니다.
Cliente:	안녕하세요, 아가씨. 훌리오 뻬레스입니다. 저를 기억하세요?
Empleada:	물론이죠, 뻬레스씨. 무엇을 도와드릴까요?
Cliente:	이번 주말에 한가해서 아내와 여행을 하고 싶은데요. 어떤 패키지가 있습니까?
Empleada:	아카풀코행 패키지가 있습니다. 하지만 이번 주말에는 그 곳으로 허리케인이 지나갈 수도 있어서 아마 날씨가 좋지 않을 거에요.
Cliente:	아깝군요! 다른 선택지가 있나요?
Empleada:	700달러 짜리 2인용 깐꾼행 패키지가 있습니다.
Cliente:	패키지가 무엇을 포함하나요?
Empleada:	2박 3일동안 비행기, 호텔, 음식을 포함합니다. 이번 금요일 아침에 출발해서 일요일 오후에 돌아오실 수 있습니다.
Cliente:	깐꾼은 이번 주말에 날씨가 어떨까요?
Empleada:	잠시만 기다려 주세요… 일기예보에 따르면 아마 날씨가 좋을 것이고 비는 오지 않을 것이라고 하네요.
Cliente:	일기예보가 정확했으면 좋겠네요.
Empleada:	그랬으면 좋겠네요. 제가 예약을 해드리길 원하세요?
Cliente:	네, 부탁합니다. 또 가능한 한 빨리 이메일로 예약 정보를 보내주셨으면 좋겠는데요.
Empleada:	물론이죠. 바로 보내드리겠습니다. 깐꾼에서 즐거운 여행 보내시길 바랍니다.
Cliente:	정말 고마워요, 아가씨. 안녕히 계세요!

Preguntas para repasar 복습을 위한 질문들

1. ¿Cómo se conjugan los siguientes verbos en presente de subjuntivo?

Amar	Comer	Vivir	Caer	Conocer

Escoger	Hacer	Pedir	Sonreír	Almorzar

Aparcar	Madrugar	Roncar	Defender	Prohibir

Recomendar	Sugerir	Soñar	Criar	Dormir

Haber	Evaluar	Ir	Ser	Saber

Lavarse	Encontrarse	Ponerse	Vestirse

2. ¿Cuál es el plural de "cicatriz"? ¿Cuál es el plural de "nuez"?

3. ¿Qué tiempo hará mañana? Respuesta: *No lo sé. Quizás...*

4. ¿Cuántos años tiene Psy? Respuesta: *No lo sé. Tal vez...*

5. ¿Cuántos países hay en el mundo? Respuesta: *No lo sé. Quizá...*

6. ¿Qué harás en tus próximas vacaciones? Respuesta: *No lo sé. Tal vez...*

7. ¿Qué le deseas a tu padre? Respuesta: *Le deseo que...*

8. ¿Qué le deseas a tu madre? Respuesta: *Le deseo que...*

9. ¿Qué le deseas a tu mejor amig@? Respuesta: *Le deseo que...*

10. ¿Qué les deseas a tus compañeros de clase? Respuesta: *Les deseo que...*

11. ¿Qué esperas que el/la presidente de Corea del Sur haga por el país? Respuesta: *Espero que...*

12. ¿Cómo quieres que sea tu futuro jefe? Respuesta: *Quiero que...*

13. ¿Cómo quieres que sea tu futura casa? Respuesta: *Quiero que...*

14. ¿Cómo se dice "*have a nice day*" en español? Respuesta: *Se dice...*

15. ¿Cuál es el arabismo usado por los hispanos para expresar el deseo de que algo pase y que proviene de la expresión لو شاء الله (*law šá lláh*)?

Lectura #8

¡Hola! Me llamo Changmin y estudio la carrera de Interpretación y Traducción de Español en una universidad surcoreana. Mi profesora de la clase de Conversación en Español quiere que yo escriba una composición acerca de ella usando, mínimo una vez, "quizá", "quizás", "tal vez", "probablemente", "posiblemente", "es probable que" y "es posible que", porque ella quiere que yo practique el subjuntivo. Quizá ella tenga 32 años. Ella es soltera, pero quizás se case pronto porque es muy bonita. Tal vez ella haga mucho ejercicio y esté a dieta porque es muy delgada. Probablemente, ella no tenga muchos amigos porque siempre está trabajando en la universidad. Posiblemente, los fines de semana ella se quede en casa y descanse porque entre semana siempre trabaja con ahínco. Es probable que ella hable coreano porque es muy inteligente y ha vivido varios años en Corea del Sur. Es posible que ella vaya a Colombia en sus próximas vacaciones porque es colombiana. Espero que ella me dé A+ porque yo he estudiado con ahínco durante todo el semestre.

안녕! 나는 창민이라고 하고 한 대한민국의 대학교에서 스페인어 통번역을 공부해. 나의 스페인어 회화수업 교수님께서는 적어도 한 번은 'quizá', 'quizás', 'tal vez', 'probablemente, 'posiblemente', 'es probable que', 'es posible que'와 같은 표현들을 사용해서 교수님에 대해서 작문을 써 오길 원하시는데 내가 접속법을 연습했으면 하셔서 그러시는 거야. 아마 그녀는 32살일 거야. 그녀는 독신이지만 매우 예쁘셔서 아마 곧 결혼하실 지도 몰라. 그녀는 매우 날씬하기 때문에 아마 운동을 많이 하고 다이어트를 하는 중일 거야. 그녀는 언제나 대학교에서 일하고 있으니 아마 친구가 많이 없을 것 같아. 그녀는 평일에 늘 열심히 일하니까 주말에는 아마 집에 머무르며 쉴 거야. 그녀는 매우 똑똑하고 한국에서 여러 해 살았으니까 아마 한국 말을 할 거야. 그녀는 콜롬비아사람이니까 아마 그녀는 다음 방학 때 콜롬비아에 가실 거야. 학기 내내 열심히 공부해 왔으니까 그녀가 내게 A+를 주시기를 바라.

◘ Actividad de la lectura

Escribe, como Changmin, una composición acerca de tu profesor/profesora usando, mínimo una vez, "quizá", "quizás", "tal vez", "probablemente", "posiblemente", "es probable que" y "es posible que" con verbos en presente de subjuntivo.

창민이가 한 것처럼 적어도 한 번은 'quizá', 'quizás', 'tal vez', 'probablemente, 'posiblemente', 'es probable que', 'es posible que'와 같은 표현들을 사용하고 동사를 접속법 현재로 활용해서 적어봅시다.

Información de interés

La bandera de España y la bandera de México

스페인의 국기와 멕시코의 국기

Cada bandera nacional es símbolo de unión e identidad de una nación. Todas las banderas nacionales del mundo tienen una historia interesante y un significado profundo. Desafortunadamente, no hay espacio suficiente en esta sección para analizar las banderas de todos los países hispanos. Por eso, únicamente, se describirán dos: la bandera de España (por ser el país donde nació el español) y la bandera de México (por ser el país con más hispanohablantes en el mundo).

각 국기는 한 국가의 단결과 정체성의 상징이다. 세계의 모든 국기들은 저마다 흥미로운 이야기와 깊은 의미를 가지고 있다. 모든 스페인어 문화권 국가들의 국기를 알아보기에는 안타깝게도 흥미를 위한 정보 부분에 공간이 충분하지 않다. 그래서 스페인(스페인어가 탄생된 나라이므로)의 국기와 멕시코(세계에서 스페인어 구사자가 가장 많은 나라이므로)의 국기 단지 두 개만이 묘사될 것이다.

La bandera de España está conformada por tres franjas horizontales: una roja, una amarilla y una roja. Para algunos españoles, el rojo de la bandera representa pasión y sangre derramada en las batallas, mientras que el amarillo es símbolo de la riqueza obtenida en las conquistas. Sin embargo, el hecho es que, originalmente, estos colores no fueron seleccionados con la intención de representar dichos significados. En el siglo XVIII el rey Carlos III de España convocó a un concurso para diseñar una bandera para los barcos españoles con el fin de que estos fueran más visibles en el mar. Finalmente, el diseño que fue seleccionado tenía la vistosa combinación de rojo y amarillo.

스페인의 국기는 빨간색, 노란색, 빨간색 세 개의 가로줄무늬로 형성되어있다. 일부 스페인사람들에게 국기의 빨간색은 열정과 전투에서 넘쳐흐르던 피를 상징한다. 반면에 노란색은 정복으로 얻어진 부의 상징이다. 그러나 사실은 원래 이 색깔들은 언급된 의미들을 나타내기 위한 목적으로 선택된 것이 아니었다. 18세기에 에스파냐의 까를로스 3세는 바다에서 스페인의 함선들이 더 눈에 잘 띄게 할 목적으로 이 배들을 위한 기를 디자인할 것을 현상 공모했다. 마침내 선택된 디자인은 이 화려한 빨간색과 노란색의 조합을 지니고 있었다.

La bandera de España tiene en su franja amarilla el escudo nacional. Dicho escudo tiene varios elementos que tienen un significado especial. La corona simboliza la monarquía española. Las columnas con el lema en latín "*Plus Ultra*" (que en español significa "más allá") representan las columnas que, según la mitología griega, Hércules puso en el Estrecho de Gibraltar indicando que ahí era el límite del mundo y que los navegantes no deberían ir más allá. De hecho, "*Plus Ultra*" es el lema nacional de España y fue usado para alentar a los españoles a descubrir y a conquistar nuevos horizontes en el mundo. Hay dos coronas del Sacro Imperio Romano Germánico encima de las columnas y representan el pasado imperial de España.

스페인의 국기는 노란색 가로줄에 국가문장을 가지고 있다. 언급된 이 문장은 특별한 의미를 가지는 여러 요소들을 가지고 있다. 왕관은 스페인왕조를 나타낸다. 스페인어로는 '보다 멀리' 를 의미하는 라틴어 표어 'Plus Ultra'가 쓰여 있는 기둥들은 헤라클레스가 지브롤터 해협에 세운 기둥들을 나타내는데, 그리스신화에 따르면 그는 그곳이 세상의 끝이고 항해자들이 그 곳보다 더 나아가서는 안 된다는 것을 나타내기 위해 그 기둥들을 세웠다고 한다. 사실 'Plus Ultra'는 스페인의 국가 표어이며 에스파냐인들로 하여금 세계의 새로운 지평선을 발견하고 정복하는 것을 장려하기 위해 사용되었다. 두 개의 기둥 위에는 신성로마제국의 왕관이 있는데 이는 제국의 영향을 받았던 스페인의 과거를 나타낸다.

La parte central del escudo está dividida en cinco partes que simbolizan los reinos medievales de España. En orden de las manecillas del reloj, en la primera parte se puede ver a un león rampante coronado que es el escudo del Reino de León; en la segunda las cadenas que son el escudo del Reino de Navarra; en la tercera una granada símbolo del Reino de Granada; en la cuarta las barras aragonesas que son el escudo del Reino de Aragón; y en la quinta, finalmente, un castillo que es el escudo del Reino de Castilla. Exactamente, al centro de todo esto, se encuentran tres flores de lis que son el símbolo de la Casa de Borbón que es la actual dinastía reinante de España.

문장의 중간 부분은 중세 에스파냐의 왕국들을 상징하는 다섯 개의 부분으로 나뉘어 있다. 시계 방향으로 첫 번째 부분에서는 레온왕국의 문장인 습격하는 자세의 왕관을 쓴 사자를, 두 번째 부분에서는 나바라왕국의 문장인 사슬들을, 세 번째 부분에는 그라나다왕국의 상징인 석류를, 네 번째 부분에서는 아라곤왕국의 문장인 아라곤의 막대기들을, 그리고 마지막으로 다섯 번째 부분에서는 까스띠야왕국의 문장인 성을 볼 수 있다. 정확히 이것들의 한 가운데에 현재 스페인을 통치하는 부르봉왕가의 상징인 세 송이의 붓꽃이 위치해 있다.

La bandera de México está conformada por tres franjas verticales: una verde, una blanca y una roja. Cada color de esta bandera tiene un significado que ha cambiado con el tiempo. Originalmente, el rojo simbolizaba unión entre americanos y europeos, el blanco la religión católica y el verde la independencia del país. Sin embargo, en la actualidad, tienen otro significado: el rojo representa la sangre derramada por los héroes, el blanco la unidad de la nación y el verde la esperanza.

멕시코의 국기는 초록색, 흰색, 빨간색 세 개의 세로 줄무늬로 형성되어있다. 이 국기의 각 색깔은 시간에 따라서 변화되어 온 의미를 지닌다. 처음에 빨간색은 아메리카의 토착민과 유럽인들의 결합을, 흰색은 가톨릭신앙을, 초록색은 국가의 독립을 의미했었다. 그러나 현재에는 빨간색은 영웅들이 흘렸던 피, 흰색은 국가의 단결, 초록색은 희망을 나타낸다.

En el centro de la bandera, en la franja blanca, se encuentra el escudo nacional. Este está basado en una leyenda mitológica azteca sobre la fundación de México-Tenochtitlán que fue la capital del Imperio mexica y que hoy en día es la Ciudad de México.

국기 중앙의 흰색 세로줄에 국가문장이 위치한다. 이 문장은 오늘날에는 멕시코시티이자 멕시카제국의 수도였던 멕시코-떼노치띠뜰란의 건설에 대한 아스떼까의 신화적 전설에 기반을 둔다.

Según las creencias religiosas de los mexicas (conocidos también como "aztecas"), sus ancestros habían partido de Aztlán en busca de un nuevo lugar para construir una nueva ciudad. Huitzilopochtli, la principal deidad de los mexicas, les indicó que deberían de caminar y caminar hasta encontrar una señal divina y justo ahí deberían establecerse para siempre. Dicha señal era un águila parada sobre un nopal devorando una serpiente. Se dice que después de dos siglos de buscar dicha señal, los mexicas la encontraron en un islote en el lago de Texcoco y ahí fundaron una gran ciudad, la cual es la capital del país y una de las urbes más grandes del mundo.

아스떼까족으로도 알려진 멕시카족의 신앙에 따르면 그들의 조상들은 새 도시를 건설하기 위한 새로운 장소를 찾아서 아스뜰란을 떠났다. 멕시카족의 중요한 신이였던 우이칠로뽀치뜰리는 그들에게 신성한 표식을 발견할 때까지 걷고 또 걸어야 하며 바로 그곳에 영원히 정착해야 한다고 말했다. 앞에서 언급된 표식은 한 노팔선인장 위에 서서 뱀을 잡아먹고 있던 독수리 한 마리였다. 그 표식을 찾아 헤맨 지 두 세기 후에 멕시카족들은 텍스코코 호수에 있는 섬에서 표식을 발견하고 거기에 거대한 도시를 건립했는데 그 도시는 현재 국가의 수도이자 세계에서 가장 큰 도시들 중에 하나이다.

¡Actividad especial!

Vamos a reconocer las banderas de los países hispanos
스페인어 문화권 나라들의 국기를 맞춰봅시다

España

Investiga en Internet las banderas de los 21 países hispanos y escribe el nombre del país debajo de la bandera correspondiente.

인터넷에서 스페인어 문화권 21개국의 국기를 조사하고 해당 국기 아래에 나라의 이름을 적어봅시다.

Argentina, Bolivia, Chile, Colombia, Costa Rica, Cuba, Ecuador, El Salvador, **España**, Guatemala, Guinea Ecuatorial, Honduras, México, Nicaragua, Panamá, Paraguay, Perú, Puerto Rico, República Dominicana, Uruguay, Venezuela.

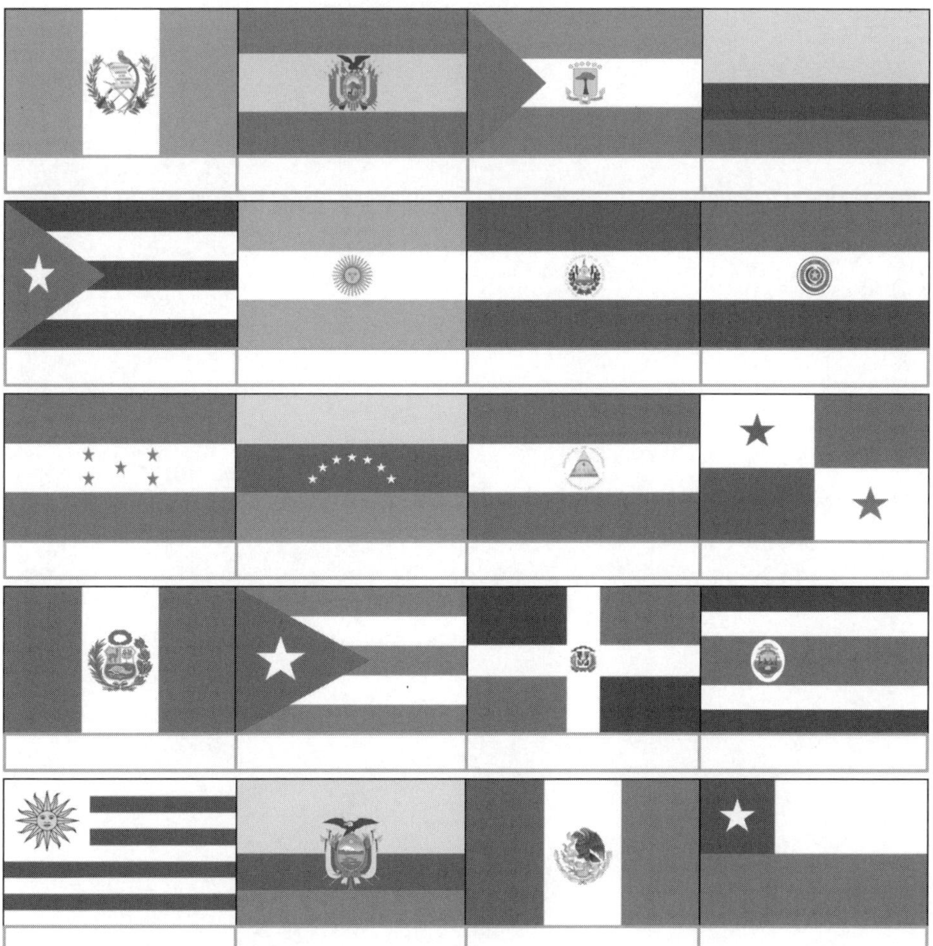

Notas

Listas de vocabularios para memorizar

• Vocabulario 8.1 Verbos para practicar conjugación regular en presente de subjuntivo 접속법 현재 규칙활용 연습을 위한 동사들	
Estornudar	재채기하다
Intentar	시도하다
Invitar	초대하다, 대접하다
Jalar	끌어당기다
Levantar	일으키다
Llamar	부르다
Llenar	채우다
Llorar	울다
Manejar	다루다, 관리하다
Comprender	이해하다
Esconder	숨기다
Prometer	약속하다
Responder	대답하다
Toser	기침하다
Asistir	참석하다
Decidir	결정하다
Describir	묘사하다
Imprimir	인쇄하다
Permitir	허락하다
Recibir	받다

• Vocabulario 8.2 Verbos para practicar conjugación irregular en presente de subjuntivo 접속법 현재 불규칙활용 연습을 위한 동사들	
Caber (quepa)	들어가다, …의 용량을 가지고 있다
Caer (caiga)	떨어지다
Conducir (conduzca)	운전하다
Conocer (conozca)	(사람이나 장소를 경험적으로) 알다
Construir (construya)	건축하다
Decir (diga)	말하다
Escoger (escoja)	고르다
Hacer (haga)	하다, 만들다
Huir (huya)	도망치다
Nacer (nazca)	태어나다
Obtener (obtenga)	획득하다
Oír (oiga)	듣다
Poner (ponga)	놓다
Salir (salga)	나가다
Traducir (traduzca)	번역하다
Traer (traiga)	가지고 오다
Valer (valga)	보호하다, 값이 나가다
Venir (venga)	오다
Ver (vea)	보다
Pedir (pida)	요청하다
Seguir (siga)	따르다
Competir (compita)	경쟁하다
Servir (sirva)	시중들다, 쓸모가 있다
*Freír (fría)	기름에 튀기다
*Reír (ría)	웃다
*Sonreír (sonría)	미소 짓다

• Vocabulario 8.3 Sustantivos terminados en “z” irregulares en plural 복수형이 불규칙한 ‘z’로 끝나는 명사들	
El aprendiz - Los aprendices	제자, 견습생
El disfraz - Los disfraces	변장
El juez - Los jueces	판사
El lápiz - Los lápices	연필
El pez - Los peces	물고기
La actriz - Las actrices	여배우
La cicatriz - Las cicatrices	상처
La codorniz - Las codornices	메추라기
La cruz - Las cruces	십자가
La lombriz - Las lombrices	지렁이
La luz - Las luces	빛, 전등
La nariz - Las narices	코
La nuez - Las nueces	호두
La vez - Las veces	번, 회
La voz - Las voces	목소리

• Vocabulario 8.4 Verbos con terminación "zar" en presente de subjuntivo 'zar'로 끝나는 동사들의 접속법 현재	
Abrazar (abrace)	껴안다
Adelgazar (adelgace)	날씬해지다
Alcanzar (alcance)	도달하다
Analizar (analice)	분석하다
Cazar (cace)	사냥하다
Colonizar (colonice)	식민지화하다
Estabilizar (estabilice)	안정시키다
Cruzar (cruce)	가로지르다
Danzar (dance)	춤추다
Organizar (organice)	조직하다
Hospitalizar (hospitalice)	입원시키다
Lanzar (lance)	던지다, 발사하다
Memorizar (memorice)	암기하다
Rezar (rece)	기도하다
Utilizar (utilice)	사용하다
Reutilizar (reutilice)	재사용하다
Tranquilizar (tranquilice)	진정시키다

• Vocabulario 8.5 Verbos con terminación "car" en presente de subjuntivo 'car' 로 끝나는 동사들의 접속법 현재	
Aparcar (aparque)	주차하다
Aplicar (aplique)	붙이다, 적용하다
Atacar (ataque)	공격하다
Brincar (brinque)	펄쩍 뛰다
Buscar (busque)	찾다
Chocar (choque)	부딪히다
Complicar (complique)	복잡하게 하다
Criticar (critique)	비난하다
Educar (eduque)	교육시키다
Fabricar (fabrique)	제조하다
Identificar (identifique)	식별하다
Justificar (justifique)	정당화하다
Roncar (ronque)	코골다
Sacar (saque)	꺼내다
Secar (seque)	말리다

• Vocabulario 8.6 Verbos con terminación “gar” en presente de subjuntivo ‘gar’ 로 끝나는 동사들의 접속법 현재	
Apagar (apague)	끄다
Cargar (cargue)	(짐을) 싣다, 충전하다
Castigar (castigue)	벌하다
Conjugar (conjugue)	활용하다
Descargar (descargue)	(짐을) 내리다, 다운로드하다
Despegar (despegue)	떼어내다, 이륙하다
Dialogar (dialogue)	대화하다
Divulgar (divulgue)	폭로하다
Entregar (entregue)	제출하다, 넘기다
Fumigar (fumigue)	훈연 소독하다
Investigar (investigue)	조사하다
Madrugar (madrugue)	새벽에 일어나다
Pagar (pague)	지불하다
Pegar (pegue)	붙이다, 때리다

• Vocabulario 8.7 Verbos con “ar”/“er” y cambio “ie” irregulares en presente de subjuntivo ‘ar’/‘er’ 로 끝나고 ‘ie’변화를 가지는, 접속법 현재형이 불규칙한 동사들	
Atender (atienda, atendamos)	기다리다, 대접하다
Cerrar (cierre, cerremos)	닫다
Comenzar (comience, comencemos)	시작하다
Defender (defienda, defendamos)	방어하다
Empezar (empiece, empecemos)	시작하다
Encender (encienda, encendamos)	불을 붙이다, 스위치를 켜다
Entender (entienda, entendamos)	이해하다
Gobernar (gobierne, gobernemos)	통치하다
Recomendar (recomiende, recomendemos)	추천하다, 권장하다
Sembrar (siembre, sembremos)	파종하다

• Vocabulario 8.8 Verbos con "ar"/"er" y cambio "ue" irregulares en presente de subjuntivo 'ar'/'er'로 끝나고 'ue'변화를 가지는, 접속법 현재형이 불규칙한 동사들	
Almorzar (almuerce, almorcemos)	점심 먹다
Contar (cuente, contemos)	이야기하다, 세다
Devolver (devuelva, devolvamos)	돌려주다
Jugar (juegue, juguemos)	놀다
Mostrar (muestre, mostremos)	보여주다
Poder (pueda, podamos)	할 수 있다
Promover (promueva, promovamos)	장려하다, 야기하다
Recordar (recuerde, recordemos)	기억하다
Soñar (sueñe, soñemos)	꿈꾸다
Volver (vuelva, volvamos)	돌아오다

• Vocabulario 8.9 Verbos con "ir" y cambio "ie"/"ue" irregulares en presente de subjuntivo 'ir'로 끝나고 'ie'변화를 가지는, 접속법 현재형이 불규칙한 동사들	
Adquirir (adquiera, adquiramos)	얻다
Convertir (convierta, convirtamos)	변환하다
Herir (hiera, hiramos)	상처 입히다
Hervir (hierva, hirvamos)	끓다
Invertir (invierta, invirtamos)	투자하다
Mentir (mienta, mintamos)	거짓말 하다
Preferir (prefiera, prefiramos)	선호하다
Sentir (sienta, sintamos)	느끼다
Sugerir (sugiera, sugiramos)	제안하다, 암시하다
Transferir (transfiera, transfiramos)	양도하다, 송금하다
Dormir (duerma, durmamos)	자다
Morir (muera, muramos)	죽다

• Vocabulario 8.10 Verbos con tildes irregulares en presente 현재형에서 불규칙한 떨데를 가지는 동사들	
Actuar	연기하다
Atenuar	약하게 하다
Continuar	계속하다
Devaluar	평가절하하다
Efectuar	실행하다
Evaluar	평가하다
Insinuar	넌지시 말하다
Interactuar	상호작용하다
Situar	배치하다
Tatuar	문신을 새기다
Valuar	견적을 내다, 가치를 매기다
Confiar	신뢰하다
Criar	키우다
Enfriar	차갑게 하다
Enviar	보내다
Espiar	스파이 노릇을 하다
Esquiar	스키 타다
Guiar	안내하다
Prohibir	금지하다
Reunir	모이다

• Vocabulario 8.11 Verbos irregulares especiales en presente de subjuntivo 특수한 접속법 현재 불규칙 동사들	
Dar (dé)	주다
Estar (esté)	(상태가) ...이다, ...에 있다
Haber (haya)	있다
Ir (vaya)	가다
Saber (sepa)	알다
Ser (sea)	...이다

• Vocabulario 8.12 Verbos reflexivos para practicar conjugación en presente de subjuntivo 접속법 현재 활용 연습을 위한 재귀동사들	
Acostarse (me acueste, nos acostemos)	잠자리에 들다
Ahogarse (me ahogue)	숨막히다
Arrodillarse (me arrodille)	무릎을 꿇다
Dedicarse (me dedique)	...에 헌신하다, ...에 종사하다
Despertarse (me despierte, nos despertemos)	깨어나다
Dormirse (me duerma, nos durmamos)	잠들다
Equivocarse (me equivoque)	실수하다
Graduarse (me gradúe)	졸업하다
Levantarse (me levante)	일어나다
Sentarse (me siente, nos sentemos)	앉다

• Vocabulario 8.13 Los adverbios y las frases para expresar probabilidad 가능성을 나타내는 부사와 어구들	
Quizá	아마
Quizás	아마
Tal vez	아마
Probablemente	아마
Posiblemente	아마
Es probable que	아마 ...할 것이다
Es posible que	아마 ...할 것이다

• Vocabulario 8.14 Los deseos más comunes para otra persona 다른 사람을 위한 바람들	
Que tengas un buen día.	좋은 하루 보내길.
Que tengas un buen fin de semana.	좋은 주말 보내길.
Que tengas un buen inicio de semana.	좋은 한 주의 시작이 되기를.
Que tengas un buen viaje.	즐거운 여행 하기를.
Que tengas unas buenas vacaciones.	즐거운 방학 보내길.
Que tengas unos dulces sueños.	달콤한 꿈을 꾸길.
Que sueñes con los angelitos.	천사들의 꿈을 꾸길.
Que duermas bien.	잘 자길.
Que disfrutes la comida.	맛있게 먹길.
Que estés bien.	네가 괜찮기를.

• Expresiones y vocabulario a tener en cuenta en los diálogos 대화문에 나오는 유의해야 할 표현과 어휘들	
El anillo	반지
El pronóstico del tiempo	기상예보
El paquete	패키지
La bandera	국기
Anoche	어젯밤
Aparecer ≠ Desaparecer	나타나다 ≠ 사라지다
Enojarse con + alguien	…에게 화나다
Escribir una composición	작문을 하다
Estar a dieta	다이어트 하다
Incluir	포함하다
Molestar	방해하다, 귀찮게 하다
Pasar por + alguien	…를 데리러 가다
Quedarse en casa	집에 머무르다
Salir con + alguien	…와 사귀다,…와 데이트하다
Inmediatamente = Enseguida = Ahora mismo	지금 당장, 바로
Claro que no	당연히 아니다
Lo más + adjetivo posible	되도록, 가능한 한…
Lo más pronto posible	가능한 한 빨리
No es necesario.	그럴 필요 없어.
Para siempre	영원히
Por cierto	그런데, 그건 그렇고
Por si acaso	만일을 위해, 혹시 모르니
Sin falta	틀림없이, 반드시, 꼭
Ya me voy.	이제 갈게.
Ya no	더 이상 …지 않다

Notas

LECCIÓN 9

¿Qué harás cuando te gradúes?

Práctica oral de estructuras gramaticales

〉〉〉〉문법 구조 말로 연습하기〈〈〈〈

Las lenguas indígenas americanas y los americanismos en el español 아메리카 토착어와 스페인어에서의 아메리카 토착어 차용어

¤ Un americanismo es, según términos lingüísticos, una expresión que proviene de alguna lengua nativa de América y que se emplea en una que no es de ese continente. En el español hay una infinidad de americanismos. Al final de esta lección, en la sección de “Información de interés”, podrás encontrar más información de las lenguas indígenas americanas y de los americanismos en el español.

문법용어들에 따르면 아메리카 토착어 차용어는 아메리카대륙 기원이 아닌 언어에서 사용되는 아메리카 토착어에서 유래된 표현들이다. 스페인어에는 아메리카 토착어 차용어가 무수히 많다. 이 과의 끝에 있는 ‘흥미를 위한 정보’ 부분에서 아메리카 토착어들과 스페인어의 아메리카 토착어 차용어들에 대한 정보를 더 만나볼 수 있다.

• Vocabulario 9.1 Las principales lenguas indígenas americanas 주요 아메리카 토착어

1. El aimara 아이마라어
2. El guaraní 과라니어
3. El maya 마야어
4. El náhuatl 나우아뜰어
5. El quechua 께추아어
6. El taíno 따이노어

• Vocabulario 9.2 Los americanismos del taíno en el español 스페인어의 따이노어 차용어

1. El ají 고추
2. El caimán 카이만악어
3. El huracán 허리케인
4. El loro 앵무새
5. El maíz 옥수수

6. El maní 땅콩
7. La barbacoa 바비큐
8. La canoa 카누
9. La hamaca 해먹
10. La iguana 이구아나

• Vocabulario 9.3 Los americanismos del náhuatl en el español 스페인어의 나우아뜰어 차용어

1. El aguacate 아보카도
2. El cacahuate 땅콩
3. El cacao 카카오
4. El chicle 껌
5. El chile 고추
6. El chocolate 초콜릿
7. El coyote 코요테
8. El nopal 노팔선인장
9. El tomate 토마토
10. La tiza 분필, 초크

• Vocabulario 9.4 Los americanismos del quechua en el español 스페인어의 께추아어 차용어

1. El caucho 고무
2. El cóndor 콘도르 (콘도르과의 큰 새)
3. El mate 마테차
4. El puma 퓨마
5. La cancha 경기장
6. La carpa (서커스 등의) 큰 천막
7. La coca 코카 잎
8. La llama 야마
9. La pampa 대초원
10. La papa 감자

• Vocabulario 9.5 Los americanismos de otras lenguas en el español 스페인어의 다른 아메리카 토착어 차용어

1. El cenote (maya) 천연 지하 저수지
2. El cigarro (maya) 담배
3. El jaguar (guaraní) 재규어
4. La piraña (guaraní) 피라냐
5. La alpaca (aimara) 알파카

El verbo "ir" como verbo afectivo 기호동사로써의 'ir'동사

¤ Los hispanos usan el verbo "ir" como un verbo afectivo también. En este caso el sujeto será siempre "todo", pero no se menciona nunca. Ejemplos:
스페인어권 사람들은 'ir'동사를 기호동사로도 사용한다. 이 경우에 주어는 언제나 '모든 것'이 된다. 하지만 절대 언급되지는 않는다. 예:

¿Cómo te va (todo)? = ¿Cómo estás (tú)?
너에게 (모든 일이) 어떻게 돼가? = 어떻게 지내?
¿Cómo le va (todo)? = ¿Cómo está (Ud.)?
당신께 (모든 일이) 어떻게 되가십니까? =어떻게 지내십니까?
Me va bien (todo) = (Yo) Estoy bien. 잘 지냅니다.

¤ Para una situación específica, se usa la preposición "en" seguida de dicha situación que se desea indicar. El sujeto, invariablemente, será siempre "todo". Ejemplos:
특정한 상황에서는 앞에 언급하려는 상황 앞에 전치사 'en'을 쓴다. 주어는 변하지 않고 언제나 '모든 것'이다. 예:

¿Cómo te fue ***en*** *el fin de semana?* 주말에 어떻게 지냈어?
¿Cómo le fue ***en*** *su viaje de negocios?* 출장은 어떠셨어요?
Me fue mal ***en*** *las notas del semestre pasado porque no estudié.*
공부를 안 해서 지난 학기 성적이 나빴어.
A mi papá le fue bien ***en*** *su trabajo hoy.* 오늘 아버지는 일이 잘 되셨어.

¤ Para dicha situación específica, puede usarse el adjetivo posesivo o el artículo. Ejemplos:
앞에 언급된 특정한 상황의 경우 소유형용사나 관사가 사용될 수 있다. 예:

¿Cómo te fue en ***la*** *entrevista de trabajo? = ¿Cómo te fue en* ***tu*** *entrevista de trabajo?*
직장 면접에서 어떻게 됐어?
¿Cómo os fue en ***la*** *presentación? = ¿Cómo les fue en* ***vuestra*** *presentación?*
너희 발표 어떻게 됐어?

• Vocabulario 9.6 Las reuniones de personas 사람들이 모이는 경우

1. El bautizo 세례식
2. El evento 이벤트
3. El funeral 장례식
4. La boda 결혼식
5. La cita a ciegas 소개팅
6. La cita con + alguien 누군가와의 데이트
7. La comida 식사

8. La fiesta de cumpleaños 생일파티
9. La misa 미사
10. La reunión = La junta 회의

◘ ¡Vamos a practicar!

☼ Modelo

La cita a ciegas - bien
Pregunta informal: *¿Cómo te fue en la cita a ciegas?* 소개팅에서 어떻게 됐어?
Pregunta formal: *¿Cómo le fue en la cita a ciegas?* 소개팅에서 어떻게 됐어요?
Respuesta: *Me fue bien en la cita a ciegas.* 소개팅에서 잘 됐어요.

1. La cita con el dentista - así así
2. La junta de trabajo - mal
3. La misa - bien
4. Las vacaciones - más o menos
5. La entrevista de trabajo - bien
6. El examen de gramática - más o menos
7. El viaje de negocios - muy bien
8. Las clases de hoy - bien
9. Las notas del semestre pasado - así así
10. La reunión de negocios - mal

¤ Como sabemos, los hispanos usan mucho "espero que", "deseo que" y "quiero que" más un verbo en subjuntivo para expresar su deseo a otras personas. Dado que estas expresiones son muy comunes, ellos solamente dicen "que" más un verbo en subjuntivo. Es por eso que la frase "que te vaya bien" es muy usada por los hispanos para expresar su deseo a otra persona de que tenga suerte en todo. Ejemplos:

우리가 아는 바와 같이, 스페인어권 사람들은 타인에 대한 바람을 나타내기 위해 'espero que / deseo que / quiero que + 접속법 동사(...하기를 바라다)'의 구문을 많이 사용한다. 이 표현들이 매우 일반적이기 때문에 그들은 단지 'que + 접속법 동사'만 쓰기도 한다. 이것이 원어민들이 다른 사람들에게 늘 행운이 깃들기를 바라는 마음을 나타내려고 'Que te vaya bien(모든 일이 잘 되길 바라)'의 표현을 아주 자주 사용하는 이유이다. 예:

Que te vaya bien. 모든 일이 잘 되길.
Que le vaya bien. 모든 일이 잘 되길 바랍니다.
Que te vaya bien en la junta de trabajo. 직장 미팅이 잘 되길 바라.
Que le vaya bien en su cita con el doctor. 의사와의 상담이 잘 되길 바랍니다.

¤ Se podría decir que la expresión "que te vaya bien en + algo" tendría el mismo sentido que "que tengas buena suerte en + algo". Ejemplos:

'Que te vaya bien en (...이 잘 되기를 바라다) + 상황' 의 표현은 'Que tengas buena suerte en(...에 행운을 빌다) + 상황' 의 표현과 같은 의미를 가진다고 할 수 있다. 예:

Que te vaya bien (todo) en tu cita a ciegas. = Que (tú) tengas buena suerte en tu cita a ciegas.
소개팅이 잘 되길 바라. = 소개팅에서 행운을 빌어.
Que le vaya bien (todo) en su boda. = Que (Ud.) tenga buena suerte en su boda.
결혼식이 잘 되기를 바랍니다. = 결혼식에서 행운을 빕니다.

¤ ¡Vamos a practicar!

☼ Modelo

El examen
Que te vaya bien en tu examen. = Que tengas buena suerte en tu examen.
Que le vaya bien en su examen = Que tenga buena suerte en su examen.
Que os vaya bien en vuestro examen = Que tengáis buena suerte en vuestro examen.
Que les vaya bien en su examen = Que tengan buena suerte en su examen.

1. La cita
2. Las vacaciones
3. El fin de semana
4. La reunión de negocios
5. La presentación

El uso de "al" + infinitivo 'al + 동사원형'의 용법

¤ Siempre la estructura "al" + infinitivo tiene el sentido de "cuando" más ese verbo conjugado en la persona y en el tiempo correspondientes. Ejemplos:

'al + 동사원형'의 구문은 항상 'cuando + 해당하는 인칭과 시제로 활용된 동사'와 같은 의미를 가진다. 예:

Ceno cuando llego a casa. = Ceno al llegar a casa. 나는 집에 도착해서 밥을 먹는다.
Tú te quitaste los zapatos cuando entraste en el restaurante. = Tú te quitaste los zapatos al entrar en el restaurante. 식당에 들어왔을 때 너는 신발을 벗었어.

¡Vamos a practicar!

☼ Modelo

Mi mamá preparar el desayuno - levantarse

Presente: *Mi mamá prepara el desayuno cuando se levanta.* =
Mi mamá prepara el desayuno al levantarse.
나의 어머니께서는 일어나셔서 아침 식사를 준비하신다.

Pretérito: *Mi mamá preparó el desayuno cuando se levantó.* =
Mi mamá preparó el desayuno al levantarse.
나의 어머니께서는 일어나셔서 아침 식사를 준비하셨다.

1. Nosotros volver a casa - terminar las clases
2. Ud. despertarse - escuchar la alarma de su celular
3. Vosotros abrazar a vuestros padres - salir de casa
4. Uds. encender las computadoras en la oficina - empezar su trabajo
5. Yo dormirse - acostarse en la cama
6. Tú ducharse - llegar a casa
7. Yo lavarse los dientes - terminar de comer
8. Uds. beber café - levantarse
9. Las chicas gritar (소리지르다) - ver al actor famoso
10. Vosotros ir de viaje - terminar el semestre

El uso del subjuntivo para acciones aún no realizadas o no finalizadas 실현되거나 완료되지 않은 행위들을 나타내는 접속법의 용법

¤ El subjuntivo se usa en una oración subordinada cuando esta contiene una acción que aún no se realiza o que aún no finaliza y que no se sabe cuándo se llevará a cabo o cuándo terminará. El sentido que implica, en este caso el subjuntivo, es de incertidumbre con respecto al futuro. Ejemplos:
접속법은 종속절이 실현되거나 완료되지 않은 행위를 포함하며 그 행위가 언제 행해질 지, 혹은 언제 끝날 지 모르는 경우에 사용된다. 이 경우에 접속법이 의미하는 바는 미래에 대한 불확실함이다. 예:

Yo haré la tarea cuando llegue a mi dormitorio.
기숙사에 도착하면 나는 숙제를 할 것이다.
Mi padre volverá a casa cuando termine su trabajo.
나의 아버지께서는 일을 끝내시면 돌아오실 것이다.
El profesor vivirá en el campo cuando se retire.
교수님께서는 은퇴하시면 시골에서 사실 것이다.
Tú te bajarás del metro cuando el metro pare.
너는 지하철이 멈추면 지하철에서 내릴 것이다.

¤ La oración subordinada puede ir al inicio o al final, no importa el orden. Sin embargo, si va al inicio, deberá de ir separada por una coma. Ejemplos:
종속절은 문장의 처음이나 끝에 올 수 있으며 순서는 중요하지 않다. 그러나 처음에 오면 쉼표로 구분되어야 한다. 예:

Iré a la cafetería cuando termine la clase. = Cuando termine la clase, iré a la cafetería. 수업이 끝나면 나는 카페테리아에 갈 거야.
Comprarás un coche cuando tengas dinero. = Cuando tengas dinero, comprarás un coche. 너는 돈이 생기면 차를 한 대 살 것이다.

¤ ¡Vamos a practicar!

☼ Modelo

Graduarse - buscar un trabajo

Pregunta informal:	*¿Qué harás cuando te gradúes?* 졸업하면 넌 무엇을 할거니?
Pregunta formal:	*¿Qué hará cuando se gradúe?* 졸업하시면 당신은 무엇을 할 것입니까?
Respuesta a)	*Buscaré un trabajo cuando me gradúe.* 저는 졸업하면 직장을 찾을 것입니다.
Respuesta b)	*Cuando me gradúe, buscaré un trabajo.* 저는 졸업하면 직장을 찾을 것입니다.

1. Terminar la clase - volver a mi dormitorio
2. Llegar a casa - repasar mis lecciones
3. Recibir tu/su primer salario - les comprar regalos a mis padres
4. Retirarse (은퇴하다) - viajar por el mundo
5. Jubilarse (은퇴하다) - escribir algunos libros
6. Casarse - comprar una casa
7. Levantarse mañana - vestirse
8. Terminar esta lección - memorizar todos los vocabularios
9. Salir de este salón de clase - encontrarse con mis amigos
10. Tener vacaciones - ir de viaje a Japón

¤ Como sabemos, la estructura "al" + infinitivo tiene el sentido de "cuando" más ese verbo conjugado en la persona y en el tiempo correspondientes. De esta manera, dicha estructura puede ser usada para este caso del subjuntivo. Ejemplos:
우리가 아는 바와 같이 'al + 동사원형'의 구문은 항상 'cuando + 해당하는 인칭과 시제로 활용된 동사'와 같은 의미를 가진다. 그래서 앞에 언급된 구문은 이 접속법의 경우에 사용될 수 있다. 예:

Los empleados saldrán de la oficina cuando terminen el reporte. =
Los empleados saldrán de la oficina al terminar el reporte.
직원들은 보고서를 끝내면 사무실에서 나갈 것이다.

La señora cocinará la cena <u>cuando llegue</u> a su casa. =
La señora cocinará la cena <u>al llegar</u> a su casa.
그 부인은 집에 도착하면 요리 할 것이다.

◘ ¡Vamos a practicar!

☼ Modelo

Vosotros comer paella - vivir en España
Vosotros comeréis paella cuando viváis en España. 너희들이 스페인에 살게 되면 빠에야를 먹을 거야.
Vosotros comeréis paella al vivir en España. 너희들이 스페인에 살게 되면 빠에야를 먹을 거야.

1. Nosotros trabajar en una compañía multinacional - graduarse
2. Ud. retirarse (은퇴하다) - tener 65 años
3. Tú me enviar un mensaje de texto - terminar la clase
4. Uds. vivir en una ciudad tranquila - ser abuelos
5. Vosotros cantar - estar en el karaoke
6. Ud. probar el tequila - llegar a México
7. Mi familia y yo ir a Jeju - tener vacaciones
8. Uds. bajar de peso (체중을 감량하다) - hacer ejercicio
9. Las chicas llorar - ver esta película romántica
10. El bebé comer arroz - tener dientes

¤ Al igual que "cuando", hay algunas locuciones y conjunciones que van seguidas del subjuntivo, dado que conectan a una oración subordinada que contiene una acción no realizada o no terminada. Ejemplos:
'cuando'와 마찬가지로 접속법과 함께 쓰이는 일부 구들과 접속사들이 있는데 이는 이것들이 실현되거나 끝나지 않은 행위를 포함하는 종속절을 연결하기 때문이다. 예:

*Te llamaré **apenas** <u>termine</u> la clase. = Te llamaré **en cuanto** <u>termine</u> la clase. = Te llamaré **tan pronto como** <u>termine</u> la clase.* 수업을 끝내자마자 너에게 전화할게.
*Vosotros os quitaréis los zapatos **antes (de) que** <u>entréis</u> al restaurante coreano.* 한국식당에 들어가기 전에 너희들은 신발을 벗을 거야.
*Mi familia y yo cenaremos **después (de) que** <u>lleguemos</u> a casa.* 나의 가족과 나는 집에 도착하고 나서 저녁식사를 할 거야.
*Los empleados estarán en la oficina **hasta que** <u>sean</u> las 6:00 p. m.* 직원들은 오후 6시가 될 때까지 사무실에 있을 것이다.
*Los estudiantes coreanos de intercambio hablarán español **mientras** <u>estén</u> en México.* 한국 교환학생들은 멕시코에 있는 동안 스페인어를 말할 것이다.

¤ "Apenas", "en cuanto" y "tan pronto como" son sinónimas.
'Apenas / en cuanto / tan pronto como(...하자마자)'는 모두 동의어이다.

¤ Gramaticalmente, la preposición "de" es opcional en "antes (de) que" y "después (de) que".
일반적으로 'antes (de) que'와 'después (de) que' 구문에 'de'의 사용은 선택적이다.

• Vocabulario 9.7 Las locuciones y las conjunciones seguidas del subjuntivo 접속법과 같이 쓰이는 구와 접속사들

1. Cuando 언제, ...하면
2. Apenas = En cuanto = Tan pronto como ...하자마자
3. Antes (de) que ...하기 전에
4. Después (de) que ...한 후에
5. Hasta que ...할 때까지
6. Mientras ...하는 동안

¤ ¡Vamos a practicar!

☼ Modelo

Nosotros jugar fútbol hasta que no haber luz solar
Nosotros jugaremos fútbol hasta que no haya luz solar. 우리는 햇빛이 없을 때까지 축구를 할 것이다.

1. Yo te llamar cuando poder hacerlo
2. Los niños ducharse apenas llegar a casa
3. Vosotros levantarse en cuanto escuchar la alarma del celular
4. Los estudiantes sentarse tan pronto como entrar al salón de clase
5. La esposa preparar la comida antes (de) que su esposo volver a casa
6. La señora regresar a su trabajo después (de) que su hijo nacer
7. Mis padres me esperar hasta que yo salir de la clase
8. El gato no pasear por el jardín mientras el perro estar ahí
9. Ud. usar su paraguas cuando llover
10. Yo te contestar apenas recibir tu e-mail
11. Los universitarios volver a su tierra natal en cuanto las vacaciones empezar
12. Tú cambiar tu celular tan pronto como tener dinero
13. Yo te enviar un mensaje de texto antes (de) que tú acostarse
14. Vosotros lavarse la cara después (de) que levantarse
15. El estudiante repasar la lección hasta que la entender
16. Las personas ponerse abrigos (코트) mientras hacer frío
17. Yo te decir el resultado (결과) apenas lo saber
18. El niño abrir el regalo en cuanto lo recibir

19. Nosotros comer tan pronto como poder
20. Los estudiantes entrar al salón de clase antes (de) que el profesor entrar
21. El profesor salir del salón de clase después (de) que todos los estudiantes salir
22. Yo vivir felizmente hasta que morir
23. Las personas nadar mientras hacer calor
24. Ellos cenar apenas ser las 6:00 p. m.
25. La clase comenzar en cuanto ser la 1:30 p. m.
26. Mi amigo me llamar tan pronto como necesitar mi ayuda (도움)
27. Ella aprender francés antes (de) que ir a París
28. Los empleados ir a un bar después (de) que terminar su trabajo
29. Vosotros esquiar en la montaña hasta que nevar
30. Él amar a su novia mientras vivir ♥

El propósito expresado con el subjuntivo en una oración subordinada 종속절에서 접속법으로 표현된 목적

¤ Como se sabe, para expresar el propósito se usa la preposición "para" seguida de un verbo en infinitivo. Ejemplos:

알려진 바와 같이 목적을 나타내기 위해서는 '전치사 para + 동사원형'이 사용된다. 예:

Nosotros estudiamos mucho ***para*** *sacar una buena nota.* 우리는 좋은 점수를 내기 위해 열심히 공부했었다.
El estudiante se acuesta temprano ***para*** *levantarse temprano.* 학생은 일찍 일어나기 위해 일찍 잠자리에 든다.
Algunos empleados trabajan horas extras ***para*** *ganar más dinero.* 일부 직원들은 돈을 더 벌기 위해 초과근무를 한다.

¤ Sin embargo, cuando la actividad principal es para un propósito de otro sujeto, se forma una oración subordinada con un sujeto diferente, en la cual el verbo deberá estar en subjuntivo precedido de "para que". Ejemplos:

그러나 문장의 주요행위가 다른 주어의 목적을 위한 것일 때에는 다른 주어를 가진 종속절이 형성되는데 이 종속절에서는 'para que' 뒤에 접속법 동사가 사용되어야 한다. 예:

Tú me das tu dirección ***para que*** *(yo) vaya a tu casa.* 내가 너의 집에 가도록 너는 네 주소를 나에게 준다.
La madre le da mucha leche a su hijo ***para que*** *(su hijo) crezca mucho.* 어머니는 그녀의 아들이 많이 자라도록 우유를 준다.
El profesor les da tarea a los estudiantes ***para que*** *(los estudiantes) repasen las lecciones.* 교수는 학생들이 강의들을 복습하도록 숙제를 내준다.

◘ ¡Vamos a practicar!

☼ Modelo

Yo te regalar una revista - tú no aburrirse en el avión
Yo te regalo una revista para que tú no te aburras en el avión. 네가 비행기에서 지루해하지 않도록 내가 너에게 잡지를 한 권 선물한다.

1. Tus padres te dar dinero - tú comprar tus libros
2. Los padres enviar a su hijo a un instituto de inglés - él aprender inglés
3. Tú me dar el libro - yo lo entregar a la biblioteca
4. Yo les comprar café a mis compañeros de clase - ellos no dormirse en clase
5. Yo les presentar a mi hermana - Uds. la conocer
6. Mi mamá me comprar unos tenis - yo hacer ejercicio
7. La profesora nos recomendar unas novelas (소설) - nosotros leer más
8. Yo os dar una invitación - vosotros ir a la boda
9. Tu papá te llevar al zoológico - tú ver a los animales
10. La madre les dar frutas a sus hijos - ellos comer sanamente y tener energía

¤ La pregunta adecuada para cuestionar el propósito de algo es "¿para qué?". Ejemplos:
어떤 것의 의도를 묻기 위한 적합한 질문은 '¿Para qué?(무엇을 위해?)'이다. 예:

¿Para qué vas al hospital? 너는 무엇을 위해 병원에 가니?
¿Para qué traéis esos libros? 너희들은 무엇을 위해 그 책들을 가져오니?
¿Para qué quieren las tijeras? 너희들은 무엇을 위해 가위를 원하니?

• Vocabulario 9.8 Los sustantivos relacionados con la salud 건강과 관련된 명사들

1. El estrés 스트레스
2. El gel desinfectante 소독용 젤
3. El jarabe 시럽
4. La botella de plástico para agua 플라스틱 물병
5. La cuerda de saltar 줄넘기 줄
6. La energía 에너지
7. La mascarilla 마스크
8. La medicina 약
9. La pastilla 알약
10. La vitamina 비타민

¡Vamos a practicar!

☼ **Modelo**

Este boleto - ir al teatro
Pregunta informal: *¿Para qué me das este boleto?*
무엇을 위해서 나에게 이 표를 주니?
Pregunta formal: *¿Para qué me da este boleto?*
무엇을 위해 이 표를 나에게 주십니까?
Respuesta informal: *Te lo doy para que vayas al teatro.*
네가 극장에 가도록 이 표를 주는 거야.
Respuesta formal: *Se lo doy para que vaya al teatro.*
당신이 극장에 가시도록 이 표를 드리는 겁니다.

1. Estas vitaminas - tener energía
2. Este gel desinfectante - limpiar las manos
3. Este té - no tener estrés
4. Esta pastilla - dormir bien
5. Este jarabe - no toser (기침하다)
6. Esta cuerda de saltar - hacer ejercicio
7. Esta medicina - aliviarse (회복하다)
8. Esta vitamina C - no tener resfriado
9. Esta mascarilla - cubrirse (덮다) la boca
10. Esta botella de plástico para agua - beber agua frecuentemente

El uso del subjuntivo para suposiciones negativas en presente o futuro 현재나 미래의 부정적인 추측을 나타내기 위한 접속법의 용법

• Vocabulario 9.9 Los verbos con preposición + infinitivo 뒤에 '전치사 + 동사원형' 이 오는 동사들

1. Aprender a ...하는 것을 배우다
2. Ayudar a ...하는 것을 돕다
3. Empezar a ...하는 것을 시작하다
4. Enseñar a ...하는 것을 가르치다
5. Volver a 다시 ... 하다
6. Dejar de ...하는 것을 그만두다
7. Terminar de ...하는 것을 끝내다
8. Tratar de ...하기를 시도하다
9. Insistir en ...하는 것을 집요하게 주장하다
10. Tardar en ...하는 것에 시간이 걸리다

¤ ¡Vamos a practicar!

Completa, correctamente, las siguientes oraciones con los verbos propuestos y después léelas en voz alta. No olvides conjugar los verbos en presente de indicativo.
다음의 문장들을 제시된 동사들을 사용하여 맞게 완성하고 큰 소리로 읽어 봅시다. 동사들을 직설법 현재로 활용시키는 것을 잊지 맙시다.

1. Los empleados ____________ ___ trabajar a las 5:30 p. m.
2. Los bebés ____________ ___ decir sus primeras palabras cuanto tienen un año.
3. Mi padre ____________ ___ fumar para mejorar su salud.
4. Los profesores ____________ ___ hablar español a los estudiantes.
5. Mis hermanos y yo ____________ ___ limpiar la casa a mi mamá.
6. El paciente ____________ ___ hablar con el doctor directamente. Por eso le ha llamado muchas veces a su oficina.
7. Nosotros ____________ ___ conducir en un instituto.
8. Tú ____________ ___ llegar a tu casa desde aquí una hora aproximadamente.
9. Ella ____________ ___ tomar la clase de gramática para mejorar su nota, porque sacó una mala nota antes.
10. Yo ____________ ___ hacer mi mejor esfuerzo (최선) siempre.

dejar de
aprender a
empezar a
ayudar a
volver a
terminar de
tratar de
enseñar a
insistir en
tardar en

¤ Cuando se hace una suposición negativa en presente o en futuro usando los verbos “creer”, “pensar” o “parecer”, se usa subjuntivo. Ejemplos:
‘creer(생각하다, 믿다)’, ‘pensar(생각하다)’, ‘parecer(...할 것 같다)’와 같은 동사들을 사용하여 현재나 미래의 부정적인 추측을 할 때에 접속법이 사용된다. 예:

*No **creo que** Ana venga.* 아나가 올 것 같지 않아.
*No **pensamos que** llueva.* 우리는 비가 올 것이라고 생각하지 않아.
*No me **parece que** ellos sean chinos.* 그 사람들이 중국인일 것 같지 않아.

¤ Hay que tener en cuenta que el verbo "parecer", en este caso, es un verbo afectivo como "gustar". Por eso hay que tener cuidado con el sujeto. Ejemplos:
이 경우에 'parecer'동사는 'gustar'동사와 같은 기호동사라는 것에 유의해야 한다. 그러므로 주어에 신경 써야 한다. 예:

No ***pienso que l****a situación* *<u>mejore</u>*. = *No me* ***parece que*** *la situación* *<u>mejore</u>*.
상황이 나아질 것 같지 않아.
No ***crees que*** *tus padres* *<u>sepan</u>* *la verdad.* = *No te* ***parece que*** *tus padres* *<u>sepan</u>* *la verdad.*
너는 너의 부모님께서 사실을 아실 것이라고 생각하지 않아.

¤ Asimismo, hay que tener en cuenta que cuando se hace una suposición "afirmativa" en presente o en futuro usando los verbos "creer", "pensar" o "parecer", se usa presente de indicativo o futuro según corresponda. Ejemplos:
또한 'creer(생각하다, 믿다)', 'pensar(생각하다)', 'parecer(...할 것 같다)'와 같은 동사들을 사용하여 현재나 미래의 긍정적인 추측을 할 때에는 상황에 맞게 직설법 현재나 미래가 사용된다. 예:

Crees que *tu amigo* *<u>va</u>* *a su entrevista de trabajo ahora.* 너는 네 친구가 지금 면접에 간다고 생각한다.
Mi mamá y yo ***pensamos que*** *mi papá* *<u>llegará</u>* *tarde a casa hoy.* 나의 엄마와 나는 오늘 아빠께서 집에 늦게 도착하실 것이라고 생각한다.
Me ***parece que*** *ahora* *<u>hace</u>* *buen tiempo, pero* ***pienso que*** *mañana* *<u>hará</u>* *mal tiempo.* 지금은 날씨가 좋은 것 같지만 내일은 날씨가 나쁠 것 같다.

¤ ¡Vamos a practicar!

☼ Modelo

Nosotros - <u>hacer</u> buen tiempo
Nosotros no creemos que haga buen tiempo. 우리는 날씨가 좋을 것이라고 생각하지 않는다.
Nosotros no pensamos que haga buen tiempo.
A nosotros no nos parece que haga buen tiempo.

1. El maestro de piano - la niña <u>aprender</u> a tocar el piano pronto
2. Mi papá - mi hermana le <u>ayudar</u> a cocinar a mi mamá
3. El jefe - sus empleados <u>empezar</u> a trabajar tarde
4. Yo - mi padre me <u>enseñar</u> a fumar
5. La profesora - yo <u>volver</u> a venir a clase sin el libro
6. Mi mamá - mi papá <u>dejar</u> de beber algún día
7. Tú - nosotros <u>terminar</u> de hacer la tarea pronto
8. Ud. - el chico <u>tratar</u> de levantarse temprano
9. Yo - mi hermano <u>insistir</u> en ir a la fiesta sin mí
10. Nosotros - Ud. <u>tardar</u> en llegar a su casa más de media hora

Expresiones y vocabulario a tener en cuenta en los diálogos 대화문에 나오는 유의해야 할 표현과 어휘들

El apoyo 지지, 응원
El cigarro 담배
El chicle 껌
El encendedor 라이터
El indígena 원주민
El reporte de ventas 판매보고서
La ayuda 도움
La comunidad 공동체
La lista 목록
La lista de vocabulario 어휘 목록
La postal 엽서
La postal virtual 전자엽서
Los apuntes 필기
Elegante 우아한
Estable ≠ Inestable 안정된 ≠ 불안정한
Fatal 치명적인, 지독히 나쁜

Estoy fatal. 나 지금 상태가 정말 안 좋아.
Nos fue fatal en el viaje. 여행에서 정말 안 좋았어.

Maldito 나쁜 녀석
Copiar 베껴 쓰다, 복사하다
Enojarse = Enfadarse 화나다, 화내다
Finalizar = Terminar 끝내다
Masticar 씹다
Mudarse 이사하다
Prestar 빌려주다
Retirarse = Jubilarse 은퇴하다
No hay prisa. 서두를 필요 없어요.
No ser tan + adjetivo 그렇게 ...하지 않다

La comida no es tan cara aquí. 여기는 음식이 그렇게 비싸지 않다.
Las chinas no son tan bajas. 중국여자들은 그렇게 키가 작지 않다.
Mis profesores no son tan estrictos. 나의 교수님들께서는 그렇게 엄하시지 않다.

Que te vaya bien. 잘 되길 바라.
Que le vaya bien. 잘 되길 바랍니다.
Que te vaya bien en + algo = Que tengas buena suerte en + algo ...가 잘 되길 바라 = ...에 행운을 빌어

Que te vaya bien en tu examen. = Que tengas suerte en tu examen. 네가 시험을 잘 보길 바라.

Que le vaya bien en + algo = Que tenga buena suerte en + algo ...가 잘 되길 바랍니다 = ...에 행운을 빕니다

Que le vaya bien en su viaje de negocios. = Que tenga suerte en su viaje de negocios. 출장에서 행운을 빕니다.

🎧 Diálogo #25 (En casa: un lunes por la mañana 집에서, 어느 월요일 아침에)

Hija: ¿Adónde vas tan elegante, papito?
Papá: A mi oficina. Hoy tengo una reunión de negocios muy importante.
Hija: Aquí tienes estos chicles, papito.
Papá: ¿Para qué me das estos chicles?
Hija: Te los doy para que dejes de fumar. Cuando quieras fumar, entonces masticas un chicle, ¿vale?
Papá: Pero no me gusta masticar chicle.
Hija: Entonces, te doy estos caramelos. No quiero que fumes, papito. Los doctores dicen que si fumas, morirás pronto. Yo no quiero que mueras pronto.
Papá: Está bien. Desde hoy, dejaré de fumar por ti. Aquí están mis cigarros y mi encendedor.
Hija: ¿De verdad? ¿Me prometes que no volverás a fumar?
Papá: Te lo prometo. ¿Quieres tomar un helado conmigo hoy por la tarde?
Hija: ¡Claro que sí!
Papá: Entonces, tan pronto como vuelva de la oficina, iremos por un helado.
Hija: ¡Eres el mejor papá del mundo!
Papá: Que te vaya bien en la escuela, princesita. ¡Hasta pronto!
Hija: Que tengas buena suerte en tu reunión de negocios, papito. Te quiero mucho. ♥♥♥

1. ¿Por qué el padre se puso ropa elegante hoy?

____

2. ¿Para qué le da caramelos la hija a su padre?

____

3. ¿Qué harán el padre y su hija en cuanto él regrese a casa?

____

Hija: 어디를 그렇게 멋지게 입고 가세요, 아빠?
Papá: 사무실에. 오늘 아주 중요한 사업 미팅이 있단다.
Hija: 여기, 껌 드릴게요, 아빠.
Papá: 왜 이 껌들을 나에게 주는 거니?
Hija: 금연하시라고 드리는 거에요. 담배피고 싶으실 때면 껌을 하나 씹으세요. 아셨죠?
Papá: 하지만 나는 껌 씹는 것을 좋아하지 않는걸.
Hija: 그러면 이 사탕들을 드릴게요. 아빠, 저는 아빠가 담배를 피우시지 않으셨으면 좋겠어요. 의사선생님들께서 아빠가 담배 피우시면 금방 돌아가실 거래요. 저는 아빠가 빨리 돌아가시지 않았으면 좋겠어요.
Papá: 알았다. 오늘부터 너를 위해 담배 피우는 것을 그만 둘게. 내 담배들이랑 라이터, 여기 있다.
Hija: 정말이요? 다시 담배 피우시지 않겠다고 제게 약속하세요?
Papá: 네게 약속하마. 오후에 나랑 아이스크림 먹고 싶니?
Hija: 당연하죠!
Papá: 그러면 내가 사무실에서 돌아오자 마자 아이스크림 먹으러 가자.
Hija: 아빠는 세상에서 제일 좋은 아빠에요!
Papá: 학교 잘 다녀 오렴, 공주님. 곧 보자!
Hija: 미팅에서 행운을 빌어요, 아빠. 정말 사랑해요. ♥♥♥

🎧 **Diálogo #26 (En la universidad: después de hacer un examen** 대학교에서, 시험을 본 후에)

Hyuna:	¡Hola, Pablo! ¿Cómo te fue en el examen de inglés?
Pablo:	Me fue fatal. Estudié muy poco y no contesté muchas preguntas. No creo que lo pase. ¿Y a ti?
Hyuna:	Me fue bien. Estudié durante una semana. De hecho, el examen no fue tan difícil para mí.
Pablo:	¿Cómo preparaste el examen?
Hyuna:	Hice estas listas de vocabularios. Te las doy para que las memorices.
Pablo:	¡Muchas gracias! ¿Quieres que te las devuelva?
Hyuna:	No, no es necesario. Si quieres, te presto mis apuntes también.
Pablo:	¡Excelente! Tan pronto como los copie, te los devolveré.
Hyuna:	Vale, pero no hay prisa.
Pablo:	¿Qué harás cuando termines tus clases hoy?
Hyuna:	Cuando termine mis clases, iré a la biblioteca para estudiar. ¿Y tú?
Pablo:	Nada en especial. ¿Puedo ir a la biblioteca contigo?
Hyuna:	Por supuesto. ¿A qué hora regresarás a casa?
Pablo:	Hasta que memorice tus listas de vocabularios y copie tus apuntes.
Hyuna:	Espero que termines pronto. ¡Ánimo!
Pablo:	Gracias por tu apoyo y por tu ayuda. Tú eres una excelente amiga.

1. ¿Cómo le fue a Hyuna en su examen de inglés?

____

2. ¿Qué tiene que devolverle Pablo a Hyuna?

____

3. ¿Cuándo volverá a casa Pablo?

____

Hyuna:	안녕, 빠블로! 영어 시험 어떻게 봤어?
Pablo:	완전히 망했어. 공부를 거의 안해서 많은 질문에 답하지 못했어. 시험을 통과하지 못할 것 같아. 너는 어땠어?
Hyuna:	나는 무척 잘 봤어. 일주일동안 공부했어. 사실, 나한테는 시험이 그렇게 어렵지 않았어.
Pablo:	시험을 어떻게 준비했니?
Hyuna:	이 어휘목록들을 만들었어. 네가 이것들을 암기하도록 줄게.
Pablo:	정말 고맙다! 내가 이것들을 너에게 돌려주기를 바라니?
Hyuna:	아니, 그러지 않아도 돼. 원한다면 내가 필기한 것도 빌려 줄게.
Pablo:	좋아! 필기 베끼자마자 돌려줄게.
Hyuna:	그래, 하지만 서두를 필요 없어.
Pablo:	오늘 수업 끝나고 뭐 할거야?
Hyuna:	수업 끝나면 공부하러 도서관에 갈 거야, 넌?
Pablo:	특별한 일 없는데. 너랑 같이 도서관에 가도 되니?
Hyuna:	물론이지. 집에 몇 시에 돌아 갈거야?
Pablo:	너의 어휘목록을 외우고 필기를 다 베껴 쓸 때까지 있다가.
Hyuna:	빨리 끝내길 바라. 힘내!
Pablo:	응원이랑 도움 고마워. 너는 정말 멋진 친구야.

🎧 Diálogo #27 (En una oficina 한 사무실에서)

Sehun:	Mañana tengo que ir a Colombia para ver a unos clientes.
Lucía:	Sí, ya lo sé. ¿Cuándo volverás?
Sehun:	En una semana. ¿Puedes contestar mi teléfono mientras yo no esté aquí?
Lucía:	Claro, no hay problema. Pero tienes que terminar el reporte de ventas antes de que salgas a Colombia.
Sehun:	Todavía no lo he terminado. Lo terminaré en cuanto regrese de mi viaje de negocios.
Lucía:	Entonces, tienes que hablar con nuestro director para que no se enoje.
Sehun:	No hay problema, yo hablaré con él sobre eso. De hecho, él y yo iremos a un café al terminar de trabajar hoy. ¿Quieres ir con nosotros?
Lucía:	Lo siento mucho. Al terminar de trabajar, tengo que ir a un restaurante porque tengo una cita a ciegas.
Sehun:	¡Guau! Por eso estás tan elegante hoy. ¿Estás nerviosa?
Lucía:	Un poco. Espero que el chico sea guapo, alto, rico y romántico. No me casaré hasta que encuentre un chico así.
Sehun:	Entonces, estarás soltera toda tu vida.
Lucía:	¡Maldito!
Sehun:	Es broma. Que tengas suerte en tu cita a ciegas. Nos vemos en una semana.
Lucía:	Que te vaya bien en tu viaje de negocios. ¡Hasta pronto!

1. ¿Qué quiere Sehun que Lucía haga mientras él no esté en la oficina?

____

2. ¿Qué hará Sehun cuando termine de trabajar hoy?

____

3. ¿Qué le desea Lucía a Sehun?

____

Sehun:	내일 일부 고객을 만나러 콜롬비아에 가야 해.
Lucía:	응, 이미 알아. 언제 돌아올거야?
Sehun:	일주일 내로. 내가 여기에 없는 동안 내 전화 받아줄 수 있니?
Lucía:	물론이지, 문제 없어. 하지만 너 콜롬비아로 떠나기 전에 판매 보고서 끝내야 해.
Sehun:	그거 아직 안 끝냈어. 출장 다녀 오자마자 끝낼게.
Lucía:	그럼 네가 팀장님 화 안내시게 팀장님이랑 얘기해야 해.
Sehun:	문제 없어, 이것에 대해서 팀장님과 얘기할게. 사실, 팀장님이랑 나랑 오늘 일 끝내고 카페에 갈건데. 우리랑 같이 가지 않을래?
Lucía:	정말 미안해. 일 끝나고 소개팅이 있어서 식당에 가야 해.
Sehun:	우와! 그래서 오늘 그렇게 우아하구나. 긴장돼?
Lucía:	조금. 그 남자가 미남에, 키 크고, 부자에다 로맨틱했으면 좋겠어. 그런 남자를 만나기 전까지는 결혼하지 않을 거야.
Sehun:	그러면 넌 평생 독신이겠구나.
Lucía:	나쁜 녀석아!
Sehun:	농담이야. 소개팅에서 행운을 빌어. 일주일 후에 보자.
Lucía:	출장 잘 다녀 와. 곧 보자!

Preguntas para repasar 복습을 위한 질문들

1. ¿Puedes mencionar dos americanismos del taíno en español?
2. ¿Puedes mencionar dos americanismos del náhuatl en español?
3. ¿Puedes mencionar dos americanismos del quechua en español?
4. ¿Cómo te va?
5. ¿Cómo te fue en el fin de semana pasado?
6. ¿Cómo te fue en tu examen pasado de gramática?
7. ¿Cuál es el sinónimo de "que tenga buena suerte en su cita a ciegas"?
8. ¿Cuál es el sinónimo de "que tengas buena suerte en tu entrevista de trabajo"?
9. ¿Cuál es el sinónimo de "que tengan buena suerte en sus negocios"?
10. ¿Cuál es el sinónimo de "que tengáis buena suerte en vuestra presentación"?
11. ¿Qué haces al llegar a casa normalmente?
12. ¿A quién le pides ayuda al tener un problema generalmente?
13. ¿Qué hace tu mamá al levantarse?
14. ¿Qué harás cuando recibas tu primer salario?
15. ¿Qué harás al salir de casa mañana?
16. ¿Qué harás cuando te gradúes?
17. ¿Qué harás al terminar tu universidad?
18. ¿Qué harás cuando te jubiles?
19. ¿Qué harás al retirarte?

20. ¿Qué harás apenas llegues a tu habitación?

21. ¿Qué harás en cuanto te levantes mañana?

22. ¿Qué hará tu papá tan pronto como llegue a casa?

23. ¿Qué harás antes (de) que te acuestes?

24. ¿Qué harán tus compañeros de clase después (de) que se gradúen?

25. ¿Dónde vivirás hasta que te gradúes?

26. ¿A dónde quieres viajar mientras seas estudiante?

27. ¿Para qué estudias español?

28. ¿Para qué contestas estas preguntas?

29. ¿Para qué te dan dinero tus padres?

30. ¿Para qué les regalan flores los chicos a las chicas?♥

31. ¿Para qué las madres les dan vitaminas a sus niños?

32. ¿Crees que nieva ahora en Venezuela? Respuesta: *No, no creo que...*

33. ¿Piensas que Juan dejará de fumar algún día? Respuesta: *No, no pienso que...*

34. ¿Te parece que ellos tratan de hacer su mejor esfuerzo? Respuesta: *No, no me parece que...*

35. ¿Crees que yo tarde en ir de Seúl a Suwon cuatro horas? Respuesta: *No, no creo que...*

Lectura #9

¡Hola! Me llamo Cristina y soy mexicana. Estudio en la Universidad Nacional Autónoma de México. Mi universidad es la más grande de México y de Latinoamérica. Estudio Medicina y me gusta mucho mi carrera. Voy a hablar acerca de mis planes en el futuro. Mientras estudie mi carrera, deseo viajar mucho con mis amigas y conocer muchos lugares de mi país. Vivo con mis padres y viviré con ellos hasta que termine mi carrera. Sin embargo, apenas me gradúe, me mudaré a un estudio pequeño para vivir sola. Asimismo, tan pronto como finalice mi carrera, quiero empezar a estudiar Pediatría. Deseo casarme con un buen hombre cuando tenga 30 años y quiero tener dos hijos. Sin embargo, antes de que me case, quiero trabajar en algunas comunidades indígenas para ayudar a los niños indígenas enfermos. En cuanto nazca mi primer hijo, buscaré un trabajo estable en algún buen hospital. Quiero trabajar hasta que tenga 60 años. Después de que me retire, viviré con mi esposo en una comunidad indígena para ayudar a más niños indígenas y haré eso hasta que yo muera. Espero que Dios me dé salud y una vida larga para poder servir a muchas personas. ☺

안녕! 내 이름은 크리스티나이고 나는 멕시코사람이야. 나는 멕시코 자치대학에서 공부해. 나의 대학교는 멕시코와 라틴아메리카에서 가장 큰 대학이야. 나는 의학을 공부하는데 나는 내 전공이 무척 좋아. 나의 미래 계획에 대해서 얘기해 볼게. 전공을 공부하는 동안에는 내 친구들과 많이 여행하고 우리나라의 많은 곳들을 알고 싶어. 나는 부모님과 살고 있고 공부를 마칠 때까지 부모님과 함께 살 거야. 그렇지만 졸업하고 바로 혼자 살기 위해 작은 원룸으로 이사할 거야. 또 공부를 마치자마자 소아과 학 공부를 시작하고 싶어. 30살이 되면 좋은 남자랑 결혼을 해서 두 명의 아이를 가지고 싶어. 하지만 결혼하기 전에 아픈 원주민 아이들을 돕기 위해서 몇몇의 원주민 공동체에서 일하고 싶어. 나의 첫 아이가 태어나면 바로 어느 좋은 병원에서 안정된 일자리를 찾을 거야. 나는 60살이 될 때까지 일하고 싶어. 퇴직한 후에는 더 많은 원주민 아이들을 돕기 위해서 내 남편과 원주민 공동체에서 살며 죽을 때까지 그 일을 할 거야. 많은 사람들에게 봉사할 수 있도록 신께서 내게 건강과 긴 인생을 주시길 바라. ☺

◘ Actividad de la lectura

Escribe, como Cristina, una composición acerca de tus planes en el futuro usando, mínimo una vez, "cuando", "apenas", "en cuanto", "tan pronto como", "antes (de) que", "después (de) que", "hasta que" y "mientras" con verbos en presente de subjuntivo.

적어도 한 번은 'cuando', 'apenas', 'en cuanto', 'tan pronto como', 'antes (de) que', 'después (de) que', 'hasta que', 'mientras'와 같은 구나 접속사들과 접속법 동사를 사용하여 크리스티나처럼 나의 미래 계획에 대한 작문을 해 봅시다.

Información de interés

Las lenguas indígenas americanas y los americanismos en el español

아메리카 토착어들과 스페인어에서 사용되는 아메리카 토착어 차용어들

Antes de la llegada de los españoles a América, se hablaban varios centenares de lenguas indígenas en ese continente. Desafortunadamente, la mayoría de ellas han ido desapareciendo con el pasar de los años. Desde que los españoles pisaron tierras americanas, empezó un intercambio cultural y el castellano comenzó a enriquecerse con palabras provenientes de las lenguas habladas en el Nuevo Mundo. Dichos términos son conocidos como americanismos.

에스파냐인들이 아메리카에 도착하기 전에 이 대륙에서는 수백 개의 다양한 토착어가 사용되고 있었다. 안타깝게도 이 언어들의 대부분은 시간이 지나면서 사라져 갔다. 에스파냐인들이 아메리카의 땅을 밟게 되었을 때부터 문화교류가 시작되었고 신대륙에서 사용되던 언어들에서 기원한 단어들과 함께 스페인어는 풍부해지기 시작했다. 이 언급된 단어들은 아메리카 토착어 차용어라고 알려져 있다.

Se dice que el primer americanismo incorporado al español fue la palabra "canoa", la cual fue registrada por Cristóbal Colón en su diario el 26 de octubre de 1492. Dicho término proviene del taíno que era la lengua indígena hablada en una parte de las Antillas (Cuba, Jamaica, República Dominicana, Haití y Puerto Rico) y las Bahamas. Actualmente, el taíno se considera una lengua muerta, pero le ha dejado muchas palabras importantes al español de herencia.

스페인어에 처음으로 들어온 토착어 차용어는 'canoa(카누)' 였다고 하는데 이 단어는 콜롬버스에 의해 그의 일기에 1492년 10월 26일에 기록되었다. 앞에 언급된 단어는 안티야(쿠바,

자메이카, 도미니카 공화국, 타히티, 푸에르토리코)의 일부 지역과 바하마에서 사용된 토착어인 따이노어에서 기원한다. 현재에 따이노어는 사어로 여겨지지만 많은 중요한 단어들을 스페인어에 유산으로 물려주었다.

Se podría decir que las cinco principales lenguas indígenas americanas en la actualidad son el quechua, el guaraní, el aimara, el náhuatl y el maya. De hecho, de estas cinco proviene la gran mayoría de los americanismos en el español. Se desconoce con exactitud el número exacto de hablantes de estas lenguas hoy en día, debido a que estos se encuentran bastante aislados y marginados.

오늘날의 다섯 개의 주요한 아메리카 토착어들은 께추아어, 과라니어, 아이마라어, 나우아뜰어, 마야어라고 말할 수 있다. 사실, 스페인어의 아메리카 토착어 차용어의 대부분이 이 다섯 개 언어들로부터 유래한다. 이 언어들의 구사자가 오늘날 몇이나 되는 지는 정확히 알지 못하는데 이는 이들이 매우 격리되어있고 소외되어 있기 때문이다.

Sin embargo, se estima que, en número de hablantes, la principal es el quechua con 10 millones de hablantes distribuidos en Argentina, Bolivia, Chile, Colombia, Ecuador y Perú. Le seguiría el guaraní con un total aproximado de 8 millones de personas que lo hablan en Argentina, Bolivia, Brasil y Paraguay. Después vendrían el náhuatl que es hablado en México y el aimara que es hablado Argentina, Bolivia, Chile y Perú; cada uno de estos dos idiomas con un total aproximado de 2 millones de hablantes. Por último, estaría el maya con 1 millón de personas distribuidas en Belice, Guatemala y México.

그러나 이 언어 구사자들의 수 중에서 대부분은 아르헨티나, 볼리비아, 칠레, 콜롬비아, 에콰도르, 페루에 분포되어 있는 천만 명의 구사자를 가진 께추아어가 차지하는 것으로 추산된다. 두 번째로는 아르헨티나, 볼리비아, 브라질, 파라과이에 총 약 팔백만 명 정도의 구사자가 있는 과라니어가 있다. 다음으로는 멕시코에서 사용되는 나우아뜰어와 아르헨티나, 볼리비아, 칠레, 페루에서 사용되는 아이마라어가 있는데, 이 두 언어들은 각각 총 약 이백만 명의 구사자를 가지고 있다. 마지막으로는 벨리스, 과테말라, 멕시코에 분포된 백만 명의 구사자들을 가지고 있는 마야어가 있다.

Lamentablemente, con la modernidad las poblaciones indígenas del mundo van desapareciendo. Es por eso que cada vez más aparecen lenguas muertas; lo cual es una pena porque cada vez que desaparece un idioma, se pierde una visión del mundo especial que tardó cientos de años en formarse.☹

유감스럽게도 현대화와 함께 세계의 원주민 인구는 점점 사라지고 있다. 이것이 점점 더 많은 사어들이 나타나는 이유이고 이는 안타까운 일이 아닐 수 없다. 한 언어가 사라질 때마다, 형성되는 데에 수백 년이 걸렸던 한 특별한 세계관이 사라지는 것이기 때문이다.☹

¡Actividad especial!

Vamos a enviar una postal virtual
전자엽서를 보내 봅시다

Durante la clase, tu profesor/profesora va a darle pedacito de papel en blanco a cada estudiante. Cada estudiante deberá escribir en ese pedacito de papel su nombre y su dirección de correo electrónico. Después cada estudiante doblará su pedacito de papel y se lo regresará al profesor/a la profesora. Después tu profesor/profesora le dará un papelito doblado a cada estudiante, el cual tendrá a su amigo secreto. Para antes de la siguiente clase, tienes que cumplir los siguientes puntos. Márcalos después de cumplirlos.

수업시간 동안에 당신의 교수님은 각 학생에게 백지 조각을 하나씩 줄 것입니다. 각 학생은 그 종이조각에 자신의 이름과 이메일을 적어야 합니다. 그 후에 각 학생은 종이조각을 반으로 접어서 교수님께 돌려드립니다. 그리고 나면 교수님이 반으로 접힌 종이조각을 각 학생들에게 나누어주는데 이 종이에는 여러분의 비밀 친구가 적혀있을 것입니다. 다음 수업 전 까지 다음의 항목들을 완수해야 합니다. 항목들을 완수한 후에 체크하세요.

☐ 1. Ve algunos sitios de Internet para enviar postales/tarjetas virtuales en español gratis. Se recomiendan los siguientes:

무료로 스페인어로 된 전자엽서를 보낼 수 있도록 인터넷에서 사이트에 접속해 봅시다. 다음의 사이트들이 권장됩니다.

http://www.tarjetasbubba.com
http://www.gusanito.com
http://www.correomagico.com
http://www.kisseo.es
http://www.tuparada.com
http://tarjetasnico.com

☐ 2. Selecciona una postal adecuada para tu amigo y escribe un pequeño mensaje de amistad con su nombre.

비밀친구에게 알맞은 전자엽서를 하나 고르고 자신의 이름과 함께 짧은 우정의 메시지를 적습니다.

☐ 3. Envía a tu amigo una postal a la dirección de correo electrónico que recibiste en clase.

수업시간에 받은 이메일로 친구에게 엽서를 전송합니다.

☐ 4. Toma una foto con tu teléfono inteligente de la postal al enviarla y muestra la foto a tu profesor/profesora en la siguiente clase. La foto será la evidencia de que hiciste tu tarea.

전송할 때 스마트폰으로 엽서의 사진을 찍고 다음 수업시간에 교수님께 사진을 보여 드립니다. 사진은 숙제를 했다는 증거가 될 것입니다.

☐ 5. Tú también recibirás una postal del estudiante que tomó el pedacito de papel donde escribiste tu nombre y dirección de correo electrónico. Cuando recibas esa postal, no olvides contestarla con otra postal.

당신 또한 당신의 이름과 이메일을 적은 종이를 받은 학생으로부터 전자엽서를 받게 될 것입니다. 그 엽서를 받으면 다른 엽서로 답장을 보내는 것을 잊지 맙시다.

Recuerda que cada amigo que tenemos es una bendición que recibimos. ☺
우리가 가지고 있는 친구들은 각각 우리가 받는 축복이라는 것을 기억합시다. ☺

Listas de vocabularios para memorizar

• Vocabulario 9.1 Las principales lenguas indígenas americanas 주요 아메리카토착어	
El aimara	아이마라어
El guaraní	과라니어
El maya	마야어
El náhuatl	나우아뜰어
El quechua	께추아어
El taíno	따이노어

• Vocabulario 9.2 Los americanismos del taíno en el español 스페인어의 따이노어 차용어	
El ají	고추
El caimán	카이만악어
El huracán	허리케인
El loro	앵무새
El maíz	옥수수
El maní	땅콩
La barbacoa	바비큐
La canoa	카누
La hamaca	해먹
La iguana	이구아나

• Vocabulario 9.3 Los americanismos del náhuatl en el español 스페인어의 나우아뜰어 차용어	
El aguacate	아보카도
El cacahuate	땅콩
El cacao	카카오
El chicle	껌
El chile	고추
El chocolate	초콜릿
El coyote	코요테
El nopal	노팔선인장
El tomate	토마토
La tiza	분필, 초크

• Vocabulario 9.4 Los americanismos del quechua en el español 스페인어의 께추아어 차용어	
El caucho	고무
El cóndor	콘도르 (콘도르과의 큰 새)
El mate	마테차
El puma	퓨마
La cancha	경기장
La carpa	(서커스 등의) 큰 천막
La coca	코카 잎
La llama	야마
La pampa	대초원
La papa	감자

• Vocabulario 9.5 Los americanismos de otras lenguas en el español 스페인어의 다른 아메리카 토착어 차용어	
El cenote (maya)	천연 지하 저수지
El cigarro (maya)	담배
El jaguar (guaraní)	재규어
La piraña (guaraní)	피라냐
La alpaca (aimara)	알파카

• Vocabulario 9.6 Las reuniones de personas 사람들이 모이는 경우	
El bautizo	세례식
El evento	이벤트
El funeral	장례식
La boda	결혼식
La cita a ciegas	소개팅
La cita con + alguien	누군가와의 데이트
La comida	식사
La fiesta de cumpleaños	생일파티
La misa	미사
La reunión = La junta	회의

• Vocabulario 9.7 Las locuciones y las conjunciones seguidas del subjuntivo 접속법과 같이 쓰이는 구와 접속사들	
Cuando	언제, ...하면
Apenas = En cuanto = Tan pronto como	...하자마자
Antes (de) que	...하기 전에
Después (de) que	...한 후에
Hasta que	...할 때까지
Mientras	...하는 동안

• Vocabulario 9.8 Los sustantivos relacionados con la salud 건강과 관련된 명사들	
El estrés	스트레스
El gel desinfectante	소독용 젤
El jarabe	시럽
La botella de plástico para agua	플라스틱 물병
La cuerda de saltar	줄넘기 줄
La energía	에너지
La mascarilla	마스크
La medicina	약
La pastilla	알약
La vitamina	비타민

• Vocabulario 9.9 Los verbos con preposición + infinitivo 뒤에 '전치사 + 동사원형' 이 오는 동사들	
Aprender a	...하는 것을 배우다
Ayudar a	...하는 것을 돕다
Empezar a	...하는 것을 시작하다
Enseñar a	...하는 것을 가르치다
Volver a	다시 ... 하다
Dejar de	...하는 것을 그만두다
Terminar de	...하는 것을 끝내다
Tratar de	...하기를 시도하다
Insistir en	...하는 것을 집요하게 주장하다
Tardar en	...하는 것에 시간이 걸리다

• Expresiones y vocabulario a tener en cuenta en los diálogos 대화문에 나오는 유의해야 할 표현과 어휘들	
El apoyo	지지, 응원
El cigarro	담배
El chicle	껌
El encendedor	라이터
El indígena	원주민
El reporte de ventas	판매보고서
La ayuda	도움
La comunidad	공동체
La lista	목록
La lista de vocabulario	어휘 목록
La postal	엽서
La postal virtual	전자엽서
Los apuntes	필기
Elegante	우아한
Estable ≠ Inestable	안정된 ≠ 불안정한
Fatal	치명적인, 지독히 나쁜
Maldito	나쁜 녀석
Copiar	베껴 쓰다, 복사하다
Enojarse = Enfadarse	화나다, 화내다
Finalizar = Terminar	끝내다
Masticar	씹다
Mudarse	이사하다
Prestar	빌려주다
Retirarse = Jubilarse	은퇴하다
No hay prisa.	서두를 필요 없어요.
No ser tan + adjetivo	그렇게 ...하지 않다
Que te vaya bien.	잘 되길 바라.
Que le vaya bien.	잘 되길 바랍니다.
Que te vaya bien en + algo = Que tengas buena suerte en + algo	...가 잘 되길 바라 = ...에 행운을 빌어
Que le vaya bien en + algo = Que tenga buena suerte en + algo	...가 잘 되길 바랍니다 = ...에 행운을 빕니다

Notas

LECCIÓN 10

¿Es mandona tu mamá?

Práctica oral de estructuras gramaticales
〉〉〉〉문법 구조 말로 연습하기〈〈〈〈

La frecuencia 빈도

¤ Las expresiones "al día", "cada día" y "en un día" se consideran sinónimas en español. Sin embargo, entre los hispanohablantes, "al día" es más usual porque es más corta y cómoda.

스페인어로 'al día(하루에)', 'cada día(매일)', 'en un día(하루에)'의 표현들은 모두 동의어로 여겨진다. 그러나 원어민들 사이에서는 'al día'가 제일 많이 사용되는데 이는 이 표현이 가장 짧고 편하기 때문이다.

¤ ¡Vamos a practicar!

☼ Modelo

Yo beber dos litros de agua - un día
Yo bebo dos litros de agua al día. 나는 하루에 2리터의 물을 마신다.
Yo bebo dos litros de agua cada día. 나는 날마다 2리터의 물을 마신다.
Yo bebo dos litros de agua en un día. 나는 하루에 2리터의 물을 마신다.

1. Los empleados trabajar 40 horas - una semana
2. Mi familia y yo ir a la casa de mis abuelos dos - un mes
3. Mi padre tener 10 días de vacaciones - un año

• Vocabulario 10.1 Varios lugares 여러 장소들

1. El ayuntamiento 시청
2. El taller 수리점, 공방, 교습소
3. La catedral 대성당
4. La estación de bomberos 소방서
5. La oficina de impuestos 세무서
6. La oficina de inmigración 출입국사무소
7. La sauna 사우나
8. La terminal de autobuses 버스터미널

9. La terminal de trenes 기차역
10. El cementerio 묘지

※ Las preguntas "¿cuántas veces va al mercado tu mamá al mes?" y "¿cada cuándo va al mercado tu mamá?" parecen similares, pero se contestan de diferente manera. Ejemplos:
'너의 엄마께서는 한 달에 몇 번 시장에 가시니?', '너의 엄마께서는 얼마나 자주 시장에 가시니?'와 같은 질문들은 비슷하게 보이지만 각각 다른 방법으로 대답해야 한다. 예:

Pregunta: *¿**Cuántas veces** va al mercado tu mamá **al mes**?* 너의 엄마께서는 한 달에 몇 번 시장에 가시니?
Respuesta: *Mi mamá va al mercado cuatro **veces al mes**.* 나의 엄마께서는 한 달에 네 번 시장에 가셔.
Pregunta: *¿**Cada cuándo** va al mercado tu mamá?* 너의 엄마께서는 얼마나 자주 시장에 가시니?
Respuesta: *Mi mamá va al mercado **cada** semana.* 나의 엄마께서는 매주 시장에 가셔.

◘ ¡Vamos a practicar!

☼ Modelo

Lavarse los dientes un día - tres veces
Pregunta informal: *¿Cuántas veces te lavas los dientes al día?* 하루에 몇 번 양치하니?
Pregunta formal: *¿Cuántas veces se lava los dientes al día?* 하루에 몇 번 양치하세요?
Respuesta: *Me lavo los dientes tres veces al día.* 하루에 세 번 양치합니다.

1. Bañarse una semana - dos veces
2. Ir a la sauna un mes - tres veces
3. Llevar el coche al taller un año - una vez
4. Visitar la casa de tus/sus abuelos un año - cuatro veces
5. Visitar a tus/sus abuelos un año - cuatro veces

◘ ¡Vamos a practicar!

☼ Modelo

Ir al cine - cada dos semanas
Pregunta informal: *¿Cada cuándo vas al cine?* 얼마나 자주 영화관에 가니?
Pregunta formal: *¿Cada cuándo va al cine?* 얼마나 자주 영화관에 가세요?
Respuesta: *Voy al cine cada dos semanas.* 격주로 영화관에 갑니다.

1. Ir de compras al centro comercial - cada mes
2. Comer pollo frito - cada tres semanas
3. Ir a la catedral - cada seis meses
4. Planchar tu/su ropa - cada cinco días
5. Visitar al dentista - cada año

■ **¡Vamos a practicar!**

☼ **Modelo**

Ducharse - dos veces un día
Pregunta informal: *¿Cuántas veces te duchas al día?* 하루에 몇 번 샤워하니?
Respuesta: *Me ducho dos veces al día.* 하루에 두 번 샤워해.
Pregunta informal: *¿Cada cuándo te duchas?* 얼마나 자주 샤워하니?
Respuesta: *Me ducho cada 12 horas.* 12시간마다 샤워해.

Beber soju - cuatro veces un mes
Pregunta informal: *¿Cuántas veces bebes soju al mes?* 한 달에 몇 번 소주를 마시니?
Respuesta: *Bebo soju cuatro veces al mes.* 한 달에 네 번 소주를 마셔.
Pregunta informal: *¿Cada cuándo bebes soju?* 얼마나 자주 소주를 마시니?
Respuesta: *Bebo soju cada semana.* 매 주 소주를 마셔.

1. Visitar las tumbas (무덤) de tus ancestros - dos veces un año
2. Conversar con tu madre - siete veces una semana
3. Ir a la oficina de impuestos - una vez un año
4. Comer comida china - dos veces un mes
5. Ir al teatro - tres veces un año

El uso del subjuntivo para peticiones 소망을 나타내기 위한 접속법의 용법

¤ Como sabemos, uno de los sentidos del subjuntivo es expresar el deseo de que alguien realice una determinada acción. Es por eso que los verbos "pedir que", "exigir que" y "prohibir que", cuando expresan una petición, van seguidos de verbos conjugados en subjuntivo. Ejemplos:
우리가 아는 바와 같이 접속법이 가지고 있는 의미들 중 하나는, 누군가가 특정한 행위를 하기를 바라는 마음을 나타내는 것이다. 이것이 'pedir que(…하기를 부탁하다)', 'exigir que(…하기를 요구/강요하다)', 'prohibir que(…하는 것을 금지하다)'와 같은 동사들이 어떠한 바람을 나타낼 때 que절에 접속법 동사가 오는 이유이다. 예:

Yo te ***pido que*** *me digas la verdad.* 네가 내게 진실을 말하기를 부탁해.
Nuestro profesor nos ***exige que*** *lleguemos a tiempo a la clase.* 우리의 교수님께서는 우리가 수업에 제 시간에 도착하도록 요구하신다.
El policía os ***prohíbe que*** *fuméis en la calle.* 경찰은 너희가 길에서 담배 피우는 것을 금한다.

¡Vamos a practicar!

☼ **Modelo**

Tu jefe te prohibir que comer en la oficina
Tu jefe te prohíbe que comas en la oficina. 너의 상사는 네가 사무실에서 식사하는 것을 금지한다.

1. El dentista me pedir que lo visitar cada seis meses
2. Vuestros maestros os exigir que hacer la tarea
3. Mi padre me prohibir que beber mucho alcohol
4. Yo te pedir que me ayudar a limpiar mi cuarto
5. Nuestro jefe nos exigir que terminar el reporte hoy
6. Los profesores nos prohibir que usar el celular durante la clase
7. Mi madre me pedir que levantarse temprano
8. Yo os exigir que me respetar
9. La profesora nos prohibir que salgar del salón de clase durante la clase
10. Ud. me pedir que ir a su fiesta
11. Yo te exigir que me devolver mi libro
12. Mi madre me prohibir que entrar a la casa con zapatos
13. Uds. nos pedir que no hacer ruido
14. Tu jefe te exigir que arreglar tu escritorio
15. Los profesores nos prohibir que hablar en coreano durante la clase
16. Yo os pedir que venir a mi casa
17. Ud. me exigir que le dar una explicación (설명)
18. Tus profesores te prohibir que jugar durante la clase
19. Yo les pedir que sentarse en estas sillas
20. Mis padres me exigir que volver a casa temprano

El uso del subjuntivo como imperativo negativo
부정명령으로써의 접속법

¤ La conjugación del presente de subjuntivo aplica para el modo imperativo negativo en el idioma español. Sin embargo, dado que el imperativo negativo implica una orden negativa que un sujeto da a otro directamente, no existe conjugación para "yo", "él/ella" ni "ellos/ellas". Lo anterior dado que es imposible que una persona se ordene a sí misma o a otra a la que no le habla directamente. Es decir, solo aplica para "tú", "Ud.", "nosotros", "vosotros" y "Uds.". Ejemplos:

스페인어에서 동사의 접속법 현재활용형은 부정명령법에 적용할 수 있다. 그러나 부정명령이 한 주어가 타인에게 직접적으로 하는 것이기 때문에 'yo', 'él/ella', 'ellos/ellas'에 해당하는 활용형이 존재하지 않는다. 이는 누군가가 자기 자신에게 명령하거나, 직접적으로 말을 할 수 없는 상대에게 명령하는 것이 불가능하기 때문이다. 즉, 부정명령은 'tú', 'Ud.', 'nosotros', 'vosotros', 'Uds.'의 경우에만 적용 가능하다. 예:

	Fumar	Beber	Discutir (논쟁하다)
Yo	---	---	---
Tú	no fum**es**	no beb**as**	no discut**as**
Ud.	no fum**e**	no beb**a**	no discut**a**
Nosotros	no fum**emos**	no beb**amos**	no discut**amos**
Vosotros	no fum**éis**	no beb**áis**	no discut**áis**
Uds.	no fum**en**	no beb**an**	no discut**an**

¤ La conjugación del presente de subjuntivo de los verbos irregulares se mantiene también en el modo imperativo negativo. Ejemplos:
부정명령법에서도 접속법 현재 불규칙 동사들의 활용형은 유지된다. 예:

	Comenzar	Hacer	Pedir
Yo	---	---	---
Tú	no comienc**es**	no hag**as**	no pid**as**
Ud.	no comienc**e**	no hag**a**	no pid**a**
Nosotros	no comenc**emos**	no hag**amos**	no pid**amos**
Vosotros	no comenc**éis**	no hag**áis**	no pid**áis**
Uds.	no comienc**en**	no hag**an**	no pid**an**

◘ ¡Vamos a conjugar en imperativo negativo!
동사를 부정명령형으로 활용시켜봅시다!

• Vocabulario 10.2 Verbos para practicar conjugación en imperativo negativo
부정명령 활용 연습을 위한 동사들

1. Asustar 놀라게 하다
2. Ensuciar 더럽히다
3. Escupir 내뱉다
4. Golpear 때리다
5. Gritar 소리지르다
6. Llorar 울다
7. Molestar 방해하다
8. Prometer 약속하다
9. Romper 부수다
10. Sufrir 고통받다

• Vocabulario 10.3 Lista de sustantivos para practicar II 연습을 위한 명사 목록 II

1. El camarero = El mesero 웨이터
2. El caramelo = El dulce 사탕
3. El dueño 주인
4. El paciente = El enfermo 환자
5. La chatarra 고철
6. La comida chatarra 정크푸드
7. La comida rápida 패스트푸드
8. La droga 마약
9. La enfermera 간호사
10. La pastilla 알약

◘ ¡Vamos a practicar!

☼ Modelo

Una mamá le dice a su hijo:
No comer comida chatarra
"No comas comida chatarra". 정크푸드를 먹지 마.

1. No jugar videojuegos mucho tiempo
2. No ver mucho la tele
3. No navegar mucho en Internet
4. No golpear a tu hermano menor
5. No comprar muchos caramelos

◘ ¡Vamos a practicar!

☼ Modelo

Un doctor le dice a su paciente:
No fumar porque es malo para su salud
"No fume porque es malo para su salud". 건강에 나쁘니 담배 피우지 마세요.

1. No beber mucho alcohol
2. No trabajar demasiado (너무)
3. No olvidar tomar sus pastillas
4. No comer comida rápida
5. No dormir poco

◘ ¡Vamos a practicar!

☼ **Modelo**

Un profesor les dice a sus alumnos:
No olvidar hacer la tarea
"No olvidéis hacer la tarea". 숙제 하는 것을 잊지 말아라.

1. No llegar tarde a clase
2. No usar el celular durante la clase
3. No ensuciar el salón de clase
4. No venir a la clase sin el libro
5. No gritar en el salón de clase

¤ En los países hispanos, generalmente, los jefes les hablan de Ud. a sus empleados sin importar que estos sean menores.
스페인어 문화권 국가들에서는, 일반적으로, 상사들이 직원들의 나이가 더 적은 것에 관계 없이 존댓말을 쓴다.

◘ ¡Vamos a practicar!

☼ **Modelo**

Un dueño de un restaurante les dice a sus meseros:
No trata mal a los clientes
"No traten mal a los clientes". 고객들에게 나쁘게 응대하지 마세요.

1. No ser groseros con los clientes
2. No llegar tarde al trabajo
3. No romper los platos ni las copas
4. No servir la comida fría
5. No cerrar el restaurante antes de las 10:00 de la noche

¤ La conjugación del presente del subjuntivo se mantiene para el modo imperativo negativo en los verbos reflexivos también, poniendo la partícula reflexiva (me, te, se, nos, os, se) después de "no". Ejemplos:
재귀동사들의 접속법 현재 활용형은 부정명령법에서도 'no' 뒤에 재귀대명사(me, te ,se, nos, os, se)를 포함하며 유지된다. 예:

	Enfermarse	**Ponerse**	**Dormirse**
Yo	---	---	---
Tú	no ***te*** enferm**es**	no ***te*** pong**as**	no ***te*** duerm**as**
Ud.	no ***se*** enferm**e**	no ***se*** pong**a**	no ***se*** duerm**a**
Nosotros	no ***nos*** enferm**emos**	no ***nos*** pong**amos**	no ***nos*** durm**amos**
Vosotros	no ***os*** enferm**éis**	no ***os*** pong**áis**	no ***os*** durm**áis**
Uds.	no ***se*** enferm**en**	no ***se*** pong**an**	no ***se*** duerm**an**

▫ ¡Vamos a conjugar en imperativo negativo!

동사를 부정명령형으로 활용시켜봅시다!

• Vocabulario 10.4 Verbos reflexivos para practicar conjugación en imperativo negativo 부정명령 활용 연습을 위한 재귀동사들

1. Desanimarse 낙담하다
2. Desesperarse = Impacientarse 초조해하다
3. Drogarse* (drogue) = Consumir drogas 마약 하다
4. Emborracharse 취하다
5. Enojarse = Enfadarse 화나다, 화내다
6. Ensuciarse (스스로를) 더럽히다
7. Equivocarse* (equivoque) 실수하다
8. Estresarse 스트레스를 받다
9. Irse* (vaya) 떠나다
10. Preocuparse 걱정하다
11. Rendirse* (rinda) 포기하다, 굴복하다
12. Suicidarse 자살하다

▫ ¡Vamos a practicar!

☼ Modelo

Un padre le dice a su hijo: / Un padre les dice a sus hijos:
No desanimarse; todo va a estar bien
"No te desanimes; todo va a estar bien". 낙담하지 마. 다 괜찮을 거야.
"No os desaniméis; todo va a estar bien". 낙담하지 마. 다 괜찮을 거야.

1. No drogarse nunca
2. No levantarse tarde
3. No equivocarse en el examen
4. No estresarse; todo va a estar bien
5. No casarse antes de terminar la universidad

▫ ¡Vamos a practicar!

☼ Modelo

Una enfermera le dice a su paciente: / Una enfermera les dice a sus pacientes:
No preocuparse; todo va a estar bien
"No se preocupe; todo va a estar bien". 걱정하지 마세요. 다 괜찮을 거에요.
"No se preocupen; todo va a estar bien". 걱정하지 마세요. 다 괜찮을 거에요.

1. No acostarse tarde
2. No dormirse con la ventana abierta
3. No levantarse de la cama
4. No impacientarse; pronto volverá/volverán a casa
5. No desesperarse; pronto regresará/regresarán a casa

Los verbos regulares en imperativo 명령형 규칙동사들

¤ En el idioma español existe también una conjugación especial de imperativo para expresar órdenes afirmativas. Al igual que el imperativo negativo, en el imperativo no existe conjugación para "yo", "él/ella" ni "ellos/ellas". Esto debido a que es imposible que una persona se ordene a sí misma o a otra a la que no le habla directamente. Es decir, solo aplica para "tú", "Ud.", "nosotros", "vosotros" y "Uds.". Vamos a aprender la conjugación en imperativo de los verbos regulares.

스페인어에는 긍정명령을 나타내기 위한 특별한 활용형도 존재한다. 부정명령과 마찬가지로, 긍정명령에서도 'yo', 'él/ella', 'ellos/ellas'에 해당하는 활용형이 존재하지 않는다. 이는 누군가가 자기 자신에게 명령하거나, 직접적으로 말을 할 수 없는 상대에게 명령하는 것이 불가능하기 때문이다. 즉, 'tú', 'Ud.', 'nosotros', 'vosotros', 'Uds.'의 경우에만 적용 가능하다. 규칙동사들의 긍정명령 활용형을 배워보도록 하자.

	…ar	**…er**	**…ir**
Yo	---	---	---
Tú	…a	…e	…e
Ud.	…e	…a	…a
Nosotros	…emos	…amos	…amos
Vosotros	…ad	…ed	…id
Uds.	…en	…an	…an

	Estudiar	**Leer**	**Escribir**
Yo	---	---	---
Tú	estudi**a**	le**e**	escrib**e**
Ud.	estudi**e**	le**a**	escrib**a**
Nosotros	estudi**emos**	le**amos**	escrib**amos**
Vosotros	estudi**ad**	le**ed**	escrib**id**
Uds.	estudi**en**	le**an**	escrib**an**

• Vocabulario 10.5 Verbos para practicar conjugación regular en imperativo 명령형 규칙활용 연습을 위한 동사들

1. Aplaudir 박수 치다
2. Asistir 참가하다
3. Comprender 이해하다
4. Empujar 밀치다
5. Jalar 잡아당기다
6. Mandar 명령하다, 보내다
7. Ordenar 명령하다, 주문하다, 정리/조직하다
8. Preguntar 질문하다
9. Prestar atención 주목하다
10. Recibir 받다
11. Respirar 숨쉬다
12. Responder = Contestar 답하다

◘ **¡Vamos a conjugar en imperativo!** 동사를 명령형으로 활용시켜봅시다!

1. Aplaudir a los actores
2. Asistir a la clase
3. Comprender lo que explica el profesor
4. Empujar la puerta
5. Jalar la puerta
6. Mandar la carta
7. Ordenar la comida
8. Preguntar la dirección (주소)
9. Prestar atención
10. Recibir el regalo
11. Respirar profundamente (깊게)
12. Responder la pregunta
13. Contestar el teléfono
14. Imprimir el reporte
15. Hablar en voz alta
16. Vivir intensamente (강렬하게)
17. Correr una hora al día
18. Subir la montaña
19. Beber dos litros de agua al día
20. Comer sanamente (건강하게)

Los verbos irregulares en imperativo 명령형 불규칙동사들

¤ El imperativo de "vosotros" se forma poniendo una "d" en lugar de la "r" final del verbo en infinitivo. Asimismo, "vosotros" es la única persona cuya conjugación en imperativo siempre es regular en todos los verbos existentes en español.

'vosotros'의 명령형은 동사원형 끝의 'r'대신에 'd'를 써서 만들어진다. 또한 'vosotros'는 명령법에서 스페인어에 존재하는 모든 동사의 활용이 항상 규칙적인 단 하나의 인칭이다.

¤ Todos los verbos con terminación "zar", "car", "gar" y "ger" serán irregulares en imperativo, puesto que hay que hacer algunos cambios en las consonantes para mantener su escritura ortográfica correcta y el sonido correspondiente. Ejemplos:

'zar', 'car', 'gar', 'ger'로 끝나는 모든 동사들은 정확한 문법적 표기와 알맞은 소리를 유지하기 위해 자음변화가 일어나기 때문에 명령형이 불규칙하다. 예:

	Organizar	**Atacar**	**Dialogar**	**Escoger**
Yo	---	---	---	---
Tú	organiz**a**	atac**a**	dialog**a**	escog**e**
Ud.	organi*c***e**	ata*qu***e**	dialog*u***e**	esco*j***a**
Nosotros	organi*c***emos**	ata*qu***emos**	dialog*u***emos**	esco*j***amos**
Vosotros	organiz**ad**	atac**ad**	dialog**ad**	escog**ed**
Uds.	organi*c***en**	ata*qu***en**	dialog*u***en**	esco*j***an**

• Vocabulario 10.6 Verbos con terminación "zar", "car", "gar" y "ger" irregulares en imperativo 'zar', 'car', 'gar', 'ger'로 끝나며 명령형이 불규칙한 동사들

1. Abrazar 껴안다
2. Adelgazar 날씬해지다
3. Cruzar 건너다
4. Aparcar 주차하다
5. Secar 말리다
6. Conjugar 동사를 활용하다
7. Entregar 제출하다
8. Madrugar 일찍 일어나다
9. Proteger 보호하다
10. Recoger 줍다, (열매 등을) 따다

◘ ¡Vamos a conjugar en imperativo! 동사를 명령형으로 활용시켜봅시다!

1. Abrazar a los abuelos
2. Adelgazar dos kilos
3. Cruzar la calle cuidadosamente (조심스럽게)
4. Aparcar el coche
5. Secar la ropa en la secadora
6. Conjugar los verbos correctamente
7. Entregar la tarea a tiempo
8. Madrugar todos los días
9. Proteger la naturaleza (자연)
10. Recoger los lápices del suelo (바닥)

¤ Hay algunos verbos en español con terminación "uar" e "iar", además de los verbos "prohibir" y "reunir", que son un poco irregulares tanto en presente de indicativo como en imperativo, dado que llevan tildes gramaticales para mantener el sonido adecuado. Ejemplos:
스페인어에는 적합한 소리를 유지하기 위해 사용되는 문법적 띨데로 인하여 직설법 현재형뿐만 아니라 명령형도 약간 불규칙한 동사들이 있는데, 'prohibir', 'reunir'를 비롯해 'uar'와 'iar'로 끝나는 동사들이 그러하다. 예:

Actuar		Enviar		Prohibir		Reunir	
Presente de indicativo	Imperativo	Presente de indicativo	Imperativo	Presente de indicativo	Imperativo	Presente de indicativo	Imperativo
act*ú*o	---	env*í*o	---	proh*í*bo	---	re*ú*no	---
act*ú*as	act***ú*a**	env*í*as	env***í*a**	proh*í*bes	proh***í*be**	re*ú*nes	re***ú*ne**
act*ú*a	act***ú*e**	env*í*a	env***í*e**	proh*í*be	proh***í*ba**	re*ú*ne	re***ú*na**
actuamos	actu**emos**	enviamos	envi**emos**	prohibimos	prohib**amos**	reunimos	reun**amos**
actu*á*is	actu**ad**	envi*á*is	envi**ad**	prohib*í*s	prohib**id**	reun*í*s	reun**id**
act*ú*an	act***ú*en**	env*í*an	env***í*en**	proh*í*ben	proh***í*ban**	re*ú*nen	re***ú*nan**

• Vocabulario 10.7 Verbos con tildes irregulares en presente 현재형에서 불규칙한 띨데를 갖는 동사들

1. Actuar 연기하다
2. Evaluar 평가하다
3. Interactuar 상호작용하다
4. Valuar 견적을 내다, 가치를 매기다
5. Confiar 신뢰하다
6. Criar 키우다
7. Enfriar 차갑게 하다
8. Enviar 보내다
9. Prohibir 금지하다
10. Reunir 모이다

◘ **¡Vamos a conjugar en imperativo!** 동사를 명령형으로 활용시켜봅시다!

1. Actuar en el teatro
2. Evaluar al profesor
3. Interactuar con los vecinos (이웃)
4. Valuar la casa
5. Confiar en el juez (판사)
6. Criar bien a los niños
7. Enfriar las cervezas
8. Enviar la carta
9. Prohibir esa acción
10. Reunir a los invitados (손님)

¤ Los verbos irregulares en presente de indicativo con terminación "uir" serán irregulares en imperativo. Ejemplo:

'uir'로 끝나고 직설법 현재에서 불규칙한 동사들은 명령형에서도 불규칙하다. 예:

	Destruir
Yo	---
Tú	destru*y***e**
Ud.	destru*y***a**
Nosotros	destru*y***amos**
Vosotros	destru**id**
Uds.	destru*y***an**

• Vocabulario 10.8 Verbos con terminación "uir" irregulares en imperativo 'uir'
로 끝나며 명령형이 불규칙한 동사들

1. Construir 건축하다, 건설하다
2. Destruir 파괴하다
3. Disminuir 줄이다
4. Distribuir 분배하다
5. Huir 도망치다

◘ **¡Vamos a conjugar en imperativo!** 동사들을 명령형으로 활용시켜봅시다!

1. Construir un edificio (건물)
2. Destruir el puente (다리) antiguo
3. Disminuir la velocidad (속도)
4. Distribuir los folletos (팜플렛)
5. Huir a otra ciudad

¤ Los verbos irregulares en presente de indicativo con terminación "ar" o "er" y cambio de "ue" serán irregulares en imperativo. Ejemplos:
'ar'나 'er'로 끝나고 'ue'변화를 가지는, 직설법 현재형이 불규칙한 동사들은 명령형이 불규칙하다. 예:

	Soñar	**Volver**
Yo	---	---
Tú	s*ue*ñ**a**	v*ue*lv**as**
Ud.	s*ue*ñ**e**	v*ue*lv**a**
Nosotros	soñ**emos**	volv**amos**
Vosotros	soñ**ad**	volv**ed**
Uds.	s*ue*ñ**en**	v*ue*lv**an**

• Vocabulario 10.9 Verbos con "ar"/"er" y cambio "ue" irregulares en imperativo
'ar'/'er'로 끝나고 'ue'변화를 가지는, 명령형이 불규칙한 동사들

1. Almorzar 점심 먹다
2. Contar 세다, 이야기하다
3. Envolver 싸다, 포장하다
4. Desenvolver (포장한 것을)열다, 전개하다
5. Devolver 되돌리다, 돌려 주다
6. Jugar 놀다
7. Promover 장려하다, 승진시키다
8. Recordar 기억하다
9. Resolver 해결하다, 풀다
10. Soñar 꿈꾸다

■ **¡Vamos a conjugar en imperativo!** 동사들을 명령형으로 활용시켜봅시다!

1. Almorzar bien
2. Contar el dinero
3. Envolver el regalo
4. Desenvolver el regalo
5. Devolver el libro a la biblioteca
6. Jugar con los niños
7. Promover la cultura coreana
8. Recordar a los héroes (영웅)
9. Resolver el problema
10. Soñar con los angelitos

¤ Los verbos irregulares en presente de indicativo con terminación "ar" o "er" y con cambio de "ie" serán irregulares en imperativo. Ejemplos:
직설법 현재에서 'ar'나 'er'로 끝나고 'ie'변화를 가지는, 직설법 현재형이 불규칙한 동사들은 명령형이 불규칙하다. 예:

	Sembrar	**Entender**
Yo	---	---
Tú	s*ie*mbr**a**	ent*ie*nd**e**
Ud.	s*ie*mbr**e**	ent*ie*nd**a**
Nosotros	sembr**emos**	entend**amos**
Vosotros	sembr**ad**	entend**ed**
Uds.	s*ie*mbr**en**	ent*ie*nd**an**

• Vocabulario 10.10 Verbos con "ar"/"er" y cambio "ie" irregulares en imperativo 'ar'/'er'로 끝나고 'ie'변화를 가지는, 명령형이 불규칙한 동사들

1. Atender 응대하다
2. Cerrar 닫다
3. Comenzar 시작하다
4. Defender 방어하다
5. Empezar 시작하다
6. Encender 불을 붙이다, 스위치를 켜다
7. Entender 이해하다
8. Gobernar 통치하다, 다스리다
9. Recomendar 추천하다, 권장하다
10. Sembrar 파종하다

¡Vamos a conjugar en imperativo! 동사들을 명령형으로 활용시켜봅시다!

1. Atender a los clientes
2. Cerrar la puerta
3. Comenzar la clase
4. Defender lo que es justo (정의로운)
5. Empezar a trabajar
6. Encender la luz
7. Entender la explicación
8. Gobernar justamente (공정하게)
9. Recomendar un buen libro
10. Sembrar un árbol

¤ Los verbos irregulares en presente de indicativo con terminación "ir" y con cambio de "ie" o "ue" serán irregulares en imperativo. Ejemplos:
'ir'로 끝나고 'ie'나 'ue'변화를 가지는, 직설법 현재형이 불규칙한 동사들은 명령형이 불규칙하다. 예:

	Convertir	**Dormir**
Yo	---	---
Tú	conv*ie*r**te**	d*ue*r**me**
Ud.	conv*ie*r**ta**	d*ue*r**ma**
Nosotros	conv*i*r**tamos**	d*u*r**mamos**
Vosotros	convert**id**	dorm**id**
Uds.	conv*ie*r**tan**	d*ue*r**man**

• Vocabulario 10.11 Verbos con "ir" y cambio "ie"/"ue" irregulares en imperativo
'ir'로 끝나고 'ie/ue'변화를 가지는, 명령형이 불규칙한 동사들

1. Adquirir 얻다, 획득하다
2. Hervir 끓이다
3. Invertir 투자하다
4. Preferir 선호하다
5. Dormir 자다
6. Morir 죽다

▫ **¡Vamos a conjugar en imperativo!** 동사를 명령형으로 활용시켜봅시다!

1. Adquirir una casa
2. Hervir el agua
3. Invertir el dinero en el banco
4. Preferir la paz (평화)
5. Dormir bien
6. Morir por Corea ♥

¤ Los verbos irregulares en presente de indicativo con terminación "ir" y con cambio de "i" serán irregulares en imperativo. Ejemplo:
'ir'로 끝나고 'i'변화를 가지는, 직설법 현재형이 불규칙한 동사들은 명령형이 불규칙하다. 예:

	Pedir
Yo	---
Tú	p*i***de**
Ud.	p*i***da**
Nosotros	p*i***damos**
Vosotros	pe**did**
Uds.	p*i***dan**

• Vocabulario 10.12 Verbos con "ir" y cambio "i" irregulares en imperativo 'ir'로 끝나고 'i'변화를 가지는, 명령형이 불규칙한 동사들

1. Competir 경쟁하다
2. Medir 측량하다, 재다
3. Pedir 부탁하다
4. Repetir 반복하다
5. Seguir 계속하다
6. Perseguir 추적하다

▫ **¡Vamos a conjugar en imperativo!** 동사를 명령형으로 활용시켜봅시다!

1. Competir en los Juegos Olímpicos
2. Medir la puerta
3. Pedir la cuenta (계산서)
4. Repetir lo que dice el profesor
5. Seguir estudiando español
6. Perseguir al criminal (범죄자)

¤ Los verbos irregulares solo en “yo” en presente de indicativo son irregulares en “Ud.”, “nosotros” y “Uds.” en imperativo y siguen el patrón que se muestra en los siguientes ejemplos:
직설법 현재에서 ‘yo’에 해당하는 활용형만 불규칙한 동사들은 명령형에서 ‘Ud.’,’ nosotros’, ‘Uds.’에 해당하는 활용형이 불규칙하며, 다음의 예시들에서 보여지는 패턴을 따른다. 예:

Caber		Caer		Traer		Valer	
Presente de indicativo	**Imperativo**	**Presente de indicativo**	**Imperativo**	**Presente de indicativo**	**Imperativo**	**Presente de indicativo**	**Imperativo**
*quep*o	---	*caig*o	---	*traig*o	---	*valg*o	---
cabes	cab**e**	caes	ca**e**	traes	tra**e**	vales	val**e**
cabe	*quep***a**	cae	*caig***a**	trae	*traig***a**	vale	*valg***a**
cabemos	*quep***amos**	caemos	*caig***amos**	traemos	*traig***amos**	valemos	*valg***amos**
cabéis	cab**ed**	caéis	ca**ed**	traéis	tra**ed**	valéis	val**ed**
caben	*quep***an**	caen	*caig***an**	traen	*traig***an**	valen	*valg***an**

Ver		Conducir		Conocer	
Presente de indicativo	**Imperativo**	**Presente de indicativo**	**Imperativo**	**Presente de indicativo**	**Imperativo**
*ve*o	---	*conduzc*o	---	*conozc*o	---
ves	v**e**	conduces	conduc**e**	conoces	conoc**e**
ve	*ve***a**	conduce	*conduzc***a**	conoce	*conozc***a**
vemos	*ve***amos**	conducimos	*conduzc***amos**	conocemos	*conozc***amos**
veis	v**ed**	conducís	conduc**id**	conocéis	conoc**ed**
ven	*ve***an**	conducen	*conduzc***an**	conocen	*conozc***an**

• Vocabulario 10.13 Verbos irregulares en “yo” en presente de indicativo y en imperativo
직설법 현재에서 ‘yo’에 해당하는 활용형이 불규칙하고 명령형에서도 일부 활용형이 불규칙한 동사들

1. Caber 들어가다, ...의 용량을 가지다
2. Caer 떨어지다
3. Traer 가져오다
4. Valer 보호하다, 값이 나가다
5. Ver 보다
6. Conducir 운전하다
7. Conocer (사람이나 장소를 경험적으로) 알다
8. Traducir 번역하다
9. Atraer 끌어당기다
10. Reducir 줄이다
11. Ofrecer 제공하다
12. Obedecer 복종하다, 순응하다

◘ **¡Vamos a conjugar en imperativo!** 동사를 명령형으로 활용시켜봅시다!

1. Caber en este banco (벤치)
2. Caer cuidadosamente (조심스럽게)
3. Traer el libro
4. Valer todo el oro del mundo
5. Ver las noticias (뉴스)
6. Conducir cuidadosamente (조심스럽게)
7. Conocer bien Corea
8. Traducir la oración
9. Atraer la buena suerte
10. Reducir la contaminación (오염)
11. Ofrecer ayuda (도움)
12. Obedecer la orden (명령)

¤ Especialmente, hay 13 verbos básicos irregulares en imperativo que no siguen ninguno de los patrones anteriormente mencionados. Particularmente, “dar” y “estar” son considerados irregulares porque llevan algunas tildes especiales. Asimismo, el imperativo de “ir” en “nosotros” tiene dos maneras correctas: “vayamos” o “vamos”.

특별히 앞에 언급된 패턴들을 따르지 않는, 명령형에서 불규칙한 13개의 기초 동사들이 있다. 특히 ‘dar’와 ‘estar’는 특별한 떨데를 갖기 때문에 불규칙 동사들로 여겨진다. 또한, ‘ir’동사 명령형의 ‘nosotros’ 해당 활용형은 두 가지(‘vayamos’나 ‘vamos’)의 맞는 형태를 가지고 있다.

■ **¡Vamos a conjugar en imperativo!** 동사를 명령형으로 활용시켜봅시다!

• Vocabulario 10.14 Verbos irregulares especiales en imperativo 명령형이 특별히 불규칙한 동사들

1. Dar 주다
2. Decir 말하다
3. Estar (상태가)…이다, 있다
4. Hacer 하다, 만들다
5. Ir 가다
6. Oír 듣다
7. Poner 놓다
8. Reír 웃다
9. Saber 알다
10. Salir 나가다
11. Ser …이다
12. Tener 가지다
13. Venir 오다

	Dar	Decir	Estar	Hacer	Ir	Oír
Yo	---	---	---	---	---	---
Tú	da	di	está	haz	ve	oye
Ud.	dé	diga	esté	haga	vaya	oiga
Nosotros	demos	digamos	estemos	hagamos	vayamos/ vamos	oigamos
Vosotros	dad	decid	estad	haced	id	oíd
Uds.	den	digan	estén	hagan	vayan	oigan

	Poner	Reír	Saber	Salir	Ser	Tener	Venir
Yo	---	---	---	---	---	---	---
Tú	pon	ríe	sabe	sal	sé	ten	ven
Ud.	ponga	ría	sepa	salga	sea	tenga	venga
Nosotros	pongamos	riamos	sepamos	salgamos	seamos	tengamos	vengamos
Vosotros	poned	reíd	sabed	salid	sed	tened	venid
Uds.	pongan	rían	sepan	salgan	sean	tengan	vengan

La conjugación de los verbos reflexivos en imperativo
재귀동사들의 명령형 활용

¤ La conjugación de los verbos reflexivos en imperativo es especial. Hay que poner siempre la partícula reflexiva (---, te, se, nos, os, se) al final del verbo base conjugado en imperativo. Asimismo, en "nosotros" hay que eliminar la "s" del verbo base conjugado en imperativo y en "vosotros" hay que eliminar la "d". Ejemplo:

재귀동사들의 명령형 활용은 특별하다. 언제나 재귀대명사(---, te, se, nos, os, se)를 명령형으로 활용된 동사 뒤에 써야 한다. 또한, 'nosotros'에 해당하는 활용형에서는 활용된 동사에서 's'를 삭제하고 'vosotros'에 해당하는 활용형에서는 'd'를 삭제해야 한다. 예:

	Lavar	Lavarse
Yo	---	---
Tú	lav**a**	láva**te**
Ud.	lav**e**	láve**se**
Nosotros	lav**emo**s	lavémo**nos**
Vosotros	lav**a**d	lava**os**
Uds.	lav**en**	láven**se**

¤ Asimismo, hay que tener cuidado con las tildes en la conjugación en imperativo de estos verbos. Para mantener el acento adecuado en los mismos, el cual corresponde al verbo base, se pone tilde en las conjugaciones en "tú", "Ud.", "nosotros" y "Uds." generalmente. Si el verbo en imperativo en "tú" tiene solo dos sílabas (como "ponte" o "vete"), no llevará tilde puesto que mantendrá su acento correcto de manera natural. Si el verbo termina en "ir", entonces llevará tilde en la "i" antes de la partícula reflexiva "os" en vosotros. Ejemplos:

또한, 이 동사들의 명령형 활용에서는 띨데의 사용에 유의해야 한다. 이 동사들이 원래 가지는 알맞은 강세를 유지하기 위해서는 일반적으로 'tú', 'Ud.', 'nosotros', 'Uds.'에 해당하는 활용형에 띨데를 쓴다. 만약 동사의 명령형에서 'tú'에 해당하는 활용형이 'ponte'나 'vete'처럼 두 개의 음절만 가지고 있는 경우, 자연스럽게 문법적으로 맞는 강세가 유지되므로 띨데를 쓸 필요가 없다. 만약 동사가 'ir'로 끝나면 'vosotros'의 활용형에 함께 오는 재귀대명사 'os' 앞의 'i'에 띨데를 써야 한다. 예:

	Ducharse	Ponerse	Subirse
Yo	---	---	---
Tú	d**ú**chate	ponte	s**ú**bete
Ud.	d**ú**chese	p**ó**ngase	s**ú**base
Nosotros	duch**é**monos	pong**á**monos	sub**á**monos
Vosotros	duchaos	poneos	sub**í**os
Uds.	d**ú**chense	p**ó**nganse	s**ú**banse

¤ Las reglas anteriormente explicadas para la conjugación en imperativo de los verbos irregulares se mantendrán también en los verbos reflexivos añadiendo la partícula reflexiva (---, te, se, nos, os, se) al final. Ejemplos:

불규칙한 동사들의 명령형 활용에 대해서 앞에 설명된 규칙들은 재귀동사들의 경우에도 마찬가지로 끝에 재귀대명사(---, te, se, nos, os, se)만 더해서 적용된다. 예:

	Sentarse* (ie)	**Acostarse* (ue)**	**Arrepentirse* (ie)**	**Dormirse* (ue)**	**Vestirse* (i)**
Yo	---	---	---	---	---
Tú	s**ié**ntate	ac**ué**state	arrep**ié**ntete	d**ué**rmete	v**í**stete
Ud.	s**ié**ntese	ac**ué**stese	arrep**ié**ntase	d**ué**rmase	v**í**stase
Nosotros	sentémonos	acostémonos	arrep**i**ntámonos	d**u**rmámonos	v**i**stámonos
Vosotros	sentaos	acostaos	arrepentíos	dormíos	vestíos
Uds.	s**ié**ntense	ac**ué**stense	arrep**ié**ntanse	d**ué**rmanse	v**í**stanse

¤ El verbo "irse" es un caso especial, dado que tiene dos maneras correctas en "nosotros" cuando se conjuga en imperativo: "vayámonos" y "vámonos". En "vosotros" se mantendrá la "d": "idos".

'irse'동사는 명령형으로 활용될 때 'nosotros'에 알맞은 형태가 두 가지('vayámonos'와 'vámonos')가 있기 때문에 특별한 경우이다. 'vosotros'에는 'd'가 유지되어 'idos'가 된다.

	Ir	**Irse**
Yo	---	---
Tú	ve	vete
Ud.	vaya	váyase
Nosotros	vayamos/vamos	vayámonos/vámonos
Vosotros	id	i**d**os
Uds.	vayan	váyanse

¤ ¡Vamos a conjugar en imperativo! 동사를 명령형으로 활용시켜봅시다!

• Vocabulario 10.15 Verbos reflexivos para practicar conjugación en imperativo
명령형 활용 연습을 위한 재귀동사들

1. Calmarse = Tranquilizarse 진정하다
2. Dormirse* (ue) 잠들다, 잠자다
3. Despertarse* (ie) 잠에서 깨다
4. Acostarse* (ue) 눕다
5. Levantarse 일어나다
6. Cepillarse los dientes 양치하다
7. Peinarse 머리 빗다
8. Cuidarse 몸 조심하다
9. Ducharse 샤워하다
10. Bañarse 목욕하다
11. Sentarse* (ie) 앉다
12. Ponerse de pie* (pon, ponga) 서다
13. Ponerse la chaqueta* (pon, ponga) 재킷을 입다
14. Quitarse la chaqueta 재킷을 벗다
15. Vestirse* (i) 옷을 입다
16. Desvestirse* (i) 옷을 벗다
17. Aliviarse 호전되다
18. Bajarse del coche 차에서 내리다
19. Subirse al coche 차에 타다
20. Arrepentirse* (ie) 후회하다
21. Callarse 조용히 하다, 입을 다물다
22. Irse* (ve, vaya, vayamos/vamos) 떠나다

¤ Los hispanohablantes, generalmente, no usan el imperativo en "nosotros" y en su lugar usan "vamos a + infinitivo".
원어민들은 일반적으로 'nosotros'에 해당하는 명령형을 사용하는 대신 'vamos a + 동사 원형' 구문을 사용한다.

◘ ¡Vamos a practicar!

☼ Modelo

Sentarse
Los hispanohablantes prefieren decir "vamos a sentarnos" en lugar de "sentémonos".
원어민들은 'Sentémonos.'라고 하는 대신 'Vamos a sentarnos.'라고 말하는 것을 선호한다.

1. Escuchar
2. Comer ahora
3. Ponerse de pie
4. Calmarse
5. Beber
6. Subirse al taxi
7. Bajarse del autobús
8. Ducharse
9. Escribir
10. Hacer la tarea

¤ Sin embargo, el verbo "ir" y el verbo "irse" son excepciones de lo anterior; debido a que los nativos usan en estos verbos el imperativo en "nosotros" generalmente. Hay que recordar que ambos verbos tienen dos maneras correctas en nosotros: "vayamos"/"vamos" para ir y "vayámonos"/"vámonos" para irse. En relación a esto, los nativos prefieren usar "vamos" y "vámonos" respectivamente. Ejemplos:

그러나 'ir' 와 'irse'는 앞에 언급된 내용의 예외인데, 이는 원어민들이 이 동사들의 경우에 'nosotros'에 해당하는 명령형을 주로 사용하기 때문이다. 이 동사들은 'nosotros'에 해당하는 맞는 형태가 두 가지(ir: vayamos/vamos, irse: vayámonos/ vámonos) 있다는 것을 기억해야 한다. 이와 관련해, 원어민들은 각각 'vamos'와 'vámonos'를 사용하는 것을 선호한다. 예:

¡Vamos a casa! 집에 가자!
¡Vámonos de aquí! 여기서 떠납시다!

Expresiones y vocabulario a tener en cuenta en los diálogos 대화문에 나오는 유의해야 할 표현과 어휘들

El aniversario 기념일
El brócoli 브로콜리
El consultorio 의료상담소, 진료소
El dictador 독재자
El éxito 성공
El hielo 얼음
El refresco de cola 콜라
La cucharada 한 숟가락 양
La entrada ≠ La salida 입구 ≠ 출구
La infección 감염
La inyección 주사
La lasaña 라자냐
La mesada 용돈
La orden 주문
La propina 팁
La sorpresa 깜짝 선물
Anoche 어젯밤
Comelón 먹보의
Dormilón 잠꾸러기의
Enojón 화를 잘 내는
Llorón 울보의
Mandón 이래라 저래라 하는
Estricto 엄격한
Acostarse boca abajo 엎드려 눕다
Aliviarse = Mejorarse 호전되다
Conservar 보관하다
Karina conserva las cartas de su novio en una caja. 카리나는 남자친구의 편지들을 상자 하나에 보관한다.
Exigir 강요하다
Mejorar 나아지다, 개선하다
Perdonar = Disculpar 용서하다
Poner una inyección 주사를 놓다
Regañar 나무라다
Tener éxito 성공하다
Toser 기침하다
Profundamente 깊게
Todo va a estar bien. 다 괜찮을 거야.
En lugar de …대신에
¡Listo! 다 됐어!, 준비 됐어!
¡Venga! 해 봐!
¡Vamos! 갑시다!
¡Vamos a casa! 집에 갑시다!
¡Vamos juntos! 같이 갑시다!
¡Vámonos de aquí! 여기서 떠나자!
¡Oye! / ¡Oiga! 야! 이봐! / 저기요!
Cuídate mucho. / Cuídese mucho. 몸 조심해. / 몸 조심하세요.
Mande Ud. 말씀하세요. (이 표현은 'mandar'동사의 'Ud.' 명령형으로 직역하면 '당신께서 명령하세요' 이지만 '말씀하세요' 정도의 의미로 사용된다.)
Perdón = Perdona. = Disculpa. 미안해.
Perdón = Perdone. = Disculpe. 죄송합니다.
Toma tu tiempo. / Tome su tiempo. 천천히 해. / 천천히 하세요.

🎧 Diálogo #28 (En la entrada de un restaurante 한 레스토랑 입구에서)

Cliente:	Disculpe, señorita. ¿Tiene alguna mesa libre?
Mesera:	Claro. ¿Para cuántas personas?
Cliente:	Para dos personas, por favor.
Mesera:	Vengan por aquí, por favor… ¿Está bien esta mesa?
Cliente:	Sí, está bien.
Mesera:	Siéntense, por favor. Aquí tienen el menú.
Cliente:	Gracias. ¿Puede darnos un momento para decidir nuestra orden?
Mesera:	Claro. Tomen su tiempo.
…	
Cliente:	¡Oiga, señorita! ¡Por aquí!
Mesera:	¿Puedo tomar su orden?
Cliente:	Sí, por favor. Mire, traiga una crema de brócoli y unos espaguetis con salsa de tomate para mi esposa. Para mí una ensalada y una lasaña.
Mesera:	¿Desean algo de beber?
Cliente:	Dos refrescos de cola, pero no ponga hielo, por favor.
Mesera:	Enseguida… Aquí está su orden. Disfruten su comida.
…	
Cliente:	¡Oiga, señorita! ¡Por aquí!
Mesera:	Mande Ud.
Cliente:	¿Puede traerme la cuenta, por favor?
Mesera:	Enseguida… Aquí la tiene.
Cliente:	Aquí tiene el dinero. Conserve el cambio.
Mesera:	¡Muchas gracias! Que les vaya bien. Vuelvan pronto.

1. ¿Qué comió la esposa del cliente?

____

2. ¿Qué pidió de tomar el cliente?

____

3. ¿Recibió propina la mesera?

____

Cliente:	실례합니다, 아가씨. 빈 테이블 있나요?
Mesera:	물론이죠. 몇 분이세요?
Cliente:	두 명입니다.
Mesera:	이 쪽으로 오세요. 이 테이블 괜찮으세요?
Cliente:	네. 괜찮습니다.
Mesera:	앉으세요. 여기 메뉴 있습니다.
Cliente:	감사합니다. 주문할 것을 정할 수 있도록 잠시만 시간을 주시겠어요?
Mesera:	물론이죠. 천천히 하세요.
…	
Cliente:	저기요, 아가씨! 여기요!
Mesera:	주문하시겠어요?
Cliente:	네, 부탁합니다. 보세요, 제 아내에게는 브로콜리 크림수프와 토마토소스 스파게티를 가져다 주세요. 제게는 샐러드와 라자냐를 가져다 주세요.
Mesera:	마실 것을 원하시나요?
Cliente:	콜라 두 잔 주세요. 그렇지만 얼음은 넣지 말아 주세요.
Mesera:	바로 가져다 드리겠습니다. 여기 주문하신 것 나왔습니다. 맛있게 드세요.
…	
Cliente:	저기요, 아가씨! 여기요!
Mesera:	말씀하세요.
Cliente:	계산서를 좀 가져다 주시겠어요?
Mesera:	바로 가져다 드리겠습니다. 여기 있습니다.
Cliente:	여기 돈 있습니다. 잔돈은 괜찮습니다.
Mesera:	정말 감사합니다! 안녕히 가세요. 또 오십시오.

Diálogo #29 (En el consultorio de una doctora 한 의사의 진찰실에서)

Doctora:	¿Qué le duele?
Paciente:	Me duele mucho la garganta, doctora. También toso mucho.
Doctora:	Vamos a ver. Siéntese en esta silla, por favor. Respire profundamente… Abra la boca y diga "a".
Paciente:	Aaaaa… ¿Qué tengo, doctora?
Doctora:	Tiene una infección en la garganta. Tengo que ponerle una inyección. Acuéstese boca abajo en esta cama, por favor.
Paciente:	No me gustan las inyecciones.
Doctora:	No se preocupe; la inyección no le dolerá…¡Listo!
Paciente:	¿Tengo que tomar alguna medicina?
Doctora:	Sí. Mire, vaya a la farmacia y compre estas pastillas y este jarabe.
Paciente:	¿Puede explicarme cómo tomar las pastillas?
Doctora:	Claro. Tome las pastillas tres veces al día: dos pastillas después de cada comida.
Paciente:	¿Cada cuándo tengo que tomar el jarabe?
Doctora:	Tiene que tomar el jarabe cada 12 horas: una cucharada por la mañana y otra por la noche.
Paciente:	Seguiré sus instrucciones.
Doctora:	Cuídese mucho. Si su salud no mejora, vuelva a mi consultorio otra vez. Que se alivie pronto.
Paciente:	Muchas gracias, doctora. ¡Hasta la vista!

1. ¿Por qué la doctora le pide al paciente que se acueste boca abajo?

____

2. ¿Cuántas pastillas tiene que tomar el paciente al día?

____

3. ¿Qué tiene que hacer el paciente si no se alivia?

____

Doctora:	어디가 아프신가요?
Paciente:	저 목이 많이 아파요, 의사선생님. 기침도 많이 해요.
Doctora:	어디 봅시다. 이 의자에 앉으세요. 숨을 깊게 쉬어보세요… 입을 벌리고 '아' 하세요.
Paciente:	아… 제가 무슨 병을 가지고 있죠, 선생님?
Doctora:	목에 염증이 있네요. 주사를 한 대 놓아야겠어요. 이 침대에 엎드려 누우세요.
Paciente:	저 주사를 별로 좋아하지 않아요.
Doctora:	걱정하지 마세요. 주사 안 아플 거에요… 다 됐습니다!
Paciente:	약을 먹어야 하나요?
Doctora:	네. 보세요, 약국에 가셔서 이 알약들과 시럽을 구입하세요.
Paciente:	알약들을 어떻게 복용하는 지 설명해 주실 수 있으세요?
Doctora:	물론이죠. 매 식후 2정씩 하루에 세 번 알약들을 드세요.
Paciente:	얼마나 자주 시럽을 먹어야 하죠?
Doctora:	아침에 한 숟가락, 저녁에 또 한 숟가락, 12시간마다 드셔야 해요.
Paciente:	지시사항을 따를게요.
Doctora:	몸 조심하세요. 건강이 나아지지 않으면 진찰실에 다시 오세요. 어서 회복하시기를 바랍니다.
Paciente:	정말 감사합니다, 의사선생님. 다음에 뵙겠습니다!

🎧 Diálogo #30 (En un parque 한 공원에서)

Novio:	¡Hola, corazón! ¿Cómo estás?
Novia:	Estoy muy enojada contigo.
Novio:	¿Por qué?
Novia:	¿Dónde estuviste anoche?
Novio:	Mmm... ¿Anoche? ¿Dónde estuve anoche? Mmm... Estuve en la biblioteca.
Novia:	No me digas mentiras. Mis amigas te vieron en un bar. ¡Mentiroso! ¡Vete de aquí!
Novio:	Es que...
Novia:	¡Cállate! No quiero verte más. Aquí terminamos. ¡Adiós!
Novio:	¡Espera, no te vayas! Te mentí, pero tienes que escuchar mi explicación.
Novia:	No quiero escucharte. ¡Te odio!
Novio:	Por favor, siéntate en este banco, respira profundamente y cálmate.
Novia:	Está bien, pero habla rápido. Tienes un minuto.
Novio:	Anoche estuve en un bar. De hecho, estoy trabajando ahí desde hace dos semanas.
Novia:	¿De verdad? ¿Por qué estás trabajando?
Novio:	Porque el próximo mes es nuestro aniversario y necesito dinero para comprarte un regalo.
Novia:	¿Por qué no me dijiste?
Novio:	Porque quería darte una sorpresa.
Novia:	¡Qué lindo! ¡Te amo, mi amor! ♥♥♥
Novio:	Yo también te amo, mi princesita hermosa. ♥♥♥

1. ¿Cómo supo la novia que su novio estuvo en un bar anoche?

____

2. ¿Cuánto tiempo hace que el chico trabaja en el bar?

____

3. ¿Por qué está trabajando el chico?

____

Novio:	안녕, 자기! 잘 지내?
Novia:	나 너한테 엄청 화났어.
Novio:	왜?
Novia:	어젯밤에 어디 있었어?
Novio:	음... 어젯밤에? 내가 어젯밤에 어디에 있었더라? 음... 도서관에 있었어.
Novia:	거짓말 하지마. 내 친구들이 너를 술집에서 봤다는데. 거짓말쟁이! 여기서 떠나버려!
Novio:	그게...
Novia:	조용히 해! 너를 더 이상 보고 싶지 않아. 우리 여기서 끝내. 잘 가!
Novio:	기다려, 가지마! 너에게 거짓말을 했지만 내 설명을 들어줘야만 해.
Novia:	네 얘기 듣고 싶지 않아. 네가 미워!
Novio:	제발, 이 벤치에 앉아. 심호흡을 좀 하고 진정해.
Novia:	알았어. 하지만 빨리 말해. 일 분 줄게.
Novio:	어젯밤에 술집에 있었어. 사실, 이 주 전부터 거기에서 일하고 있어.
Novia:	정말? 왜 일을 하고 있는데?
Novio:	왜냐하면 다음 달이 우리 기념일이고 네게 선물을 사 주려면 돈이 필요하니까.
Novia:	왜 나한테 말하지 않았어?
Novio:	깜짝 선물을 주고 싶었으니까.
Novia:	귀여워라! 사랑해, 내 사랑! ♥♥♥
Novio:	나도 사랑해, 내 아름다운 공주님. ♥♥♥

Preguntas para repasar 복습을 위한 질문들

1. ¿Cómo se conjugan los siguientes verbos en imperativo negativo?

	Llorar	Correr	Abrir	Cerrar	Empezar
Yo	---	---	---	---	---
Tú	no llores				
Ud.	no llore				
Nosotros	no lloremos				
Vosotros	no lloréis				
Uds.	no lloren				

	Ver	Hacer	Destruir	Venir	Conducir
Yo	---	---	---	---	---
Tú					
Ud.					
Nosotros					
Vosotros					
Uds.					

	Ser	Tener	Decir	Huir	Dar
Yo	---	---	---	---	---
Tú					
Ud.					
Nosotros					
Vosotros					
Uds.					

	Poner	Estar	Volver	Descargar	Reír
Yo	---	---	---	---	---
Tú					
Ud.					
Nosotros					
Vosotros					
Uds.					

	Equivocarse	Rendirse	Irse	Dormirse
Yo	---	---	---	---
Tú				
Ud.				
Nosotros				
Vosotros				
Uds.				

2. ¿Cómo se conjugan los siguientes verbos en imperativo?

	Repasar	Aprender	Abrir	Memorizar	Entender
Yo	---	---	---	---	---
Tú	repasa				
Ud.	repase				
Nosotros	repasemos				
Vosotros	repasad				
Uds.	repasen				

	Aparcar	Recordar	Construir	Madrugar	Envolver
Yo	---	---	---	---	---
Tú					
Ud.					
Nosotros					
Vosotros					
Uds.					

	Enviar	Encender	Repetir	Traducir	Decir
Yo	---	---	---	---	---
Tú					
Ud.					
Nosotros					
Vosotros					
Uds.					

	Venir	Oír	Salir	Hacer	Ir
Yo	---	---	---	---	---
Tú					
Ud.					
Nosotros					/
Vosotros					
Uds.					

	Callarse	Acostarse	Ponerse	Sentarse
Yo	---	---	---	---
Tú				
Ud.				
Nosotros				
Vosotros				
Uds.				

	Arrepentirse	Dormirse	Vestirse	Irse
Yo	---	---	---	---
Tú				
Ud.				
Nosotros				/
Vosotros				
Uds.				

3. ¿Eres comelón/comelona?

4. ¿Es mandona tu mamá?

5. ¿Eres dormilón/dormilona?

6. ¿Es enojón tu papá?

7. ¿Son lloronas tus amigas?

8. ¿Es estrict@ tu profesor/profesora?

9. ¿Cuántas veces te lavas los dientes al día?

10. ¿Cada cuándo comes pizza?

11. ¿Cuántas tazas de café tomas a la semana?

12. ¿Cada cuándo vas al cine?

13. ¿Cuántas veces visitas a tus abuelos al año?

14. ¿Cada cuándo visitas a tus abuelos?

15. ¿Cuántas veces comes pollo frito al mes?

16. ¿Cada cuándo vas al dentista?

17. ¿Qué te prohíbe tu papá que hagas?

18. ¿Qué te prohíbe tu profesor/profesora que hagas durante la clase?

19. ¿Qué te prohíbe tu mamá que hagas en casa?

20. ¿Qué te pide tu mamá que hagas en casa?

21. ¿Qué te pide tu profesor/profesora que traigas a la clase?

22. ¿Madrugas los lunes generalmente?

23. ¿Qué te gusta más: envolver o desenvolver regalos?

24. ¿Cómo dicen los hispanohablantes "juguemos" en otra manera?

25. ¿Cómo dicen los hispanohablantes "durmámonos" en otra manera?

Lectura #10

¡Hola! Mi nombre es Luis, soy chileno y estoy en el segundo año de bachillerato. Voy a hablar acerca de mis padres. Mi mamá es muy mandona, enojona y estricta. De hecho, ella es casi una dictadora en casa. Mi papá no es tan mandón; solo me dice: "No fumes ni tomes hasta que tengas 21 años y estudia con ahínco siempre". Sin embargo, mi mamá me dice: "Levántate temprano, haz tu cama al levantarte, dúchate todos los días, desayuna bien, limpia tus zapatos, no salgas a la calle sin suéter si hace frío, pon atención en tus clases, obedece a tus maestros, no uses el celular en tus clases, no comas comida chatarra, no gastes rápido tu mesada, no regreses tarde a casa, haz tus tareas al llegar a casa, no navegues en Internet mucho tiempo, arregla tu habitación mínimo cada tres días y no te acuestes tarde". Mi mamá siempre me ordena y me regaña mucho, pero ella no es mala. Ella es muy buena, me quiere mucho y se preocupa siempre por mí. Por eso todo lo que me dice es para que yo sea un buen hombre y tenga éxito en la vida. Ella es la mejor mamá del mundo.♥

안녕! 내 이름은 루이스야. 나는 칠레사람이고 고등학교 2학년이야. 나의 부모님에 대해 얘기해 볼게. 나의 어머니께서는 매우 이래라 저래라 하는 편이시고 화를 잘 내시고 엄격하셔. 사실, 그녀는 집에서 거의 독재자야. 나의 아버지께서는 그렇게 이것 저것 시키시지 않으시고 그냥 나에게 "21살이 될 때 까지는 담배도 피우지 말고 술도 마시지 말고 늘 열심히 공부하거라."라고 말씀하셔. 하지만 나의 어머니께서는 내게 말씀하시지. "일찍 일어나라, 일어나서는 침대 정돈해라, 매일매일 샤워해라, 아침 잘 챙겨먹어라, 신발은 깨끗이 해라, 날씨가 추우면 스웨터 없이 밖에 나가지 마라, 수업시간에 집중해라, 선생님들 말씀 잘 들어라, 수업시간에 휴대폰 사용하지 마라, 정크푸드 먹지 마라, 용돈 너무 빨리 써버리지 마라, 집에 늦게 들어오지 마라, 집에 도착하면 숙제 해라, 인터넷서핑 오래 하지 마라, 적어도 사흘에 한 번은 방 정리 해라, 늦게 잠자리에 들지 마라." 엄마는 늘 내게 명령하시고 나를 무척 나무라시지만 나쁜 분은 아니야. 그녀는 좋은 분이야. 나를 많이 사랑하시고 늘 내 걱정을 하시지. 그래서 내게 하시는 말씀은 모두 내가 좋은 사람이 되고 인생에서 성공하기를 바라기 때문에 하시는 거지. 그녀는 세상에서 제일 좋은 엄마셔.♥

▫ Actividad de la lectura

Escribe, como Luis, una composición acerca de las órdenes que te dan tus padres conjugando los verbos en imperativo o en imperativo negativo según corresponda.
루이스가 한 것처럼, 나의 부모님께서 내게 하시는 명령들에 대해 동사를 명령형이나 부정명령형으로 알맞게 활용하여 작문해 봅시다.

Información de interés

El Instituto Cervantes y los Diplomas de Español como Lengua Extranjera

세르반테스 협회와 DELE(외국어로써의 스페인어 능력시험)

(Autorización para uso de imágenes otorgada por el Aula Cervantes de Seúl
서울 주재 세르반테스 협회로부터 이미지 사용을 허가 받음
Agradecimiento especial a la Mtra. Silvia López
Silvia López선생님께 특별히 감사드립니다)

El Instituto Cervantes es una institución pública española. Fue fundado el 21 de marzo de 1991 por el Gobierno de España con el apoyo de los Reyes de España. Tiene dos objetivos principales: la promoción de la lengua española y la difusión de la cultura de España y de Hispanoamérica. Se le dio ese nombre en honor al gran escritor español Miguel de Cervantes Saavedra, autor de la famosa novela *Don Quijote de la Mancha.* La sede central operativa del Instituto Cervantes está en Madrid, pero cuenta con muchos centros en los cinco continentes del mundo; incluso tiene uno en Seúl actualmente.

세르반테스 협회는 스페인의 한 공공 기관이다. 스페인 국왕들의 지원과 함께 스페인 정부에 의해 1991년 3월 21일에 설립되었다. 이 협회는 스페인어의 진흥과 스페인 및 라틴아메리카 문화의 보급이라는 두 가지의 주요 목표를 가지고 있다. 협회의 이름은 위대한 스페인 작가, 유명 소설 《돈 끼호떼 데 라 만차》의 작가인 미겔 데 세르반테스 사베드라를 기념하여 붙여졌다. 세르반테스 협회의 본부는 마드리드에 있지만 전세계 다섯 개 대륙에 많은 지부들을 가지고 있다. 현재는 서울에도 지부가 있다.

Específicamente, el Instituto Cervantes organiza cursos de lengua española y de lenguas cooficiales de España; actualiza métodos de enseñanza; capacita a profesores; apoya la labor de los hispanistas; difunde la lengua española; coopera con instituciones, sociedades y países hispanoamericanos para la difusión de su cultura; y establece bibliotecas de uso público.

특히 세르반테스 협회는 스페인어와 스페인에서 공용어로 사용되는 언어들의 강좌 편성, 교수법의 최신화, 강사 양성, 스페인어 및 스페인 문화 연구자들의 연구 지원, 스페인어 보급과 같은 활동들을 하고 스페인 및 라틴아메리카 문화의 보급 확산을 위해 기관, 사회, 라틴아메리카 국가들과 협력하며 공공 도서관을 설립한다.

Asimismo, dentro de las funciones de dicha institución se encuentra organizar y expedir los Diplomas de Español como Lengua Extranjera, mejor conocidos por sus siglas DELE. Los DELE son títulos oficiales que acreditan un grado de competencia y dominio del español. Son otorgados por el Instituto Cervantes en nombre del Ministerio de Educación, Cultura y Deporte de España.

또한, 앞에 언급된 기관의 기능들 중에는 DELE로 더 잘 알려진 외국어로써의 스페인어 능력시험을 실시하고 성적증명서를 발급하는 기능도 있다. DELE 증명서는 스페인어 습득능력의 정도를 보증하는 공식 자격증이다. DELE증명서들은 스페인의 교육문화체육부의 이름으로 세르반테스 협회에 의해 수여된다.

Para obtener uno de estos títulos, hay que pasar un examen DELE. Dichos exámenes están diseñados conforme a las directrices del *Marco común europeo de referencia* (MCER) del Consejo de Europa, con lo cual se garantiza una evaluación estándar internacionalmente aceptada. Los DELE abarcan seis niveles:

이 자격들 중에 하나를 획득하기 위해서는 DELE시험 중 하나를 통과해야 한다. 언급된 시험들은 유럽평의회의 유럽공통참조기준(MCER)에 의거하여 설계되었는데 이는 이 시험이 국제적으로 허용되는 평가기준임을 보장한다. DELE시험들은 다음의 여섯 개의 레벨을 포함한다.

Nivel A1 (Acceso)
Nivel A2 (Plataforma)
Nivel B1 (Umbral)
Nivel B2 (Avanzado)
Nivel C1 (Dominio operativo eficaz)
Nivel C2 (Maestría)

Se podría decir que el nivel A1 corresponde a un nivel básico, el A2 a uno casi intermedio, el B1 a uno intermedio, el B2 a uno avanzado, el C1 a uno casi excelente y el C2 a uno perfecto. Los DELE son reconocidos, internacionalmente, de manera oficial tanto por instituciones públicas como privadas de cualquier naturaleza: universidades, empresas, embajadas, organismos internacionales, etc.

A1은 초급, A2는 거의 중급, B1는 중급, B2는 상급, C1는 거의 완벽한 수준, C2는 완벽한 수준에 해당한다고 말할 수 있다. DELE 증명서는 공공기관이나 사립기관, 대학교, 회사, 대사관, 국제단체들과 같이 종류를 막론한 기관들에서 국제적으로 인정된다.

Los exámenes DELE se llevan a cabo en los centros del Instituto Cervantes y en centros oficiales de examen DELE que pueden ser universidades, institutos de enseñanza de español, consulados y embajadas. En Corea del Sur, actualmente, pueden tomarse estos exámenes en Seúl y en Daegu.

DELE시험들은 세르반테스 협회의 지부들과 대학교, 스페인어 교육기관, 영사관, 대사관들과 같은 DELE시험의 공식기관들에서 실행된다. 대한민국에서는 현재 서울과 대구에서 이 시험들을 치를 수 있다.

¡Actividad especial!

Vamos a tomar el examen DELE

DELE시험을 봅시다

(Autorización para uso de imágenes otorgada por el Aula Cervantes de Seúl
서울 주재 세르반테스 협회로부터 이미지 사용을 허가 받음
Agradecimiento especial a la Mtra. Silvia López
Silvia López선생님께 특별히 감사드립니다)

Para que te familiarices con el Instituto Cervantes y con los exámenes DELE, deberás realizar las siguientes actividades.

세르반테스 협회와 DELE시험들에 익숙해 질 수 있도록 다음의 활동들을 실행해야 합니다.

1. Visita el sitio oficial del Instituto Cervantes y navega un poco ahí para que conozcas más sobre los servicios que ofrece.
   세르반테스 협회의 공식 사이트를 방문하고 그 곳에서 제공되는 서비스들에 대하여 더 잘 알 수 있도록 웹서핑을 해 봅시다.
   http://www.cervantes.es

2. Visita el siguiente sitio de Internet y ve la guía del examen A1 para que te familiarices con la estructura del examen.
   다음의 인터넷사이트를 방문해서 시험의 구조에 익숙해 질 수 있도록 A1시험의 가이드라인을 봅시다.
   http://diplomas.cervantes.es/es/informacion/descripcion_dele.html

3. En el sitio anterior busca el modelo de examen y los audios del nivel A1. Descarga los archivos y trata de hacer el examen. El modelo es totalmente gratis y está disponible para cualquier persona sin necesidad de registrarse.
   앞의 사이트에서 A1의 모의시험과 듣기파일들을 찾아 봅시다. 파일들을 다운받고 시험을 치러봅시다. 모의시험은 완벽히 무료이며 회원가입할 필요 없이 누구나 이용 가능합니다.

4. Seguramente, dado el manejo del español que ahora tienes, el nivel A1 será fácil para ti relativamente. Por eso, después de ver la guía del examen A1 y de realizar el modelo, tienes que ver la guía del examen A2 en el sitio anterior. Trata de hacer el modelo para el nivel A2 también, será un buen reto para ti.

   분명히 여러분이 가지고 있는 스페인어실력으로는 A1레벨이 비교적 쉬울 것입니다. 그러므로 A1시험의 가이드라인을 보고 모의시험을 친 후에는 전에 나온 사이트에서 A2시험의 가이드라인을 보아야 합니다. A2레벨 모의시험도 치러 봅시다, 여러분에게 좋은 도전이 될 것입니다.

5. Si quieres tomar un examen DELE ahora oficialmente, el nivel A2 es el adecuado para ti. Lo que has aprendido hasta aquí con el libro *¿QUÉ ONDA? Tomo I* y con el libro *¿QUÉ ONDA? Tomo II*, te ayudará para pasar el examen. Sin embargo, tienes que preparar el examen DELE A2, específicamente, para tener un buen resultado. Visita el sitio oficial del Aula Cervantes de Seúl y busca información acerca de los cursos de lengua y de los cursos de preparación para DELE A2.

   지금 공식적으로 DELE시험을 보고 싶다면, A2레벨이 여러분에게 알맞습니다. 지금까지 '¿Qué onda?' 책의 1, 2권에서 공부한 내용들이 시험을 통과하도록 도와줄 것입니다. 하지만 좋은 결과를 얻기 위해서는 특별히 DELE시험 A2레벨을 준비해야만 합니다. 서울 아울라 세르반테스의 공식사이트를 방문하여 언어 강좌들과 DELE A2준비 강좌들에 대한 정보를 찾아 봅시다.
   http://seul.cervantes.es

6. En el sitio oficial del Aula Cervantes de Seúl podrás encontrar también información sobre las fechas y los lugares para tomar el examen DELE en Corea del Sur. Visita dicho sitio, ve cuándo y dónde tendrán lugar los siguientes exámenes en este país. Anímate y trata de obtener tu DELE oficial. ☺

   서울 아울라 세르반테스 공식 사이트에서 또한 우리나라에서 치러지는 DELE시험의 날짜와 장소들에 관한 정보도 만나볼 수 있습니다. 앞에 언급된 사이트를 방문하여 이 나라의 어디에서, 언제 다음 시험들이 치러지는지 봅시다. 힘내서 공식 DELE 성적증명서를 얻도록 노력해 보세요. ☺

Notas

Listas de vocabularios para memorizar

• Vocabulario 10.1 Varios lugares 여러 장소들	
El ayuntamiento	시청
El taller	수리점, 공방, 교습소
La catedral	대성당
La estación de bomberos	소방서
La oficina de impuestos	세무서
La oficina de inmigración	출입국사무소
La sauna	사우나
La terminal de autobuses	버스터미널
La terminal de trenes	기차역
El cementerio	묘지

• Vocabulario 10.2 Verbos para practicar conjugación en imperativo negativo 부정명령 활용 연습을 위한 동사들	
Asustar	놀라게 하다
Ensuciar	더럽히다
Escupir	내뱉다
Golpear	때리다
Gritar	소리지르다
Llorar	울다
Molestar	방해하다
Prometer	약속하다
Romper	부수다
Sufrir	고통받다

• Vocabulario 10.3 Lista de sustantivos para practicar II 연습을 위한 명사 목록 II	
El camarero = El mesero	웨이터
El caramelo = El dulce	사탕
El dueño	주인
El paciente = El enfermo	환자
La chatarra	고철
La comida chatarra	정크푸드
La comida rápida	패스트푸드
La droga	마약
La enfermera	간호사
La pastilla	알약

• Vocabulario 10.4 Verbos reflexivos para practicar conjugación en imperativo negativo 부정명령 활용 연습을 위한 재귀동사들	
Desanimarse	낙담하다
Desesperarse = Impacientarse	초조해하다
Drogarse* (drogue) = Consumir drogas	마약 하다
Emborracharse	취하다
Enojarse = Enfadarse	화나다, 화내다
Ensuciarse	(스스로를) 더럽히다
Equivocarse* (equivoque)	실수하다
Estresarse	스트레스를 받다
Irse* (vaya)	떠나다
Preocuparse	걱정하다
Rendirse* (rinda)	포기하다, 굴복하다
Suicidarse	자살하다

• Vocabulario 10.5 Verbos para practicar conjugación regular en imperativo 명령형 규칙활용 연습을 위한 동사들	
Aplaudir	박수치다
Asistir	참가하다
Comprender	이해하다
Empujar	밀치다
Jalar	잡아당기다
Mandar	명령하다, 보내다
Ordenar	명령하다, 주문하다, 정리/조직하다
Preguntar	질문하다
Prestar atención	주목하다
Recibir	받다
Respirar	숨쉬다
Responder = Contestar	답하다

• Vocabulario 10.6 Verbos con terminación "zar", "car", "gar" y "ger" irregulares en imperativo 'zar', 'car', 'gar', 'ger'로 끝나며 명령형이 불규칙한 동사들	
Abrazar	껴안다
Adelgazar	날씬해지다
Cruzar	건너다
Aparcar	주차하다
Secar	말리다
Conjugar	동사를 활용하다
Entregar	제출하다
Madrugar	일찍 일어나다
Proteger	보호하다
Recoger	줍다, (열매 등을) 따다

• Vocabulario 10.7 Verbos con tildes irregulares en presente 현재형에서 불규칙한 띨데를 갖는 동사들	
Actuar	연기하다
Evaluar	평가하다
Interactuar	상호작용하다
Valuar	견적을 내다, 가치를 매기다
Confiar	신뢰하다
Criar	키우다
Enfriar	차갑게 하다
Enviar	보내다
Prohibir	금지하다
Reunir	모이다

• Vocabulario 10.8 Verbos con terminación "uir" irregulares en imperativo 'uir'로 끝나며 명령형이 불규칙한 동사들	
Construir	건축하다, 건설하다
Destruir	파괴하다
Disminuir	줄이다
Distribuir	분배하다
Huir	도망치다

• Vocabulario 10.9 Verbos con "ar"/"er" y cambio "ue" irregulares en imperativo 'ar'/'er'로 끝나고 'ue'변화를 가지는, 명령형이 불규칙한 동사들	
Almorzar	점심 먹다
Contar	세다, 이야기하다
Envolver	싸다, 포장하다
Desenvolver	(포장한 것을)열다, 전개하다
Devolver	되돌리다, 돌려 주다
Jugar	놀다
Promover	장려하다, 승진시키다
Recordar	기억하다
Resolver	해결하다, 풀다
Soñar	꿈꾸다

• Vocabulario 10.10 Verbos con "ar"/"er" y cambio "ie" irregulares en imperativo 'ar'/'er'로 끝나고 'ie'변화를 가지는, 명령형이 불규칙한 동사들	
Atender	응대하다
Cerrar	닫다
Comenzar	시작하다
Defender	방어하다
Empezar	시작하다
Encender	불을 붙이다, 스위치를 켜다
Entender	이해하다
Gobernar	통치하다, 다스리다
Recomendar	추천하다, 권장하다
Sembrar	파종하다

• Vocabulario 10.11 Verbos con "ir" y cambio "ie"/"ue" irregulares en imperativo 'ir'로 끝나고 'ie/ue'변화를 가지는, 명령형이 불규칙한 동사들	
Adquirir	얻다, 획득하다
Hervir	끓이다
Invertir	투자하다
Preferir	선호하다
Dormir	자다
Morir	죽다

• Vocabulario 10.12 Verbos con "ir" y cambio "i" irregulares en imperativo 'ir'로 끝나고 'i'변화를 가지는, 명령형이 불규칙한 동사들	
Competir	경쟁하다
Medir	측량하다, 재다
Pedir	부탁하다
Repetir	반복하다
Seguir	계속하다
Perseguir	추적하다

• Vocabulario 10.13 Verbos irregulares en "yo" en presente de indicativo y en imperativo 직설법 현재에서 'yo'에 해당하는 활용형이 불규칙하고 명령형에서도 일부 활용형이 불규칙한 동사들	
Caber	들어가다, …의 용량을 가지다
Caer	떨어지다
Traer	가져오다
Valer	보호하다, 값이 나가다
Ver	보다
Conducir	운전하다
Conocer	(사람이나 장소를 경험적으로) 알다
Traducir	번역하다
Atraer	끌어당기다
Reducir	줄이다
Ofrecer	제공하다
Obedecer	복종하다, 순응하다

• Vocabulario 10.14 Verbos irregulares especiales en imperativo 명령형이 특별히 불규칙한 동사들	
Dar	주다
Decir	말하다
Estar	(상태가)...이다, 있다
Hacer	하다, 만들다
Ir	가다
Oír	듣다
Poner	놓다
Reír	웃다
Saber	알다
Salir	나가다
Ser	...이다
Tener	가지다
Venir	오다

• Vocabulario 10.15 Verbos reflexivos para practicar conjugación en imperativo 명령형 활용연습을 위한 재귀동사들	
Calmarse = Tranquilizarse	진정하다
Dormirse* (ue)	잠들다, 잠자다
Despertarse* (ie)	잠에서 깨다
Acostarse* (ue)	눕다
Levantarse	일어나다
Cepillarse los dientes	양치하다
Peinarse	머리 빗다
Cuidarse	몸 조심하다
Ducharse	샤워하다
Bañarse	목욕하다
Sentarse* (ie)	앉다
Ponerse de pie* (pon, ponga)	서다
Ponerse la chaqueta* (pon, ponga)	재킷을 입다
Quitarse la chaqueta	재킷을 벗다
Vestirse* (i)	옷을 입다
Desvestirse* (i)	옷을 벗다
Aliviarse	호전되다
Bajarse del coche	차에서 내리다
Subirse al coche	차에 타다
Arrepentirse* (ie)	후회하다
Callarse	조용히 하다, 입을 다물다
Irse* (ve, vaya, vayamos/ vamos)	떠나다

• Expresiones y vocabulario a tener en cuenta en los diálogos 대화문에 나오는 유의해야 할 표현과 어휘들	
El aniversario	기념일
El brócoli	브로콜리
El consultorio	의료상담소, 진료소
El dictador	독재자
El éxito	성공
El hielo	얼음
El refresco de cola	콜라
La cucharada	한 숟가락 양
La entrada ≠ La salida	입구 ≠ 출구
La infección	감염
La inyección	주사
La lasaña	라자냐
La mesada	용돈
La orden	주문
La propina	팁
La sorpresa	깜짝 선물
Anoche	어젯밤
Comelón	먹보의
Dormilón	잠꾸러기의
Enojón	화를 잘 내는
Llorón	울보의
Mandón	이래라 저래라 하는
Estricto	엄격한

Acostarse boca abajo	엎드려 눕다
Aliviarse = Mejorarse	호전되다
Conservar	보관하다
Exigir	강요하다
Mejorar	나아지다, 개선하다
Perdonar = Disculpar	용서하다
Poner una inyección	주사를 놓다
Regañar	나무라다
Tener éxito	성공하다
Toser	기침하다
Profundamente	깊게
Todo va a estar bien.	다 괜찮을 거야.
En lugar de	...대신에
¡Listo!	다 됐어!, 준비 됐어!
¡Venga!	해 봐!
¡Vamos!	갑시다!
¡Vamos a casa!	집에 갑시다!
¡Vamos juntos!	같이 갑시다!
¡Vámonos de aquí!	여기서 떠나자!
¡Oye! / ¡Oiga!	야! 이봐! / 저기요!
Cuídate mucho. / Cuídese mucho.	몸 조심해. / 몸 조심하세요.
Mande Ud.	말씀하세요.
Perdón = Perdona. = Disculpa.	미안해.
Perdón = Perdone = Disculpe	죄송합니다.
Toma tu tiempo. / Tome su tiempo.	천천히 해. / 천천히 하세요.

Notas

¡Felicidades!

Hoy tú has terminado tu libro ¿QUÉ ONDA? Tomo II

Fecha: ____________ , ____ de ______________de 20___

Nos vemos pronto en el Tomo III.

¡Hasta la vista!

¡Mucha suerte!

¡Ánimo!